互联网金融的神话与现实

付佳　张燕　编著

電子工業出版社
Publishing House of Electronics Industry
北京·BEIJING

内 容 简 介

本书旨在系统、全面地阐述互联网金融的本质、风险特征及国内外最新发展动态。全书分为两篇：第一篇为互联网金融神话篇，主要列举国内外时下的案例，并逐一分析互联网金融六大模式，即第三方网络支付、P2P 网贷、大数据金融、众筹、信息化金融机构、互联网金融门户等的发展现状、存在的不足及其未来发展趋势；第二篇为互联网金融现实篇，内容包括互联网金融风险分析及风险控制、互联网金融监管探索等。

因本书围绕当下互联网金融发展的热门话题展开，其剖析深度及宏观把控都比较独到，故可作为相关互联网金融从业者及对互联网金融感兴趣人士的指导书，也可以作为互联网金融学习者必备的一本科普书籍。

图书在版编目 (CIP) 数据

互联网金融的神话与现实 / 付佳，张燕编著. —北京：电子工业出版社，2016.9

ISBN 978-7-121-29574-4

I. ①互… II. ①付… ②张… III. ①互联网络－应用－金融－普及读物 IV. ①F830.49-49

中国版本图书馆 CIP 数据核字（2016）第 178522 号

策划编辑：李树林
责任编辑：张　慧
印　　刷：三河市鑫金马印装有限公司
装　　订：三河市鑫金马印装有限公司
出版发行：电子工业出版社
北京市海淀区万寿路 173 信箱　　邮编：100036
开　　本：720×1 000　1/16　印张：15　字数：235 千字
版　　次：2016 年 9 月第 1 版
印　　次：2016 年 9 月第 1 次印刷
定　　价：49.00 元

凡所购买电子工业出版社图书有缺损问题，请向购买书店调换。若书店售缺，请与本社发行部联系，联系及邮购电话：(010)88254888，88258888。

质量投诉请发邮件至 zlts@phei.com.cn，盗版侵权举报请发邮件至 dbqq@phei.com.cn。

本书咨询联系方式：(010)88254463；lisl@phei.com.cn。

前　言

互联网金融作为时下热点话题，吸引了互联网领域、金融领域以及相关领域人士的热烈关注。本书旨在系统、全面地阐述互联网金融的本质、风险特征及国内外最新发展动态。

《互联网金融的神话与现实》分为两篇，共九章。第一篇为互联网金融神话篇，通过国内外主要的案例，逐一分析互联网金融六大模式，即第三方网络支付、P2P网贷、大数据金融、众筹、信息化金融机构、互联网金融门户等的发展现状、存在的不足及其未来发展趋势；第二篇为互联网金融现实篇，内容包括互联网金融风险分析及风险控制、互联网金融监管探索等，主要是借鉴国外的一些先进办法对我国现阶段互联网金融发展进行有效监管，以确保互联网金融在我国有效、健康地发展。

《互联网金融的神话与现实》可作为相关互联网金融从业者和对互联网金融感兴趣人士的参考用书，同时也可作为学习互联网金融的科普图书。

编著者

2016 年 4 月

目　　录

第一篇　互联网金融神话篇

第一篇　互联网金融神话篇

第一章

互联网金融背后的硝烟：你不知道的事

认识互联网金融

互联网金融是指依托于支付、云计算、社交网络以及搜索引擎等多种互联网工具，以达到满足用户实现其支付、融资、风险管理和信息理财投资等业务目标的一种新兴的网络金融。由此可见，互联金融用户最基本需求可以主要概括为支付、融资、风险管理和理财投资四个板块，如图 1-1 所示。

互联网金融与传统金融的区别不仅仅表现在金融业务所采用的媒介不同，更重要的是表现在互联网金融具有“开放、平等、协同、共享”的基本实质上，如图 1-2 所示。通过互联网、移动互联网等中间工具，使得传统金融业务呈现出透明度更强、参与度更高、协作性更好、中间成本更低、操作更便捷等一系列特征。不难看出，互联网金融是传统金融的强劲补充，在某种程度上也是传统金融发展的深化，这二者的联合将给用户带来极大的便利和收益。

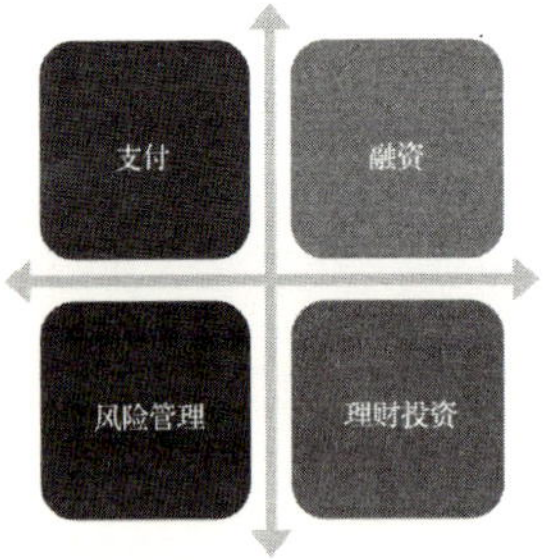

图 1-1　互联网金融用户的最基本需求

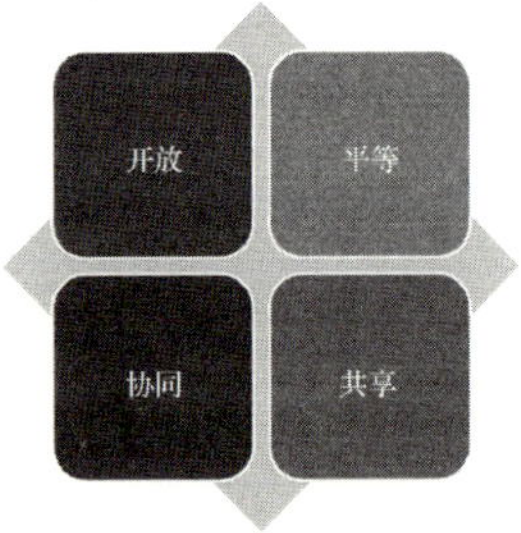

图 1-2　互联网金融的基本实质

360度解析互联网金融

互联网金融的特点如图1-3所示。

1. 低成本

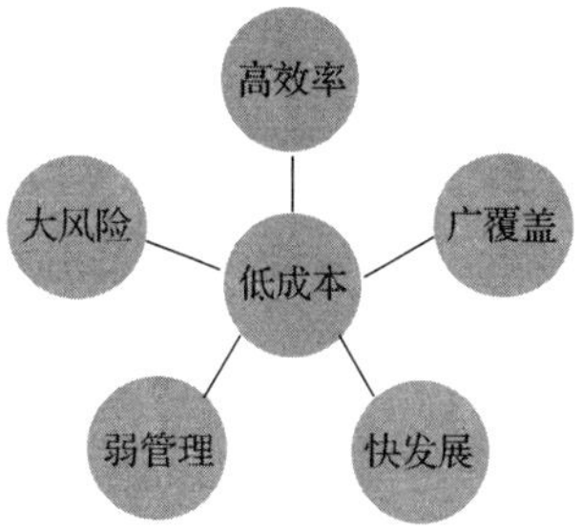

图1-3　互联网金融的特点

在互联网金融模式下，资金供求双方可以在网络平台自行完成信息的甄别、匹配、定价和交易，进而无传统中介、无交易成本、无垄断利润产生。这样，一方面，金融机构可以避免开设大量的营业网点所导致的大量资金投入和较高的运营成本；另一方面，消费者也可以在开放透明的平台上快速找到适合自己的金融产品，从而降低了信息不对称的程度，既省时又省力。

2. 高效率

互联网金融业务主要由计算机处理完成，其操作流程完全达到标准化，在此期间，客户也不需要排队等候，业务处理速度更快，用户体验更好，效率也极高。例如：阿里小额贷款依托淘宝多年交易积累的信用数据库，经过数据挖掘和分析，引入风险分析和资信调查模型，商户从申请贷款到发放只需要几秒钟，日均可以完成上万笔贷款，效率极高。

3. 广覆盖

在互联网金融模式下，客户能够同时突破时间和地域的约束，能够在互联网上寻找需要的金融资源，金融服务更为直接，客户基础更为广泛。此外，互联网金融的客户以中、小微企业为主，覆盖了部分传统金融业的金融服务盲区，有利于提升资源的配置效率，进而促进实体经济的发展。

4. 快发展

依托于大数据和电子商务的发展，互联网金融得到了快速增长。以余额宝为例，余额宝上线18天，累计用户数达到250多万人，累计转入资金达到66亿元。截至2015年年底，余额宝为2.6亿名用户赚取231亿元收益，其对接的天弘余额宝货币基金成为规模最大的公募基金。

5．弱管理

（1）弱风控

互联网金融还没有接入人民银行的征信系统，也不存在信用信息共享机制，不具备类似银行的风控和清收机制，因此，容易发生各类风险问题。

（2）弱监管

中国的互联网金融目前还处于初级发展阶段，还没有监管和法律的约束，缺乏准入的门槛和行业的规范，整个行业都面临着诸多政策和法律风险。

6．大风险

（1）信用风险大

现阶段，中国的信用体系尚不完善，互联网金融的相关法律还不完善，互联网金融的违约成本较低，容易诱发恶意骗贷、卷款跑路等风险问题。特别是P2P网贷平台由于准入门槛低和缺乏监管，成为不法分子从事非法集资和诈骗等犯罪活动的温床。

（2）网络安全风险大

中国互联网安全问题突出，网络金融犯罪问题不容忽视。一旦遭遇黑客攻击，互联网金融的正常运作会受到影响，危及消费者的资金安全和个人信息安全。

盘点互联网金融业务典型模式

传统的互联网金融机构主要指众所周知的网银（其中，互联网发挥渠道作用）、阿里金融（搭建了电商化平台，互联网在其中发挥的作用是依据大数据收集和分析进而得到信用支持）等。非传统的互联网金融机构则主要指利用互联网技术进行金融运作的电商企业、P2P 模式的网络借贷平台、众筹模式的网络投资平台、挖财类的手机理财 App，以及第三方网络支付平台等。

一方面，随着信息通信技术和互联网的发展，互联网金融信息对金融市场的影响已经越来越不容忽视。例如，一个新事件的发生或者网上对某支股票的热议都在很大程度上左右着金融实践者们的行为，同时进一步影响着股市变化的趋势。另一方面，在金融市场中，传统的金融市场的影响因素也同样发挥着巨大的作用。

当前中国主要互联网金融业务典型模式如图 1-4 所示。

<table>
<tr><td>支付</td><td>融资</td><td>投资理财</td><td>风险管理</td><td>其他</td></tr>
<tr><td colspan="4">网络银行</td><td></td></tr>
<tr><td rowspan="7">第三方支付</td><td colspan="2">P2P借贷平台</td><td rowspan="4">网络保险</td><td rowspan="5">金融产品搜索引擎</td></tr>
<tr><td colspan="2">众筹平台</td></tr>
<tr><td colspan="2">网络资产交易平台</td></tr>
<tr><td rowspan="4">网络微贷</td><td>网络金融</td></tr>
<tr><td>网络证券</td><td rowspan="3">网络征信</td></tr>
<tr><td>财富管理</td><td rowspan="2">其他</td></tr>
<tr><td>其他网络理财</td></tr>
</table>

图 1-4　当前中国主要互联网金融业务典型模式

第一种模式，是传统的金融机构借助互联网渠道为人们提供服务，也就是大家耳熟能详的网络银行。互联网在其中所起到的作用可以概括为渠道的作用。

第二种模式，类似于阿里金融模式，由于它具有电商的平台，为它提供信贷服务创造了优于其他放贷人的条件。互联网在其中发挥的作用是，依据大数据收集和分析进而得到信用支持。

第三种模式，是大家经常谈到的P2P的模式，这种模式更多地提供了中介服务，这种中介把资金出借方需求方结合在一起。发展至今，由 P2P 的概念已经衍生出了很多模式。中国网络借贷平台已经超过2000家，平台的模式各有不同，归纳起来主要有以下四类。

第一类是担保机构担保交易模式，这也是相对安全的P2P模式。此类平台作为中介，平台不吸储，不放贷，只提供金融信息服务，由合作的小额贷款公司和担保机构提供双重担保。此种模式首先是在创富贷平台上创立，由创富贷与中安信业共同推出产品“机构担保标”。此类平台的交易模式多为“一对多”，即一笔借款需求由多个投资人投资。此种模式的优势是，可以保证投资人的资金安全。中安信业、证大速贷、金融联等中国大型担保机构均介入到此模式中。

第二类是大型金融集团推出的互联网服务平台。与其他平台仅有几百万元的注册资金相比，陆金所4亿元的注册资本显得尤其亮眼。此类平台有大集团的背景，且是由传统金融行业向互联网布局的，因此在业务模式上金融色彩更浓，更“科班”，就拿风险控制来说，陆金所的P2P业务依然采用线下的借款人审核，并与平安集团旗下的担保公司合作进行业务担保,还从境外挖了专业团队来做风控。线下审核、全额担保虽然是最靠谱的手段，但并非所有的网贷平台都能负担成本，无法作为行业标配进行推广。值得一提的是，陆金所采用 “一对一”模式，即1笔借款只有1个投资人，需要投资人自行在网上操作投资，而且投资期限为1~3年，所以在刚推出时天天被抱怨买不到，而且流动性不高。

第三类是以交易参数为基点，结合O2O（Online to Offline，将线下商务的机会与互联网结合）的综合交易模式。例如，阿里小额贷款为电商加入授信审核体系，对贷款信息进行整合处理。这种小额贷款模式创建的P2P小额贷款业务凭借其客户资源、电商交易数据及产品结构占得优势，其线下成立的两家小额贷款公司为其平台客户提供服务。线下商务的机会与互联网结合在一起，让互联网成为线下交易的前台。

第四类是以P2P网贷模式为代表的创新理财方式受到了广泛的关注和认可，与传统金融理财服务相比，P2P的借款人主体是个人，以信用借款为主，在借款来源一端被严格限制为有着良好实体经营、能提供固定资产抵押的有借款需求的中小微企业。依托搭建的线下多金融担保体系，从结构上彻底解决了 P2P 模式中的固有矛盾，让安全保障更实际且更有力度。

第四种模式，通过交互式营销，充分借助互联网手段，把传统营销渠道和网络营销渠道紧密结合；将金融业实现由“产品中心主义”向“客户中心主义”的转变：调整金融业与其他金融机构的关系，共建开放共享的互联网金融平台。此模式发展时间较短，是专业 P2P 模式。在专业的金融服务人员之间建立信息交换和资源共享的平台，在中间从事信息匹配和精准推荐，促进线上信任的建立和交易的欲望。专业 P2P 模式远非市场上泛滥的 P2P 贷款模式可比，其从本质上才是符合金融监管的规则，符合当前金融机构自身发展的需求，也更符合互联网精神与特质。

以互联网为代表的现代信息科技，特别是移动支付、云计算、社交网络和搜索引擎等，将对人类金融模式产生根本影响。20 年后，可能形成一个既不同于商业银行间接融资、也不同于资本市场直接融资的第三种金融运行机制，可称之为“互联网直接融资市场”或“互联网金融模式”。

在互联网金融模式下，因为有搜索引擎、大数据、社交网络和云计算，市场信息不对称程度非常低，使得交易双方在资金期限匹配、风险分担方面的成本非常低，银行、券商和交易所等中介都不起作用；贷款、股票、债券等的发行和交易以及券款支付直接在网上进行，使得这个市场充分有效，接近一般均衡定理描述的无金融中介状态。在这种金融模式下，支付便捷，搜索引擎和社交网络可以降低信息处理成本，资金供需双方可以直接交易，可达到与资本市场直接融资和银行间接融资一样的资源配置效率，并在促进经济增长的同时，大幅减少交易成本。

阿里巴巴之余额宝：一宝在手，生钱不止

背景资料

2013 年，马云推出余额宝，可谓是真正拉开了中国互联网金融的序幕。余额宝刚上线之际，凭借着超高的利息吸引了无数的支付宝用户把钱存进了余额宝，短短的数月之间竟然有高达 8000 万个支付宝用户使用了余额宝。

随后，微信理财通、百度百赚、百度百发、网易宝、苏宁零钱宝等如雨后春笋般地涌现了出来。此外，互联网 P2P 平台更是呈现了爆发式增长，这让很多银行感受到了史无前例的威胁。

于是，国有化银行“四大金刚”即工行、农行、中行和建行统一口径，相继对支付宝快捷支付额度做出了下调，并纷纷推出了自家的互联网金融理财产品，一场银行兄弟间自发联合的“救赎”战打响，对互联网理财产品——宝宝们进行了曲线围剿。

随后，宝宝们的理财收益也开始逐渐下降，不过以马云为代表的互联网金融并没有就此死心。随后，支付宝又推出了 7%收益的招财宝，以及即将上线的黄金宝，向互联网黄金理财发起了进攻。不仅如此，以阿里、腾讯为代表的民营银行也是春意盎然，阿里的首个网上银行即浙江网商银行也通过了批准。以小微金融为代表的中国互联网金融将继续向传统银行发起更强烈的挑战。

余额宝是由第三方网络支付平台支付宝为个人用户打造的一项余额增值服务，通过余额宝，用户不仅能够得到收益，还能随时随地消费支付和转出，像使用支付宝余额一样方便。用户在支付宝网站内就可以直接购买基金等理财产品，同时余额宝内的资金还能随时用于网上购物、支付宝转账等支付功能。转入余额宝的资金在第二个工作日由基金公司进行份额确认，对已确认的份额会开始计算收益。实质是货币基金，会存在一定的风险，大致包含货币市场的风险、与银行竞争的风险及纠纷风险。

1. 货币市场的风险

货币型基金的收益并不是固定的，余额宝也是如此，如果货币市场表现不好，货币性基金收益也会随之下降，余额宝的收益来自货币基金市场收益。

2. 与银行竞争的风险

支付宝之所以推出余额宝，实际上为了提升用户的黏度，把用户闲散的活期存款吸引到支付宝的余额宝中，方便用户在淘宝上购物，但在一定程度上会危及银行的利益。

3．纠纷风险

余额宝并没有提醒用户货币基金的投资风险，一旦余额宝用户因收益发生争执，法律纠纷很难避免，由此引发的影响很难估计。

按照央行对第三方网络支付平台的管理规定，支付宝余额可以购买协议存款，对能否购买基金并没有明确的规定。余额宝借助天弘基金实现基金销售功能的做法，是在打擦边球。从监管层面上来说，余额宝并不合法。一旦监管部门发难，余额宝有可能随时被叫停。

但是，对于我们普通老百姓来说，可把余额宝等互联网金融产品看成一个蛋糕。由于银行存款的利息赶不上物价上涨，把钱存在银行里意味着贬值。而投入到余额宝里，没有购买门槛，收益还多，提取还方便。

那么余额宝到底会不会被叫停呢？中国人民银行行长周小川曾表示：不会取缔余额宝，对余额宝等金融业务的监管政策会更加完善；副行长易纲也曾表示：要支持容忍余额宝等金融产品创新；副行长潘功胜也曾表示：互联网金融可以扩大对小微企业的供给，拓宽老百姓投资渠道，提高交易效率，降低交易成本。可见，我国对互联网金融这个金融新品种还是持肯定态度的，具体表现为：第一要鼓励创新和发展，第二要推动金融市场改革，扩大金融供给，第三要规范监管，对跨部门交叉性产品要协调监管。

在余额宝业务模式下，支付宝不参与基金销售业务，也不介入基金投资运作，仅发挥互联网客户导入的作用。余额宝是我国利率市场化和互联网快速发展的产物。为了更好地促进余额宝等互联网基金的健康稳定发展，证监会正在研究制定进一步加强货币市场基金风险管理和互联网销售基金监管的有关规则。

余额宝支持支付宝账户余额支付、储蓄卡快捷支付的资金转入。不收取任何手续费。通过“余额宝”，用户存留在支付宝的资金不仅能拿到“利息”，而且和银行活期存款利息相比，收益更高。

其服务特点是：操作流程简单，余额宝服务是将基金公司的基金直销系统内置到支付宝网站中，用户将资金转入余额宝，实际上是进行货币基金的购买，余额宝的收益也不是“利息”，而是用户购买货币基金的收益。整个流程与给支付宝充值、提现或购物支付一样简单。

对最低购买金额没有限制，余额宝的目标是让那些零花钱也能获得增值的机会，让用户即使仅有一两元、一两百元，也能享受到理财的快乐。

收益高，使用灵活，余额宝不仅能够提供高收益，还全面支持网购消费、支付宝转账等几乎所有的支付宝功能，这意味着资金在余额宝中一方面在时刻保持增值，另一方面又能随时用于消费。同时，与支付宝余额宝合作的天弘增利宝货币基金，支持 T+0 实时赎回，转入支付宝余额宝中的资金可以随时转出至支付宝余额，也可直接提现到银行卡。

截至 2015 年年底，余额宝已经为 2.6 亿个用户创造 231 亿元的收益，可见余额宝覆盖范围之广，其创造的利润也相当可观，随着央行利率的再三下调，余额宝的收益也受到相应的影响，但是相比银行存款利率而言，余额宝的收益还是比较高的。

可见，余额宝的诞生势必是央行利率再三下调的产物，这对我国利率市场化起到推波助澜的作用，从某种程度上对银行这一垄断企业的权威提出挑战，同时也更能满足客户的需求，维护客户的利益，还能盘活市场资金，加快资金运转的速度，不得不说余额宝是老百姓的福音。但是，随着央行一再降低利率，余额宝的收益率明显下降。

微信支付：让移动支付更加便捷

微信支付是由腾讯公司知名移动社交通信软件微信及第三方网络支付平台财付通联合推出的移动支付创新产品，其宗旨在于为广大微信用户及商户提供更优质的支付服务，微信的支付和安全系统由腾讯财付通提供支持。

用户只需在微信中关联一张银行卡，并完成身份认证，即可将装有微信 App 的智能手机变成一个全能钱包，之后即可购买合作商户的商品及服务，用户在支付时只需在自己的智能手机上输入密码，不需任何刷卡步骤即可完成支付，整个过程简便流畅。

微信支付目前支持以下银行发卡的贷记卡：深圳发展银行、宁波银行等。此外，微信支付还支持以下银行的借记卡：招商银行、建设银行、光大银行、中信银行、农业银行、广发银行、平安银行、兴业银行、民生银行等。

随之而来的是微信红包的遍地开花。微信的出现，几乎取代了人类的短信时代。因为微信只收取流量费，还支持语音、视频功能，这给用户节约了大量的通信费，瞬间，亲朋好友都通过微信联系；同时，微店也逐渐盛行，这些无一不推动微信支付的发展。细究起来，目前微信支付有以下五大安全保障（如图 1-5 所示）为用户提供安全防护和客户服务。

（1）技术保障：微信支付后台有腾讯的大数据支撑，海量的数据和云计算能够及时判定用户的支付行为是否存在风险。基于大数据和云计算的全方位的身份保护，最大限度地保证用户交易的安全性。同时，微信安全支付认证和提醒，从技术上保障交易的每个环节的安全。

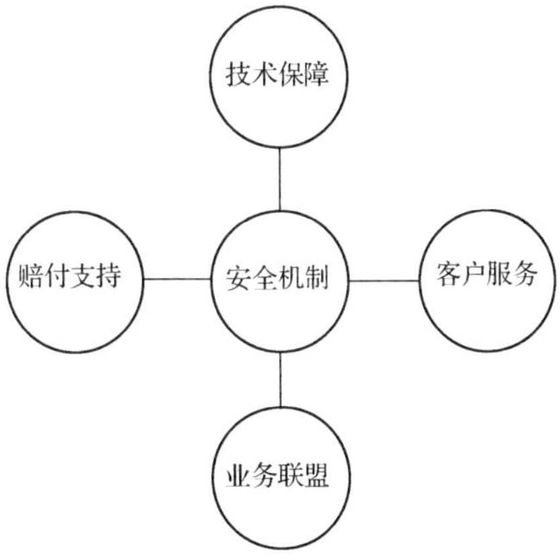

图 1-5　微信支付五大安全保障

（2）客户服务：7 天×24 小时客户服务，加上微信客服，及时为用户排忧解难。

（3）业态联盟：基于智能手机的微信支付，将受到多个手机安全应用厂商的保护，如腾讯手机管家等，将与微信支付一道形成安全支付的业态联盟。

（4）安全机制：微信支付从产品体验的各个环节考虑用户心理感受，形成了整套安全机制和手段。这些机制和手段包括硬件锁、支付密码验证、终端异常判断、交易异常实时监控、交易紧急冻结等。这一整套的机制将对用户形成全方位的安全保护。

（5）赔付支持：如果出现账户被盗被骗等情况，经核实确为微信支付的责任后，微信支付将在第一时间进行赔付；对于其他原因造成的被盗被骗，微信支付将配合警方，积极提供相关的证明和必要的技术支持，帮用户追讨损失。

相信未来微信支付会不断创新，和更多的企业对接，在移动互联网时代叱咤风云，为用户提供更多的便利，创造更多的效益。

阿里小贷的故事：为小微电商经营业主解渴的故事

阿里金融主要做小企业贷款业务，以日计息，随借随还，无担保、无抵押。2010 年和 2011 年，阿里金融先后于浙江和重庆成立了小额贷款公司，为阿里巴巴 B2B 业务、淘宝、天猫三个平台的商家提供订单贷款和信用贷款。

订单贷款是指，基于卖家店铺已发货、买家未确认的实物交易订单金额，系统给出授信额度，到期自动还款，实际上是订单质押贷款。订单贷款日利率为 0.05%，累积年利率约为 18%。淘宝、天猫订单贷款最高额度为 100 万元，周期为 30 天。

信用贷款是无担保、无抵押贷款，在综合评价申请人的资信状况、授信风险和信用需求等因素后核定授信额度，额度从 5 万元到 100 万元。信用贷款日利率为 0.06%，累积年利率约为 21%。信用贷款最高额度为 100 万元，贷款周期为 6 个月。

阿里信用贷款又分为“循环贷”和“固定贷”两种。“循环贷”指获贷额度作为备用金，随借随还，免息同时不取用。“固定贷”指获贷额度在获贷后一次性发放。

从整体上讲，阿里金融的小贷业务以淘宝、天猫平台的贷款居多。对于大多数银行和小贷公司来说，小微企业的资料审查、业务管理和风控成本与大企业差不多，但是收益太少，所以造成了小微企业贷款难的问题。

进军金融业仅几年时间，阿里金融已经拥有了银行征信系统无法企及的数据库和资金流动性。通过阿里巴巴、淘宝、天猫、支付宝等一系列平台，阿里金融对卖家进行定量分析，前期搜集包括平台认证和注册信息、历史交易记录、客户交互行为、海关进出口信息等信息，再加上卖家自己提供的销售数据、银行流水、水电缴纳甚至结婚证等情况。同时，阿里金融还引入了心理测试系统，来判断企业主的性格特征，主要通过模型测评小企业主对假设情景的掩饰程度和撒谎程度。对所有信息汇总后，将数值输入网络行为评分模型，进行信用评级。

阿里巴巴 B2B 业务贷款由于额度较大，阿里金融委托第三方机构于线下进行实地勘察。

贷款发放之后，可以通过支付宝等渠道监控其现金流，如果出现与贷款目的不符的资金运用，将立即进行测算，阿里小贷发放的贷款，平均每笔 7600 元，由于大数据加平台检测，贷款周期不超过半年，额度在 100 万元以内，阿里小贷的不良率控制在 1%以内。

阿里金融批量放贷的核心，就是交易数据能否支撑金融模型，以及金融模型是否确定把违约率降低到一定概率。这不但需要长期沉淀，还需要相对稳定的市场环境和持续防范系统性风险。由此可见，阿里金融要发展成熟，其任重而道远。

互联网企业逆袭银行：革新就是打破垄断

近几年，银行圈热闹非凡。从此起彼伏的民营银行申请热潮，到互联网银行、直销银行等新的经营形式迭出，除了美的电器、吉祥航空、新希望都传出要申请开银行外，以 BATS（百度、阿里巴巴、腾讯、苏宁云商）为代表的互联网企业都看上了银行的高端、大气、上档次，排兵布阵逆袭银行业。

在金融布局上，阿里巴巴走在最前面。马云早已宣布，阿里巴巴的战略是“平台、金融、大数据”。其最新的动作是和民生银行签署战略协议，在信用卡、理财业务、直销银行、互联网终端金融、IT 科技等 8 大领域展开合作，其中最受关注的是直销银行业务。

在申请银行这件事情上，苏宁云商并不遮遮掩掩。苏宁银行的名称已经通过国家工商总局的核准，并顺利完成后续的申请程序。相对于阿里巴巴和腾讯等纯互联网公司，苏宁云商兼具线下传统企业的特点和互联网公司的思维，更容易获得监管层的认可，进而更容易获批区域性银行牌照。苏宁云商的优势在于它能够通过为上下游供应商和开放平台卖家提供以供应链金融为主的融资服务。

凭借微信获得了移动端的巨大优势的腾讯引发人们通过腾讯做移动金融的诸多想象。腾讯的战略是建立开放的金融平台和金融机构共同创新设计产品。实际上，目前，尽管财付通在腾讯的金融类业务中占据主导地位，但腾讯内部并没有以财付通为核心将其金融业务统一起来，这一点与已经将金融业务剥离成单独的法人公司的阿里形成鲜明对比。

腾讯的基因是通信和社交，尽管微信的爆发让腾讯的魔力重新焕发生机，但未来移动端的理财产品、基金等标准化产品销售可能会成为腾讯金融的主要方向。

百度在上海获批开设小额贷款公司。并且，针对车贷、房贷、消费贷款、经营贷款以及信用卡搜索的百度金融测试版已经上线，内容与已有的融 360、好贷网等垂直贷款搜索类似。

金融从来不是百度的重点，只是作为跟进策略而姗姗来迟，这一点从“百付宝”就能看出，这个百度旗下的第三方网络支付平台，已经拿到支付业务牌照，是互联网巨头中最晚拿到支付牌照的一家。

总之，在互联网企业的金融棋盘布局中，百度、阿里、腾讯、苏宁云商都各有行动，但阿里的格局和行动明显领先。互联网企业纷纷筹建银行，这无疑是对银行业的极大冲击，动摇了银行的垄断地位，但是互联网企业进军银行业务也是对银行业务的补充，互联网企业捡起了银行业所丢弃的小客户小企业，让小客户群体以及小企业群体得以生存，这对经济发展是有利的，更有助于盘活资金运转，缓减资金流动的不平衡，让中小企业逐步壮大起来。

京东白条：先消费，后还账

“京东白条”的主要内容是消费者在京东购物便可申请最高 1.5 万元的个人贷款支付，并在 3～24 个月内分期还款。

“京东白条”早在 2014 年 2 月 13 日、14 日面向用户公开测试后，获得公开测试资格的京东用户可以在 15～28 日内获得白条额度、优惠券、优惠费率，在京东使用“京东白条”进行消费。

京东用户可以在京东首页单击“京东白条”专区，在填写姓名、身份证号码、银行卡信息等申请材料后，京东首先会对用户在京东上的消费记录、配送信息、退货信息、购物评价等数据进行风险评级，每个用户将获得相应的信用额度，最高为 1.5 万元。

拿到手的“白条”该怎么用？具体来看，用户在购物时可以选择最长 30 天延期付款，或者 3～12 个月分期付款两种不同方式。如果选择 30 天延期付款，用户则不需要支付任何利息；而选择 3～12 个月分期付款，则要按照每期 0.5%利率来计算。这一利率同银行类似业务相比，平均水平只有银行业务的一半。此外，如果京东多次提醒用户到期未还款，违约金则是 0.03%每日。

京东白条自上线以来，得到与相关域名同样的关注。事实上，京东白条与阿里支付宝的“免单”不一样，白条网购实际上是一项个人消费贷款服务。可见，京东商城的白条网购类似于电商中的信用卡服务中的分期还款，一样是提前消费，一样可以分期还款，灵活性较大。

京东白条业务覆盖京东自营及开放平台产品，但为了防止套现，会对虚拟产品充值卡及黄金等进行限制。

京东白条在用户信用评估方面，是通过大数据，对用户消费记录、配送信息、退货记录、购物评价等多个数据进行风险评级，最终评估出用户的信用度。

“京东白条”是一项面向个人消费者的消费金融业务，以京东会员的信用体系为依据。用户在京东消费时，享受“先消费、后付款”的信用赊购服务。

用户需要登录京东账户，才能申请“白条”的信用额度，包括用户的交易次数和购买商品数量等参数，被京东以“战斗力”的名义划分用户等级。

京东白条还款分为两种形式：一种是30天免息延后付款，另一种是3～12个月分期付款。分期付款的手续费为每期0.5%，即3期手续费为0.5%×3=1.5%，6期手续费为3%，12期手续费为6%。与京东合作的招商银行分期付款的3期、6期、12期的手续费分别是3%、4.2%和6%。不过，京东白条在推广期间的手续费打6折后为0.3%。逾期未还的用户将向京东支付违约金，费率为0.03%每日。

网易之“添金计划”

互联网金融展开了激烈的断杀，到了2013年年底这个关键的时刻，更是激烈无比，前有支付宝的余额宝突破1000亿元大关，接着是百度理财单日10亿元，还有网易理财添金计划10%的高利率。网易理财添金计划怎么样？我们先来看看网易理财的收益情况。

与“余额宝”、“百发”和天弘、华夏、嘉实等合作方式类似，“添金计划”的此次合作方是汇添富基金所管理的汇添富现金宝。汇添富现金宝是一款货币基金，购买后即可享受货币基金收益，一分钱起存。

网易理财添金计划是网易和汇添富现金宝合作的互联网金融理财产品。汇添富现金宝是一个货币基金，具有随时取用实时到账的功能，符合网易理财添金计划的要求。

货币基金往往维持的是5%的收益率，为什么网易理财添金计划可以说收益是10%呢？是因为网易理财添金计划在汇添富现金宝收益的基础上，网易再给5%的优惠。

网易理财添金计划之所以会给用户白白送钱，是因为互联网金融领域还处于刚刚起步阶段，网易为了不落后于人，只能通过砸重金来吸引用户。而网易宝这个平台才是网易真正想做的事情。

网易理财的前途如何？网易理财添金计划不可能成为常态，否则网易有多少钱也是不够赔的。日后还是要看网易提供怎样的服务，在这方面，支付宝远远领先在前，可以说网易要在服务提供方面突破，还是比较艰难的。

百度之“百度百发”

在火爆的余额宝之后，互联网金融行业迎来了一个新生力量，即“百度百发”，加之一直在携微信之力而摩拳擦掌的腾讯。等待传统金融行业的似乎是一场史无前例的冲击。“颠覆”成为时下和互联网金融最为紧密关联的关键词之一，然而以百度为代表的互联网企业，对金融行业带来的实质影响是理念、技术和渠道等多方面的创新，将推动传统金融企业的自我升级，为企业自身和广大投资人带来更多的互联网红利。

“百度金融中心”是在综合百度已有资源的基础上，与广大金融机构展开平等合作，重塑传统金融产品设计、包装、销售、服务各个环节，为用户提供创新性的金融产品、服务。

其特点：一是最低投资门槛为 1 元；二是限量发行；三是售后支持快速赎回，即时提现；四是百度金融中心与嘉实基金合作；五是由中国投资担保公司担保。

“百发”是将信息网络与金融业相结合的创新之举，有利于推动传统金融业的改革与创新，有利于为百姓提供多元的投资理财渠道，方便老百姓的投资，更有利于充分地利用社会闲散资金，提高社会资金的使用效率。

招财宝：烧脑的“P2P+团购”理财模式

招财宝没有高收益、也没有大抢购，但它仍然是人们关注的热点品种，主要是由于其创新——可以说它是 P2P 模式，但年化收益率仅为 5.4%～7%，还保证稳妥保本；也可以说它是团购，说它是期限团购，将不同期限的产品，聚合起来，汇集成一笔可以固定期限投资的资金，是“大数据技术将高收益定期理财产品活期化”。

简言之，招财宝是蚂蚁金服的投资理财开放平台，主要有两大类投资品种：第一类是中小企业和个人通过本平台发布的借款产品，并由银行、保险公司等金融机构或大型担保机构提供本息保障；第二类是由各类金融机构或已获得金融监管机构认可的机构通过本平台发布的理财产品。而基于阿里的金融大数据，招财宝将投资人与理财产品进行一个撮合。

可见，招财宝再一次引领了“抢银行”的浪潮，它将中小企业及个人借款都打包进行理财。这样极大地提高了安全保障及理财效率，同时，也为中小企业及个人提供了一条理财途径，丰富了互联网金融的内容。

众安在线：三马结义

2013 年 2 月 18 日，由阿里巴巴的马云、中国平安的马明哲、腾讯的马化腾“三马”联手设立的众安在线财产保险公司，该公司已经取得了保监会的批文，进入正式运营期。众安在线注册资本为 10 亿元人民币，其注册地为上海。这是中国平安乃至整个保险业在互联网新金融创新上的一次“破冰”。“众安在线”将突破国内现有保险营销模式，不设分支机构、完全通过互联网进行销售和理赔，主攻责任险、保证险这两大类险种。从递交筹备申请算起，“众安在线”拿到筹建牌照用了不到一年时间。从较快于同业的审批周期上可见，对于互联网保险创新，保监会表现出开明、开放的监管策略。

“众安在线”之所以备受各方关注，主要有两点：一是引人注目的股东背景，马云、马明哲、马化腾，均是叱咤于中国商界的风云人物；二是头顶“创新”光环，经营模式、产品研发都是“前无古人”。

但是，众安在线在未来发展进程中，既需要通过差异化服务来吸引大量的客户，也需要出台更多的风险监管完善办法来确保客户的权益。这就要求众安在线在信息化建设方面更加完备，同时对风险把控方面集中考量，更需要大批的互联网保险方面的从业人才。

移动时代：银行 VS 移动支付

对于移动支付而言，未来的商业生态最终会是什么样的，现在做定论还不是时候，但便携和安全的各种移动支付方式已成为众多互联网公司的焦点。作为其主要的参与主体，商业银行，第三方网络支付以及运营商在移动支付中的竞争态势将是一番什么样的景象呢？

在 2015 年“双 12”这天，支付宝在大量的超市、商场、餐饮等推出了以支付宝钱包支付的优惠活动，这又是一次以线下支付宝扫码方式替代传统的现金支付以及 POS 刷卡支付的支付优惠活动。由收银的扫描机出具扫描客户的付款码，就会弹出客户的应付款总额，而后输入密码，就成功支付。与最开始的线下二维码支付方式不同，这是客户二维码的被动扫读模式，这将进一步提高支付的流程安全性和体验。

在支付这个核心的领域上，一直以来，线上的互联网支付和线下的银行卡 POS 收单机构的界限还是比较清晰的。也正因为如此，银联之前在线下紧密布局，建立了裁判员和运动员的双重角色，基本上是垄断了线下收单业务的清算市场和收单市场的 40%市场份额。然而，由于其战略眼光不足以及行动的迟缓，使得以支付宝为代表的第三方网络支付成为了线上互联网支付的主要力量，而且也攫取了线上互联网清算市场的较大份额。

显然，对于银行和银联而言，目前主要的市场和战略阵地在于线下的收单业务，但是对以线上的电商和社交为核心的互联网以及移动互联网支付的场景化建立和配套服务能力还是有待加强的。而线上的第三方网络支付由其原来的主要阵地在于线上的 PC 端互联网支付，后来逐渐衍生到了以移动互联网支付为核心的用户体验，而随着线下用户使用习惯的逐步线上化，未来线上的移动互联网支付将会占据更多的先天性优势，这种优势的基础，也就是线下传统收单业务的功能性优势的逐渐丧失。

从支付领域的大趋势来讲，这就是一个线上代替线下的过程。在此之前，支付宝也曾尝试过线下的POS机，但是终究被暂停，仔细推究原因，对于商业银行和银联而言，这是一次战略反击机会的丧失。如果允许支付宝等第三方网络支付进入线下支付，也许在一定程度上还能模糊线上第三方网络支付的线下业务策略，至少能分散他们的部分精力，而银联可以和银行一道，做好移动钱包或者手机NFC支付的线下场景铺设和应用体验。一旦最后支付宝钱包、微信支付等实现了银行卡功能的电子化绑定，并且将应用场景拓展到了细分市场，包括零售超市、卖场、公交、运输，甚至是街边的小卖部，那么用户带钱包出门的时代也就结束了。

从银行的角度而言，单一的NFC手机支付或许已经不能满足用户的体验需求，因为以第三方网络支付的虚拟账号为载体的移动支付、二维码支付以及声波支付等多样化的方式，已经将支付从PC端的互联网走向了线下的具体场景，并开始侵占传统的线下支付领域。况且NFC手机支付目前还存在技术设备改造，多方利益的协调以及生产商的功能模块调整等，短期内很难产生规模效应和市场效果。

因此，只能利用银行业纷纷开展移动支付尝试的趋势，将商业银行现有的其他业务也集中到一个线上的移动平台上来，中间业务办理、查询等多样化的业务和NFC支付的功能结合起来，发挥银行的综合性服务优势。也就是说，既然在专业性和客户群定位上比不过第三方网络支付，那就以综合的金融服务来取胜。

另外，随着银行业务的发展、演变，以及未来银行业态发生转变的可能性，商业银行不再需要这么多线下的物理网点，而是以集中式、强大的后台科技管理和系统为支撑，以有限的物理网点为支撑性的服务和咨询，再以大量、多元化、多渠道的线上入口为业务和客户维系的渠道。特别是在零售业务领域，银行将要面临的威胁更是如此，单一的金融产品显然已经不能拉近与用户真实需求的距离，而是需要嫁接到具体的消费生态中。在这一方面，银行的手机NFC支付需要在具体的场景设置更多的功能，而不是以少数几个支付渠道为重点，是需要对现有的收单业务体系和产品组合进行综合的考虑。

随着移动支付时代的竞争，线上的互联网支付已经占据了颠覆线下传统支付的前期重要且必备的基础，而以银行、银联为代表的线下小额支付、收单传统渠道仍然在稳健运行着，在线上替代线下的趋势下，银行要做出什么样的改变？这也值得我们所有人期待。

滴滴打车：让我们的出行更美好

滴滴出行，目前，是中国知名的一款免费打车平台，称为手机“打车神器”，是受用户喜爱的“打车”应用。目前，滴滴已从出租车打车软件，成长为包含出租车、专车、快车、顺风车、代驾及大巴等多项业务在内的一站式出行平台。

2014 年 5 月 20 日，滴滴打车对媒体宣布，公司名称正式变更为“滴滴打车”。2015 年 2 月 4 日，滴滴打车公司 CEO程维在其年会上宣布，该公司首席运营官柳青正式出任滴滴打车公司总裁，将负责更多公司日常业务运营。2015 年 2 月 14 日，滴滴打车与快的打车进行战略合并。

“滴滴出行”App改变了传统打车方式，建立、培养出大移动互联网时代下引领的用户现代化出行方式。滴滴打车的诞生更是改变了传统打车市场格局，颠覆了路边拦车概念，利用移动互联网特点，将线上与线下相融合，从打车初始阶段到下车使用线上支付车费，画出一个乘客与司机紧密相连的 O2O 完美闭环，最大限度地优化乘客打车体验，改变传统出租司机等客方式，让司机师傅根据乘客目的地按意愿“接单”，节约司机与乘客沟通成本，降低空驶率，最大化地节省司乘双方的资源与时间。

显然，目前移动互联网并没有完全普及，滴滴打车这一便利也是几家欢乐几家愁，对于那些“手机控”年轻一代，这不得不说是福音；然而对于那些观念落后的一辈却是极大的不便，由于滴滴打车软件的推出，会存在那种没有滴滴寸步难行，打车荒现象，这就是移动互联网不完全普及的弊端。在中国这个人口众多的国家，让每个人都实现出行前滴滴一声，还需要一个过程，甚至是个漫长的过程。

借贷宝：让你实现金融家之梦

借贷宝是私募机构九鼎控股倾力打造的熟人之间借贷平台。以借款人实名、出借人匿名的单向匿名借贷模式，使借款人能够快速获得借款，出借人根据借款人身份主动评估风险，获得更安全的高收益，是手机上必备的借钱神器，赚钱利器。实现人人可以办金融、人人都可以是金融家的梦想。

借贷宝好友均来自你的真实朋友圈，并经过严格实名认证。当你需要借钱的时候，一键发布借款信息，借款期限、利率、金额由你决定，你的朋友可根据你的身份快速、准确地评估风险，做出决策。

当你借钱给朋友时，你可以自由选择朋友发布的借款项目匿名出借，获得利息收益，你的朋友无法查看你的身份，以保证借款资金安全，避免好友见面尴尬。

借贷宝首创赚利差功能，不需投入任何成本，只要在修改原始借款利率后，将好友的借款信息转发至自己的朋友圈，即可赚取利差。零成本投入，回报无上限。实现了个人信用的市场化定价和自由交易，为每个人搭建起移动互联网时代的自由金融平台。由此，我们可以为借贷宝概括出以下几个特征。

一是单向匿名：实名借款、匿名出借、免除尴尬、把控风险。

二是模式自由：金额、利率、期限由你掌握，借出一笔、到账一笔、随时提现。

三是白赚利差：低息借入、高息借出，建立互联网时代个人金融平台。

四是安全可靠：顶级私募出品、立体追债系统、资金独立托管、专业法律支持。

“e 租宝”一案：呼唤中央强化监管和风险防范

备受关注的“e 租宝”平台在一年半内非法吸收资金 500 多亿元，受害投资人遍布全国 31 个省市区。2016 年 1 月 14 日，“e 租宝”平台的 21 名涉案人员最终被北京检察机关批准逮捕。

可见，打击防范非法集资，要完善相应的法律法规，强化非法集资犯罪预警，以提高老百姓的自我防范意识。

近年来，中央决策层也曾多次提及“打击非法集资”，要求强化监管和风险防范，加强相关制度建设，坚决依法依规严厉打击金融欺诈、非法集资等行为，切实保护投资者合法权益。可见，打击类似于“e 租宝”的非法集资已刻不容缓。

近年来，P2P 网络借贷机构数量成倍增长，由于缺乏相应法律定位、政策标准和行业规则，市场主体鱼龙混杂，非法集资案件大量爆发，风险迅速蔓延。

为什么“e 租宝”们能产生如此大的吸金魔力？这主要源自以下三点：一是金融体系结构不完善。广大群众因为手中闲散资金投向的迷惑和投资渠道的困惑，都希望找到一种投资回报率高的投资模式，而被诱惑选择非法集资的方式以追寻较大的经济利益。二是存在着制度缺陷。非法集资在诞生、发展的过程中涉及多个环节和部门，但是相关行政主管部门却没有及时发现，或者发现之后没能采取有效措施加以监管，使其能侥幸存在。三是非法集资存在很大的法律漏洞，导致对非法集资的打击处理可操作性不强，许多集资行为隐藏很大的社会危害性，但是现有的法律又很难对其行为进行明确的非法认定，造成打击处理滞后，处置被动。

那么，我们该拿什么来打击“e 租宝”们的疯狂非法集资呢？应从以下四个方面展开防范：一是完善相应的法律法规，推动相关“立改废”工作，研究建立防范打击非法集资相关的激励和约束制度，这是提高打击非法集资有效性的关键。二是强化非法集资犯罪预警机制，不能再让类似于“e 租宝”空手套白狼式的游戏继续重演，要善于充分利用互联网、大数据技术，强化对非法集资的监测预警，加强各部门之间的信息互通、资源集成共享。三是建立健全长效的机制。既要堵歪门邪道，又要开启正门，拓宽合法投资、融资的渠道，建立“疏堵并举、防治结合”的综合长效治理机制，要做到事前预防、事中控制、事后处理相结合的治理办法。四是提高老百姓的自我防范意识，要给老百姓普及相关知识。因为“有利可图”，于是很多参与者往往被蒙蔽，在利益驱使下稀里糊涂地增加大量“投资”，他们没有把眼光放长远做全面考虑，以致结果上了当而自己还浑然无知。

探索互联网金融未来的发展趋势

互联网金融：势不可挡的合力经济，曲曲折折的 2016 年

合力经济的本质就是资源的充分利用，而互联网以及移动互联网的发展正是加速这一经济体系运转的强韧纽带。在这样的经济体系下，以前被认为不可能产生或者说难以获得大量的收入的资产创造了新的市场，比如网上购物、互联网金融。与网上购物不同，互联网金融刚崭露头角，便吸引了大批投资者、创业者强势进入该领域，这与当初电子商务的起步是截然不同的。

这在一定程度上有赖于目前高速发展的信息技术以及早期培养起来的用户对于互联网的高信任度。但是，虽然互联网金融的产生均已具备天时地利的条件，但最终能否成功则取决于人们用什么样的方式来让这个行业成长起来，其关键在于背后的价值理念，即人和。

中国的互联网金融发展迅速，在 2015 年短短的一年时间里，互联网金融创业者们的融资额度一再创新高，雨后春笋般涌现的各类互联网金融产品让用户眼花缭乱。2016 年注定是互联网金融业进行更多思考的年头，而目前野蛮的发展趋势将或主动或被动地得到缓解，而能否真正走上发展的正轨，路途中还有很多荆棘需要互联网金融从业者来协力跨越、最终突破。

P2P 市场行业：快速洗牌，未来将继续摸索前进

在 2014 年这一年里，P2P 不仅继续吸引无数投资人进入，P2P 的平台也赢得了各路大资本的青睐。2015 年第一季度包括爱投资、人人投、积木盒子以及拍拍贷等平台均获得了数额不小的投资进入下半年，P2P 平台进入了一个月内数家平台同时获得疯狂融资阶段，仅 7 月份就有 8 个平台获得千万美元至上亿美元的投

资。据不完全统计，从1月到10月已有30余家P2P平台获得了投资，而这些平台中还有很多是刚成立不久的新平台。

这样迅速地且大范围地铺开市场，尤其是在高风险的金融行业里，这无疑让人不禁“毛骨悚然”。然而，值得让我们回味的是除民营企业和风投的涌入外，各地具有国资背景的企业也纷纷涉足P2P行业市场中，这也是当下互联网金融的一大特色。众信金融、金开岱、德众金融、金宝保、京金联等平台均获得国资参股。

国有资本的热情涌入，很多业内人士都将此理解为国家态度和宽松政策的预兆，这解决了一直悬而未决的“一刀切”P2P政策性风险的问题。但是，看似繁荣的P2P市场实则暗流汹涌，目前，大部分的P2P平台只能说是披着P2P外衣的金融机构，而且大部分是没有资质认证的，所以说政策还将被进一步规范和完善，这将在很大程度上使P2P行业发展更加健康。但是，国有资本等强势资本的引入无疑证明了P2P的存在以及发展的价值。

此外，P2P行业由于其形势所迫，在行业竞争上要求做大做强，吸引更多资金的进入无疑会大大提高P2P行业的实力，但同时也需要快速地把P2P行业的蓝海市场推向红海。抛开当下1400余家平台正在争夺P2P行业的50余万投资者不说，竞争无疑相当惨烈，而面对当下越来越同质化的服务和金融产品，P2P市场最终也必将面临一山不容二虎的大乱斗。可见，2016年，P2P行业还将展开一场厮杀，成者为王，败者为寇的迅速洗牌将是2016年P2P行业的一大新局面。

第三方网络支付：道路是曲折的，前途是光明的——移动化是未来的发展趋势

关于第三方网络支付，不管起步早晚，银联在市场都具备强势的话语权。央行的79号文也让不少第三方网络支付企业都感到了一阵心酸。

但值得一提的是，央行的“为难”终究也促进了第三方网络支付行业的自省。POS机违规套现、违规套用低费率行业商户类别码等问题的频频爆出，让不少人稍微理解了央行总是跳脚的部分原因。乃至央行再次处罚汇付天下、富友、易宝、随行付四家机构，并勒令四家支付机构撤出部分省市收单市场。

面对“越改越乱”的第三方网络支付市场，一方面是行业竞争的加剧导致有的企业不惜兵行险招，造成行业乱象：另一方面却是要时刻小心拿着大棒的央行叫停开罚单。预计未来大波浪曲线前进的节奏不会有太大改变。但如何获得市场青睐，走正道才是王道。而当下的移动互联网无疑是第三方网络支付的一个突破点，移动互联网让第三方网络支付变得更加便捷，更加紧扣用户的芳心，只有用户满意，第三方网络支付的蛋糕才能越做越大。

众筹：回归理性，领域细分，加速创业进程

相比 2014 年疯狂建立的众筹网站，2015 年众筹的形势已经理性了很多，行业市场情况也逐渐清晰了起来。虽然小额众筹仍然是主流，但许多 VC、PE 也开始注意到了众筹创业领域，众筹天使投资席位的争夺变得愈发激烈。而众筹合投逐渐成为风投创业的一种趋势。

除创业大资本外，众筹的玩法也日新月异，内容领域也逐渐扩展到艺术、影视、音乐、出版等各个领域，甚至创造出了众筹建旅馆、买房买地的模式。我们看到了众筹让很多创业项目得以更好地生存下来，更多、更好、更富有创意的理念得以展现在大众面前。从 2014 年年底到 2015 年年初仓促建立起来的一批众筹网站在无人问津的情况下惨败收场，随着众筹平台逐步走向成熟，诸如平台的项目展示与体验、上线项目筛选以及在市场接受度上的考虑等方面，国内的众筹平台还需要努力而这些问题的解决将在很大程度上决定众筹平台的存亡。

2014 年，众筹网站开始纷纷转型或朝着更细分的领域发展，点名时间从众筹网站转型到智能硬件预售平台，追梦网、众筹网等平台则明显更偏向文化、科技、公益、影视等领域，百度、阿里等大佬们的插足众筹也只是从非常细分的某一两部影视作品开始。大佬们的加入对于市场的培育有很大的促进作用。但是，是否所有项目都适合利用众筹这种方式呢？不尽然，2016 年众筹的发展方向，可能真的只会在那么一两个领域细化发展。实践证明：唯有细分领域，才能做专做精。

比特币：市场尚未厘清，仍存象牙塔

2014 年，比特币保持过山车式的发展特征，但总体来说逐渐趋于平稳。2015 年 3 月，央行向各分支机构下发了一份名为《关于进一步加强比特币风险防范工作的通知》，禁止国内银行和第三方网络支付机构替比特币交易平台提供开户、充值、支付、提现等服务，并要求银行在 4 月 15 日之前，关闭为 15 家最大比特币交易平台开立的银行账户，切开金融机构与比特币泡沫之间的联系，比特币因此在全球范围内都陷入了前所未有的低谷期。但很快比特币的价格又逐渐在各国的交易平台上有所回升，随后就一直起起伏伏，6 月大跌了以后又慢悠悠地回升了，9 月大跌了三成然后又有所回升，10 月又经历大跌。

对于比特币的两种态度是左右其价格的根本原因。一种态度是其对金融和货币的颠覆意义，以及稀缺总量的收藏价值，从长期来看，升值是肯定的。但是，另一种态度则是对应了长期笼罩在庄家操盘、黑暗交易里的比特币无法预估的政策性风险。当然，比特币作为货币广泛流通这一点是不现实的，但作为收藏和小范围流通确实是有价值的。不过，短期内投机者纠结的态度仍会使比特币市场呈现“过山车”式的发展态势。

互联网理财：深挖小微用户需求，寻找新的发展焦点

2014 年，“宝宝”类互联网金融产品经过一番雨后春笋的时期后，收益率的直线上涨趋势逐渐走向缓平，小幅震荡已成为常态，而“宝宝们”千转百回后发现银行的理财产品在收益及稳定性方面更具优势。不得不说，“宝宝理财”让更多手头上并没有太充裕的资金的用户也拥有了理财的通道，但当平台做大之后，这番初心似乎变得模糊不清。“虎头”让宝宝理财网罗了大批用户，但由于尚未形成像传统金融业成熟的资金链条以及把能控力，“宝宝”类产品逐渐放弃了拼收益率的打法，除了基金理财以外，保险、房地产、消费旅游和票据等成为了互联网理财的新方向，而其中最为主要的特点就是“门槛低、范围广”。但是，理想很丰满，现实比较骨感，可以肯定地说现在互联网理财是处在试错的发展历程当中。

作为“宝宝”类产品的老大哥——余额宝与中国电信合作搞“0元购机”，还上线了新功能——彩票定投“永不停彩”，之后还推出了余额宝认购房产，千奇百怪。还有其他披着理财产品的外衣，实则在干别的事：“沃百富”——广东联通联合百度推出的通信理财产品，即话费理财；“程涨宝”——携程旅游网对外发售的礼品卡优惠套餐产品，即礼品卡；“娱乐宝”——阿里巴巴数字娱乐事业群推出的娱乐理财，实际为众筹；“好房宝”——平安好房网将在业内推出金融购房产品，你觉得这真能买房？虽然各银行、券商、保险、运营商想借着互联网理财的东风创新一把是值得鼓励的，但是把理财产品弄得与初衷渐行渐远，甚至出现挂羊头卖狗肉的现象，这压根没理财什么事，还称自己是互联网理财就有点说不过去。

传统金融：转型与逆袭共舞

大众理财的需求是多种多样的，余额宝只是开发了其中一方面。在2014年，互联网理财已经逐渐走向暂时性的沉寂，决定互联网理财能否打破沉寂的关键就在于寻找到大众用户的理财敏感点，并开发出多元化的创新产品而不是试图打败传统金融理财，独占市场，这是不可能的，并将最终导致失败。

表面上是互联网金融，但银行、保险、券商等传统金融机构担任的角色可一点也不轻松。尽管他们的行动迟缓了一点，并且多多少少带了点互联网金融的影子，银行虽然起步慢，但其金融基础优势；虽未大胆创新突进，但保证稳定可靠的收益；另外，在非常关键的政策把握上更是如鱼得水。2014年9月底，民生直销银行日前客户数突破100万户，金融资产保有量达180亿元；招商银行在小企业e家风生水起的同时，于2014年7月份还推出了全新概念的首家“微信银行”；平安银行打造平安网上商城和网络平台，推动应用客服机器人，推广微信服务；而招行、广发、中信的官方信用卡微信绑定率高达69%、68%、67%。

现阶段，随着传统金融机构的积极奋起（一方面是互联网金融的良性刺激，另一方面也是金融改革的现实需要），国家、社会、大众的金融需求都在日趋发生改变，复杂的形势是互联网金融与传统金融相互碰撞融合的根本原因。传统金融坚守是不合时宜的，也是不符合潮流的，所以转型和积极应对变革显得尤为重要。

政府监管应对：权力下放，敏感惠点明确显现后才会出台具有普适性的监管方案

互联网金融监管可谓是千呼万唤，不管是互联网金融从业者还是用户都希望监管政策早日出台，从业者希望从政策中摸准发展的方向以便调整定位，而用户则希望借此获得更多的安全保障。但是，与“央管”相反的是，地方政府对互联网金融特别上心。2014 年 2 月，天津就出台了《天津开发区推进互联网金融产业三年行动方案》；2014 年 3 月，深圳发布了《深圳市人民政府关于支持互联网金融创新发展的指导意见》；2014 年 6 月，广州金融办向互联网金融机构公布了《广州市支持互联网金融创新发展试行办法》；2014 年 7 月，贵阳市政府印发了《支持互联网金融产业发展的若干政策措施（试行）的通知》；2014 年 8 月，上海市政府公布了《关于促进本市互联网金融产业健康发展的若干意见》。

各地政府发布的“意见”多以扶持鼓励政策为重点，一方面是争夺互联网金融的优质资源，以刺激当地金融发展和 GDP 增长；另一方面则可能是想在央行正式颁布互联网金融政策之前，抢先表明其自身对新生经济事物的态度，做出一些成绩，以图未来的政策红利。这些政策对当下正在起步阶段的互联网金融而言无疑是有积极促进意义的，但也可能会造成恶性竞争，导致资源浪费。

各行各业形成合力：开放性更强，强强联手未必是赢家

随着互联网金融的飞速发展，世界各地的资本及各行各业都想抓住这个机遇分一杯互联网金融的暴利。这样，跨界合作、抢滩圈地的现象成为了时下互联网金融行业的一大景观。运营商、零售业、地产、电商、互联网公司、传统金融机构、国企，但凡一个行业都可以开展互联网金融。百度、阿里巴巴、腾讯三大巨头均和多家传统银行达成合作，苏宁云商、联想、搜狐也不甘示弱、紧随其后。

一方面，越来越多的行业和企业加入到互联网金融的领域中来，不仅极大地丰富了互联网金融的内涵，同时也促进了互联网金融发展的包容性和创新性，有助于形成多元、多维、充分竞争的互联网金融业态。另一方面，谁都能插一脚的现象也说明了互联网金融几乎没有准入门槛，同时监管严重缺失。不难看出，现在互联网金融几乎已经把各个行业的玩家都拉下水，但事实上互联网金融并不是万灵丹，而大部分人关注的是金融而忽略了互联网精神，这就使得强强联手有可能失手，当然，这也必然需要时间来检验。

互联网金融与大数据：鱼不离水，水不离鱼

数据是金融业的命脉，大数据之于互联网金融就像水之于鱼一样。大数据是构成互联网金融信用体系的必需原料，并且通过大数据可以实现更为精准地把握用户需求，为用户提供决策参考，帮助互联网金融平台打造更为贴近用户需求的金融产品等。如果脱离了大数据来谈现在互联网金融几乎已经把各个行业的玩家都拉下水，几乎是纸上谈兵。

但是，经过了2015年的发展来看，除去自身能力的限制外，大多数互联网金融创业者们都只是凭着一股热情或者是看到有利可图而闯入这一领域，但是早进入并不意味着早成功。金融的本质是信用，无论什么时代，共同创造社会的总信用都是金融业的使命。互联网金融亦如此，唯有通过大数据整合、集成，提高全社会的总信用，才能确保互联网金融有序、健康地发展。

第二章

第三方网络支付：群雄逐鹿

如图 2-1 所示，我国三方网络支付市场发展至今，历经了四个阶段：早期发展阶段、快速发展期、深度发展期、加速分工与融合期。

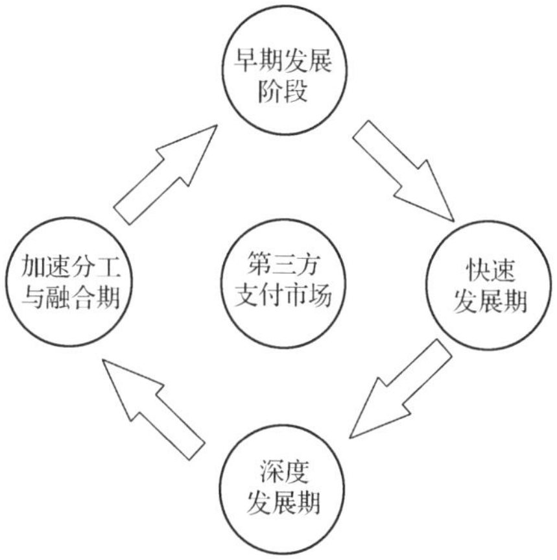

图 2-1　我国第三方网络支付市场的发展阶段

1. 早期发展阶段（1998—2004 年）：效率偏低、功能有限

电子商务在中国还处于初级阶段，由于互联网支付市场的巨大潜力，第三方网络支付企业开始萌芽，致力于解决电子商务发展中遇到的支付瓶颈。

那时，中国的第三方网络支付企业处在良性发展时期，从事第三方网络支付的企业合计只有 10 家左右，其中规模较大的企业包括 ChinaPay、上海环迅等。在此阶段，市场上的产品较单一，服务对象均为 B2C 电子商务模式，以网上商城为主要的商户群体。由于支付厂商之间的竞争不是非常激烈，市场需求大于供给，各支付企业均能从商户处收取相对较高的费用，企业盈利情况整体良好。

2. 快速发展期（2005—2006 年）：低成本服务于短期目标

自 2005 年起，电子商务的快速发展以及对支付增量的理想预期，众多企业纷纷介入支付行业，全国范围内第三方网络支付公司如雨后春笋般成立。市场的火热也引起了国内外投资者的强烈追捧，2005 年，中国第三方网络支付市场迎来了一轮的投资热潮，新兴的支付企业在未积累足够客户资源的情况下，最初的运作主要还是依靠强有力的投资支撑。

大量的企业涌入支付市场，引发了这一市场的“非理性竞争”。这一阶段的支付产品仍主要以网关支付为主，支付企业之间的产品同质化问题愈演愈烈，导致价格成为唯一的竞争筹码，不少支付厂商以非理性的低价占取市场份额，出现了“跑马圈地”的短视行为。恶性的价格战对支付市场造成深远的负面影响，由于免费或低费策略，导致大部分支付企业至今仍处于亏损经营，企业盈利情况实属堪忧。

3. 深度发展期（2007—2010 年）：多样化且细分市场

到 2007 年，第三方网络支付行业内的优胜劣汰现象越发明显，市场有逐步细分趋势。在第三方网络支付行业内的主要支付企业中，ChinaPay 主要以 B2B、B2C 为业务定位，客户来自机票、基金、游戏等资金密集型行业的高端企业客户，政府相关公共缴费部门等；支付宝、财付通以支持 C2C 平台业务为基础，积累了大量的个人用户，成为了其开拓企业客户的优势；快钱以向企业用户提供服务为基本业务，同时以市场营销来开展其个人业务。

伴随着市场的逐步细分，产品行业性特点明显，呈现出多样化发展趋势，做深做细市场已经成为各支付公司的共识。

4. 加速分工与融合期（2011 年至今）：高速发展期

随着央行正式签发首批《支付业务许可证》，第三方网络支付产业迎来飞速发展时期，截至目前，共计 250 家第三方网络支付公司获得央行牌照，详见附录 1。

线上、线下等多种支付方式并存的融合局面逐步形成。拉卡拉对收单业务市场的进军，财付通对保险代销等业务的切入，支付宝大手笔投入线下支付市场以及频繁渗透航旅行业的举措，通信运营商纷纷组建集团下支付公司都说明支付企业向多元领域扩张的意愿愈加强烈。

此外，基金互联网支付正在成为基金业渠道变革的主导力量。汇付天下、通联支付、银联电子、易宝支付、支付宝、快钱、财付通等第三方网络支付企业先后获得证监会颁发的基金第二方网络支付牌照。

第三方网络支付行业发展

交易规模

据电子商务研究中心统计数据（如图 2-2 所示）得出：2013 年，我国第三方网络支付合计金额达 53 729.8 亿元，同比增长 46.85%，2014 年，我国第三方网络支付合计金额达到 74 368.9 亿元，同比增长 38.41%。

第三方在线支付交易额规模的增长，归根结底得益于以下两个因素：一是网上支付安全性和易用性的提高，使得第三方网络支付受到越来越多的网民青睐，已有用户的使用黏度进一步提高；二是网上支付平台积极而踏实的挖掘和拓展应用行业，使得网上支付的应用领域延伸至日常生活的各个方面，在各领域的渗透率逐渐提高，因此提高了交易规模。

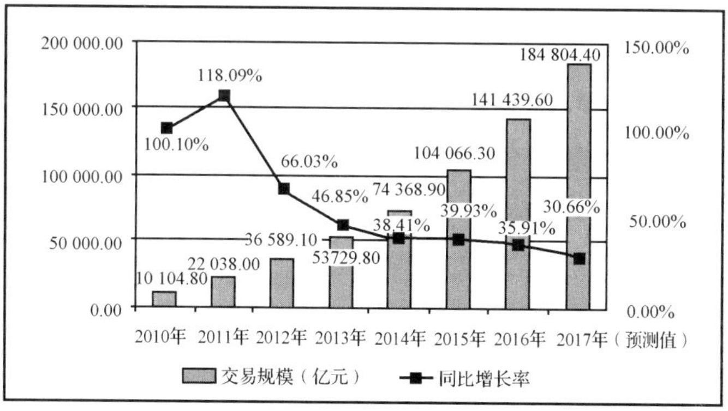

图 2-2　2010—2017 年中国第三方网络支付市场交易规模

数据来源：电子商务研究中心

纵观 2010—2015 年的第三方网络支付的发展历程（如图 2-3 所示）：市场交易额规模基本呈现出了指数化增长态势。

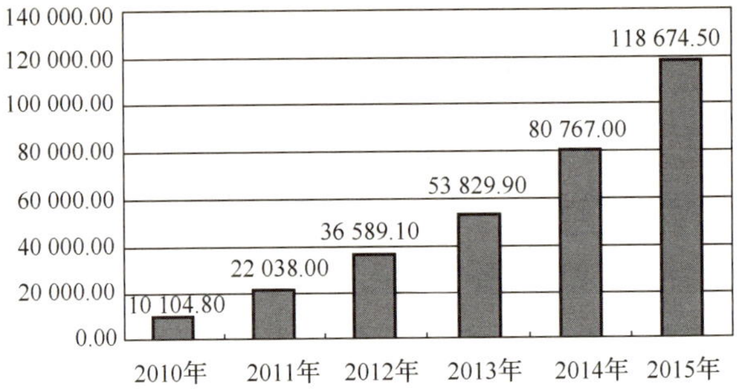

图 2-3　第三方网络支付交易额规模（单位：亿元）

目前的第三方网络支付存在以下特征。

一是规模显著增长：应用行业数量、商户规模、用户规模这三大指标均取得显著增长。

二是除消费性领域外，应用行业渗透率仍较低，高黏度用户数量仍然有较大拓展空间。

三是除了最早的 C2C 外，加大了在 B2C、B2B 和社会性公共服务领域的缴费应用，成为一个新兴潜在增长点。

四是支付行业盈利模式不断丰富，风险逐渐可控，从服务的单一型向综合型升级换代。

五是网络支付、电话支付、手机支付等线上渠道，逐渐与刷卡机、上门收款等模式展开融合。

运营商发展

1. 运营商发展类型

随着各支付企业定位和运营策略的清晰、运营领域和运营优势的明确，第三方网络支付公司体现出各自的运营风格。可以将其划分成六种类型（见表 2-1）：资源型、综合型、创新型、行业型、外资型、元老型。

表 2-1　第三方网络支付类型

分类	LOGO	第三方支付企业	运营特点
资源型		银联商务	母公司为银联，有独特的银行背景和资源优势，在大额支付领域扩展较早（航空、基金等），典型的国企运作形式
		银联在线	
综合型		支付宝	背靠强大的互联网企业资源，有自身的电子商务平台相互支持。拥有庞大的用户群，支付平台多元化，应用行业较多
		财付通	
创新型		快钱	依靠风险投资崛起，善于发现市场，创造新型产品和鲜活概念，在市场中表现活跃，应用行业较多，但深度不够
		易宝支付	
行业型		汇付天下	成立时间较晚，背后有特殊资源，在特定的有潜力的行业深度挖掘，运营风格扎实，但应用行业较为单一，运营风险较大
外资型		PayPal	国际知名的支付公司的全资子公司，在中国面临水土不服的现状，发展艰难，扩展商户和用户难度较大，还面临政策风险
元老型		环迅支付	成立时间较早，在多年发展中积聚了稳定的合作伙伴，形成了鲜明的运营特点，运营稳健，多已盈利，但近年创新不足，步调趋缓

2．支付宝、财付通占据市场领先地位

支付宝、财付通占据了第三方网络支付市场的领先地位，运营商差异化发展是必然趋势。电子商务中心的统计数据显示（如图 2-4 所示）：2014 年支付宝和财付通分别依托其购物平台淘宝和拍拍，在市场中继续保持领先地位。其中，支付宝占据行业头把交椅，市场份额达到 48.7%；财付通紧随其后，市场份额为 19.4%，二者市场份额之和超过 60%。而其他第三方网络支付企业则结合自身优势，采取差异化的发展策略。在运营商的推动下，目前，网上支付正逐渐深入到生活缴费、信用卡还款等与日常生活密切相关的各个领域。可见，在网上支付企业进行行业拓展的同时，还应注重对行业细分需求的深挖，依靠提供行业整体解

决方案来提升服务质量，例如：进一步完善电子商务产业链的支付需求；在提供企业间清结算业务的基础上拓展其他相关服务内容等。

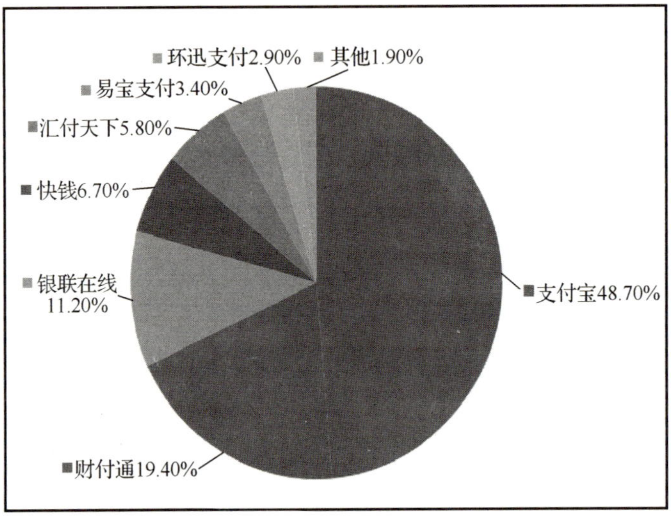

图 2-4　2014 年第三方网络支付核心企业交易规模市场份额

用户规模

根据中国金融认证中心的统计，2009 年全国企业网银用户比例为 40.5%，比 2008 年略有下降，但全国城镇人口个人网银用户比例达到 20.9%，较 2008 年增长 2%；在网银用户攀升的同时，随着用户对网银功能的进一步了解和更多的尝试，用户使用网银活跃度也有所提升：个人用户人均每月使用网银次数从 2008 年的 5 次增长至 2009 年的 5.6 次，企业用户每月使用网银次数从 10.3 次上升至 11.3 次。

根据艾瑞咨询统计，2008 年，网上支付用户（从 1998 年起使用过网上支付）超过 1 亿人，深度用户（2008 年月均至少使用网上支付一次）超过 2000 万人，用户规模稳定增长。依据 CNNIC 的数据，2008 年使用网上支付的用户（其定义为 2008 年下半年使用过网上支付）达 5200 万人，同比增长 57.6%。艾瑞咨询推出的 iUserTracker 网民行为监测系统数据显示，2008 年 12 月，网上支付月度覆盖人数达3138万人，环比2008年11月上涨10.1%，同比2007年12月上涨34.5%，增速快于同期的网上银行和网络购物月度覆盖人数。但网上支付月度覆盖人数与网上银行、网络购物月度覆盖人数相比，绝对数值存在一定的差距。故建议第三方网络支付平台加大网上支付在浅层的潜在用户（网购人群、网上银行使用者等）的推广力度，未来实现深度用户翻番的增长。

第三方网络支付的行业环境

电子商务的发展态势

电子商务在我国经过十几年的蓬勃发展，到如今，已深深影响着产业经济、生活购物、电子政务等方方面面。纵观电子商务十几年来所取得的成绩令人瞩目，不管是第三方服务企业的数量，还是电子商务应用的用户规模、电子商务的交易额等，都有了飞速的增长。

1. 电子商务服务行业发展规模

据中国B2B研究中心相关调查数据显示，2015年上半年，中国电子商务交易额达7.63万亿元，同比增长30.4%；中国B2B电子商务市场交易额达5.8万亿元，同比增长28.8%；中国B2B电商服务商的营收规模为110亿元，同比下降4.3%；中国B2B电商服务商市场份额排名：阿里巴巴为39%，上海钢联为8.7%、环球资源为5.2%、慧聪网为3.6%、焦点科技为2.1%、环球市场为1.3%、网盛生意宝为0.7%；B2B获得投融资企业数量超过70家；中国跨境电商交易规模为2万亿元，同比增长42.8%，占我国进出口总值的17.3%；中国跨境电商的进出口结构，出口占比达到84.8%，进口占比达到15.2%；中国跨境电商的交易模式，跨境电商B2B交易占比达到91.9%，跨境电商B2B交易占据绝对优势，跨境电商B2C交易占比达8.1%。

2. 电子商务服务企业分布情况

目前，国内电子商务服务企业主要分布在长三角、珠三角一带以及北京等经济较为发达的省市。其中，长三角占有35%的份额，珠三角占有32%，北京占有9%，国内其他地方共占有24%。

可见，目前我国的电子商务服务企业多分布在经济较为发达的省市，且电子商务配套产业环境良好，主要与这些地方的环境承载能力较强、政府扶持力度较大、经济和人口聚集条件较好有关。此外，经济的发达使这些地方的网上购物、商户之间的网上交易和在线电子支付，以及各种商务、交易、金融、物流和相关的综合服务活动也较为活跃。

2015年电子商务服务企业区域分布图如图2-5所示。

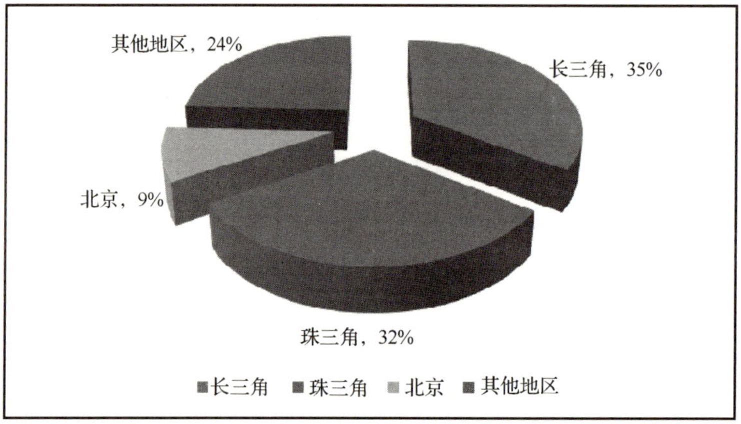

图2-5　2015年电子商务服务企业区域分布图
数据来源：中国B2B研究中心

本项调查结果也符合电子商务行业公认的“六六定律”，即全国数千家行业网站，其中有六成在长江三角洲经济圈内，而该经济圈内的行业网站，又有近六成在浙江，其中又是以杭州为主，聚集了其中的六成以上，因此杭州也是公认的“中国电子商务之都”。

另在电子商务服务企业的行业分布中，据中国B2B研究中心调查显示，排在前十名的依次为：纺织服装、数码家电、钢铁机械、化工医药、建筑建材、农林、五金、包装印刷、食品糖酒、礼品饰品这些行业领域。

2015年电子商务服务企业行业分布图如图2-6所示。

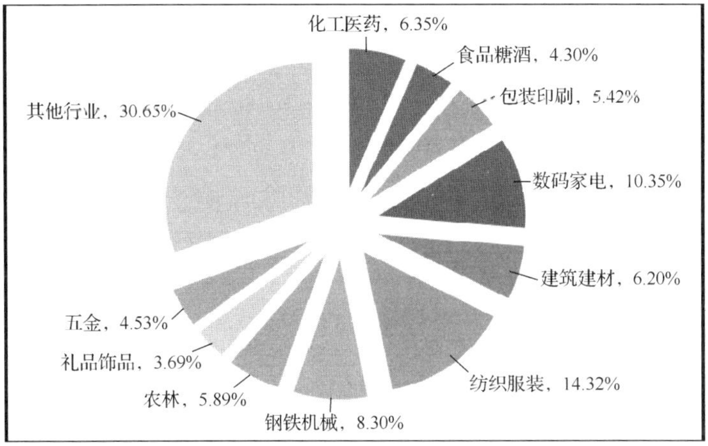

图 2-6　2015 年电子商务服务企业行业分布图
数据来源：中国 B2B 研究中心

在行业分布中，因纺织服装、家电数码都是与人们的生活息息相关的生活必需品，所以这一行业的电子商务平台自然也较受欢迎。其中纺织服装和数码家电行业所占比重最大，分别为 14.32%和 10.35%。

2016 年上半年，我国 B2C 家电网购市场（含移动终端）规模达 1848 亿元，同比增长 35%。近年来，不仅京东商城、世纪电器、新蛋、新七天等家电网购企业得到了迅猛发展，而且传统家电渠道巨头苏宁、国美等先后自建在线网购平台，战略布局电子商务。

总体而言，以家电数码、服装配饰、家居百货为代表的三类主流商品，渐渐引导了网购的新一轮大发展。

3. 电子商务服务企业整体收入规模

在电子商务发展的初级阶段，各类电子商务企业的营收都呈缓慢增长状态，这与当时国内电子商务正处于萌芽与酝酿时期，以及随后而来的互联网寒冬有关。而近年来，各电子商务企业营收呈快速增长状态，主要原因是随着中小企业逐渐认识到电子商务的好处，越来越多的中小企业开始使用第三方电子商务平台，加之网购理念的普及、网购用户的增长均有着密切关联，而电子商务渗透率也随之保持持续高速增长。

根据中国 B2B 研究中心相关调查数据显示，截止到 2014 年 6 月，2014 年上半年电子商务服务类企业（包括 B2B、B2C、C2C、B2M、B2G 等）营收累计达到 75.3 亿元人民币。其中最为重要的 B2B、B2C 两块分别为：32.5 亿元和 40.2 亿元，相比上一年同期，各类企业营收规模都有明显的增长。

中国 B2B 研究中心据证券市场公开披露文件统计显示：在 2014 上半年，阿里巴巴、环球资源、慧聪国际、网盛生意宝和焦点科技（已通过证监会发审委审核，等待中小板 IPO），仅这五家 B2B 上市公司的营业收入总值已达 238 741 万元，净利润为 60 262 万元。统计显示，在剔除季度因素后，与 2013 年数据比较，五家电子商务上市企业营收总额依然保持较好的增长，但因渠道扩张、人员扩招、网站推广与技术研发等多方面因素，导致其平均净利率有所下降。

4. 电子商务用户规模

电子商务经过十几年的发展，在国内已经形成了庞大的用户规模。各中小企业纷纷进行网上贸易以开拓市场，而电子商务成为未来中小企业进行网上开拓市场的必然选择。根据中国 B2B 研究中心的调查数据显示，截至 2014 年年底，国内使用第三方电子商务平台的中小企业用户规模已经突破 3000 万人，而中国网购用户的规模已经突破 3.8 亿人。

目前利用电子商务和信息化手段从事网络贸易的中小企业用户及其生意人群体，正成为信息社会经济领域的主体，正在国民经济中发挥越来越重要的作用。而随着这类群体的发展和壮大，传统商业规则和商业秩序正在被重新解构，新的基于互联网的电子商务商业规则和商业秩序正在构建，基于虚拟平台的社会经济体俨然初具雏形。这类观念靠前、危机意识强烈、创新创业、渠道多样化的生意人群体，正成为引领我国当前经济转型与升级的“弄潮儿”。

与此同时，与之一起诞生和成长起来的网购群体则正在改变中国传统的消费模式以及人们的生活方式。从 2009 年开始到 2014 年，中国网民数量急剧增长；而在网民数量急剧增长的同时，中国网民的购物比例也随着上升。

2009—2014 年中国网购用户规模增长图如图 2-7 所示。

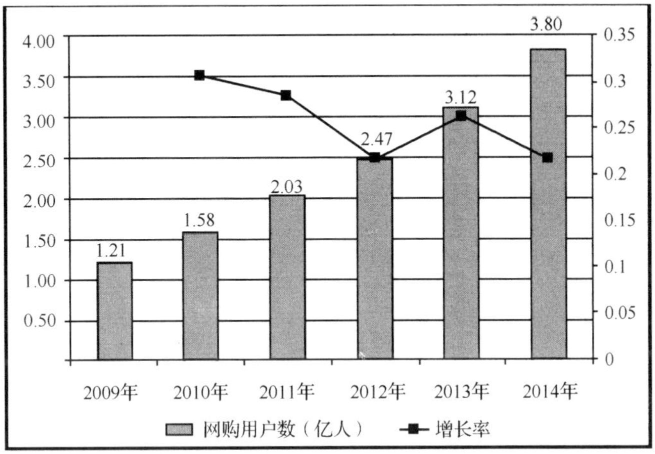

图 2-7　2009—2014 年中国网购用户规模增长图

然而，我们也应清醒地看到：中国网民的购物潜力仍未被完全释放。在欧美和韩国等互联网普及率较高的国家，网民中网络购物比例已经超过 2/3。各大网络购物网站致力于打造更加简单易行的购物平台，网络购物的门槛越来越低，只要会上网就可以学会网络购物。

2009—2014 年中国个人网店数量规模如图 2-8 所示。

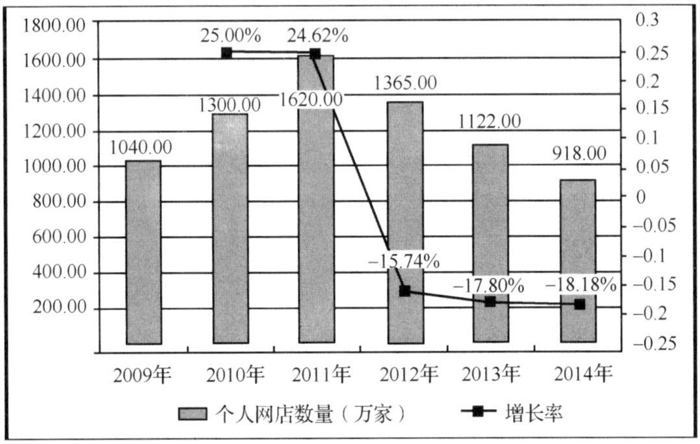

图 2-8　2009—2014 年中国个人网店数量规模

2009—2015 年中国个人网店用户规模如图 2-9 所示。

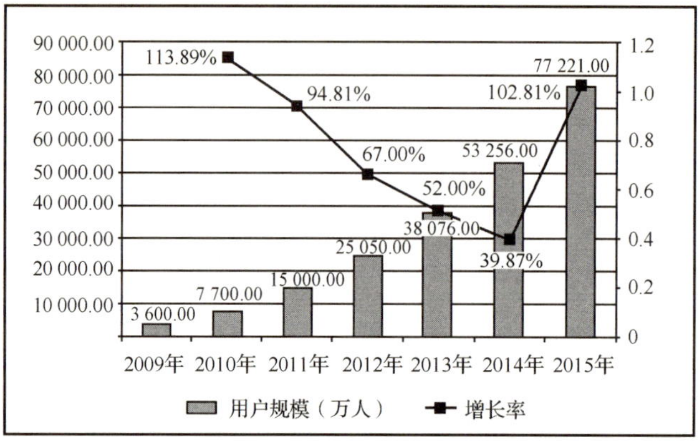

图 2-9　2009—2015 年中国个人网店用户规模

2009—2014 年中国海外代购市场交易规模如图 2-10 所示。

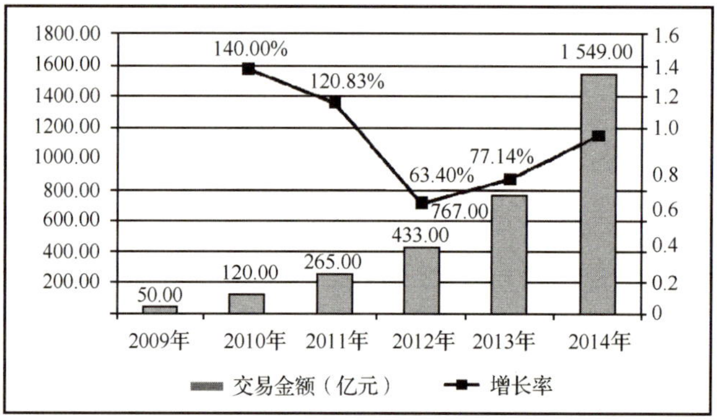

图 2-10　2009—2014 年中国海外代购市场交易规模

2009—2014 年中国移动电子商务市场规模增长图如图 2-11 所示。

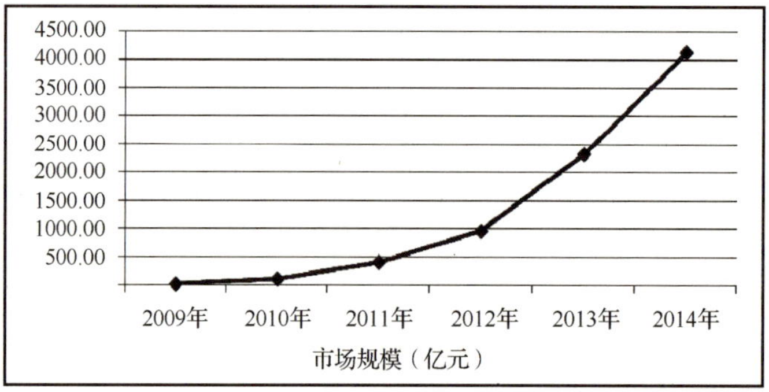

图 2-11　2009—2014 年中国移动电子商务市场规模增长图

2013 年中国 C2C 平台网络购物交易市场份额占比图如图 2-12 所示。

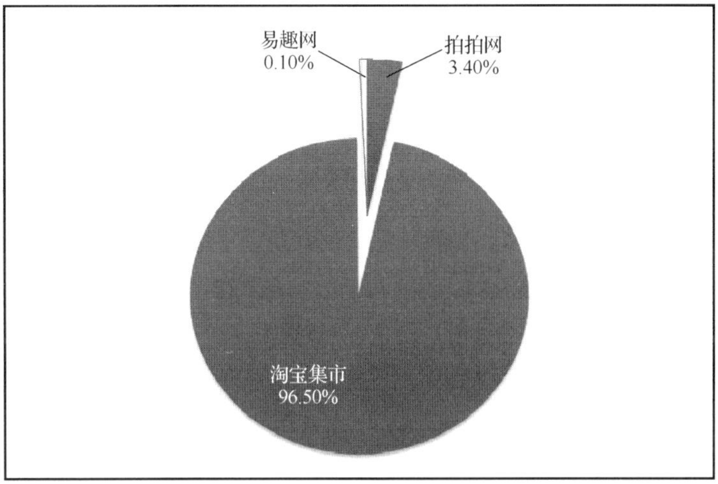

图 2-12　2013 年中国 C2C 平台网络购物交易市场份额占比图

2013 年中国 B2C 网络购物交易市场份额占比图如图 2-13 所示。

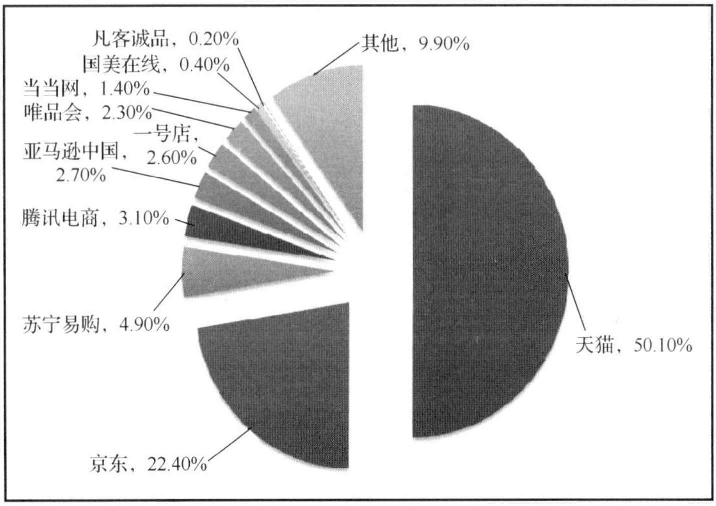

图 2-13　2013 年中国 B2C 网络购物交易市场份额占比图

据中国软件资讯网报道，中国 IT 研究中心（CNIT-Research）发布的《2014 年 Q1 中国移动网购市场调研报告》指出，预计未来几年中国移动购物将继续保持高速增长态势，到2015年市场规模有望超过3500亿元，用户数量有望超过5.2亿人，如图2-14所示。

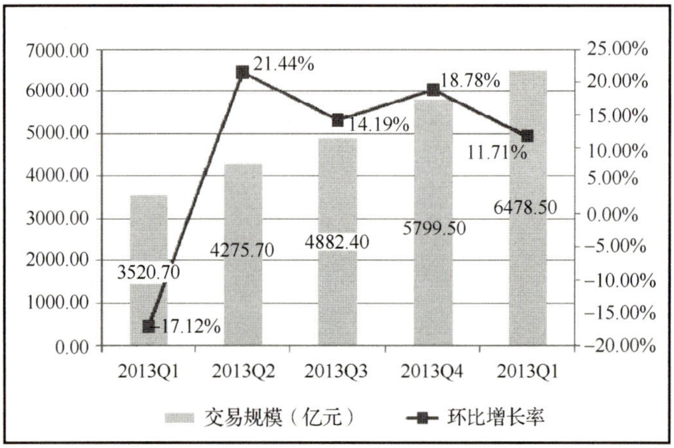

图2-14　中国网购市场交易规模季度走势

一是2014年第一季度中国网购总体市场规模达6478.5亿元，环比增长11.7%；网购用户数量已超过3.1亿人，如图2-15所示。

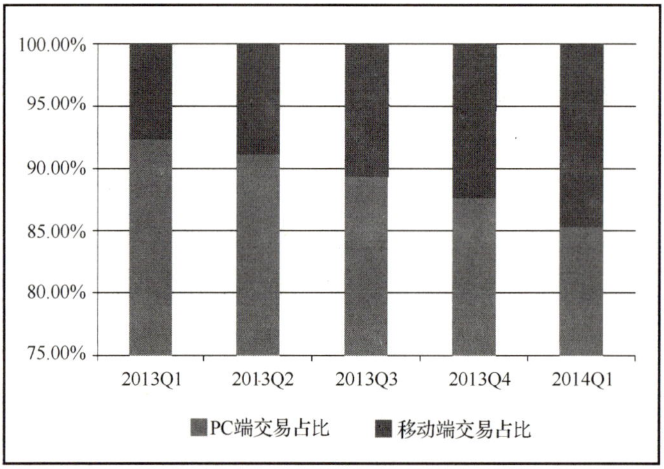

图2-15　中国网购交易额PC端和移动端份额对比图

二是中国移动网购自2010年后进入快速发展阶段。移动端交易比例持续上升，2014 年第一季度占比达到 14.7%，网络购物正从 PC 端不断向移动端渗透。预计未来几年中国移动购物将继续保持高速增长态势，到 2015 年场规模有望超过 3500 亿元，用户数量有望超过 5.2 亿人。

三是从增速来看，B2C 市场增长迅猛，将继续成为网络购物行业的主要推动力。2013 年中国网络购物 B2C 市场增速为 68.4%，远高于 C2C 市场增速（30.9%）。预计到 2017 年，B2C 在整体网络购物市场交易规模中的比重将超过 C2C，达到 52.7%，如图 2-16 所示。

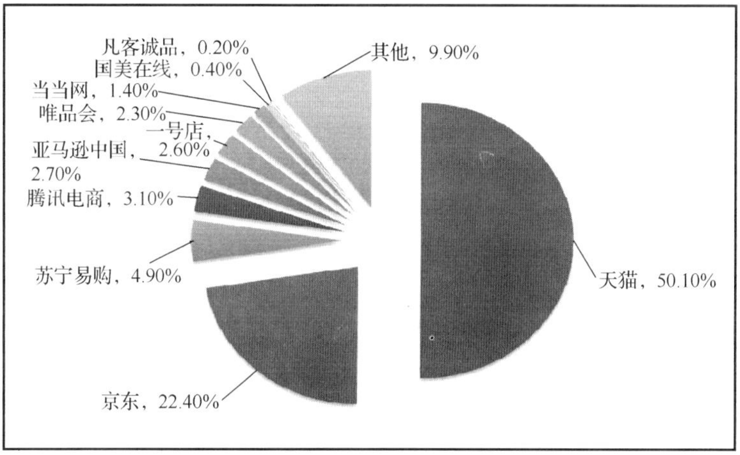

图 2-16 2014 年 Q1 中国 B2C 网络购物市场占比

四是中国 IT 研究中心研究结果表明，截至 2014 年第一季度，在 B2C 领域市场份额方面，天猫位居第一，占 50.10%；京东名列第二，占 22.4%；苏宁易购位居第三，占 4.90%。

五是在影响用户选择使用移动网购应用因素中，担心支付安全的用户占比最高，达到 40.5%；其次是担心“货物信息可能与介绍的不一样”，38.5%的用户选择了此项。

六是针对用户最常用的移动购物网站调查发现，选择淘宝的用户数最多，占 83.8%；其次是选天猫，占 22.4%；再次是选京东，占 19.8%。

七是调查结果显示，用户移动网购时最常买的商品是服装鞋帽箱包类，占

81.7%；其次是彩票、充值、旅行、票务，占 67.1%；购买个人护理化妆品的用户也很多，占 47.4%。

八是移动购物最常用支付方式，选择“使用支付宝等第三方网络支付方式”的占比最高，达 62.7%；其次为网银直接支付，占 22.4%。

5. 电子商务交易规模

随着电子商务产业的快速成长，电子商务的交易规模也屡创新高。据中国 B2B 研究中心调查数据显示，2008 年中国电子商务市场交易额达到 3.15 万亿元；其中，B2B 交易额达到 3 万亿元，B2C 与 C2C 网购交易额达到 1500 亿元。无疑，今天电子商务这一网络经济的主力军，正成为经济发展的“助推器”。

2008—2013 年 B2B 在线交易增长图如图 2-17 所示。

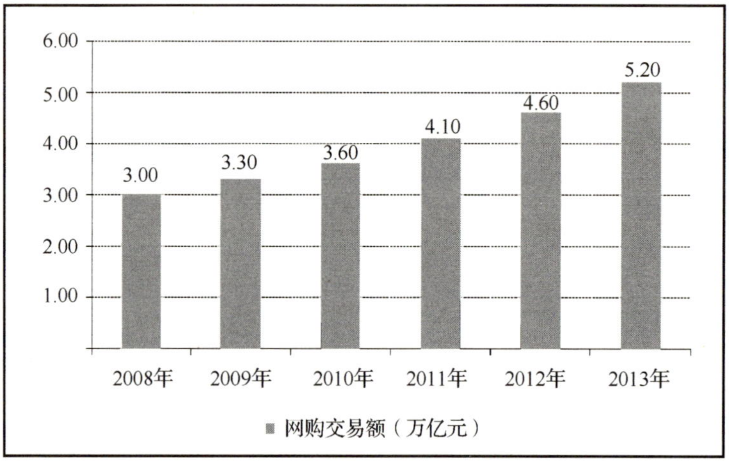

图 2-17　2008—2013 年 B2B 在线交易增长图

数据来源：中国 B2B 研究中心

从图 2-17 可以看出，2008 年 B2B 电子商务市场交易增速明显放缓。由于受金融危机的影响，主要原因在于国外消费需求明显降低，对中国出口订单缩减，减缓了进出口贸易的增长。

未来 B2B 电子商务的新增长点：一方面有赖于国内贸易的加大，和与其他新兴地区贸易的拓展；另一方面，有效地进入新兴地区的内贸市场，为当地的生产型企业提供出口服务，也将是未来可尝试的方向。

2008—2013 年中国网购在线交易增长图如图 2-18 所示。

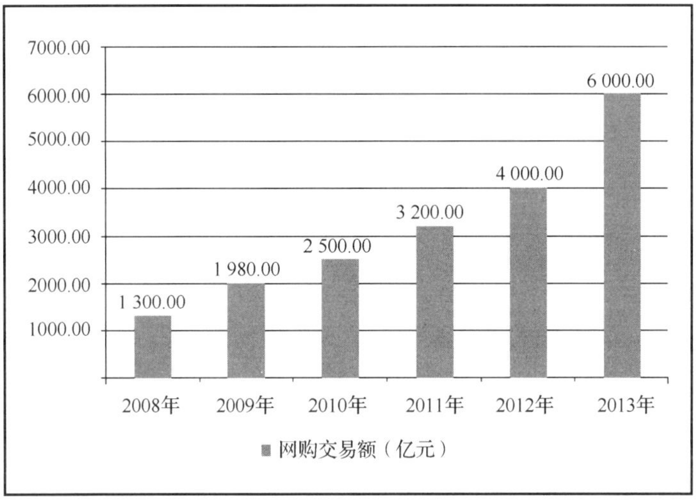

图 2-18 2008—2013 年网购在线交易增长图

数据来源：中国 B2B 研究中心

近年来，网购市场的交易额正呈快速上升趋势，排斥行业自然增长的因素外，金融危机对中国网购市场的发展反而起到了一定的助推作用，因为金融危机使消费者对价格的敏感度提高，所以网络购物所具有的价格优势便成为吸引用户的重要砝码。

6. 网络购物指数化增长

艾瑞咨询发布的《2008—2013 年中国网络购物行业发展报告》数据显示，2009 年中国网络购物交易规模继续高速增长，达到 2630 亿元，较 2008 年增长 105.2%。其主要原因是淘宝、拍拍等第三方平台式购物网站交易额增长率大幅增长。2009 年淘宝网交易规模达到 2083 亿元，连续 5 年实现 100%以上的增长。可见，这一现象的出现与 2009 年淘宝网改善卖家评价体系、优化买卖交易功能等密切相关，如图 2-19 所示。

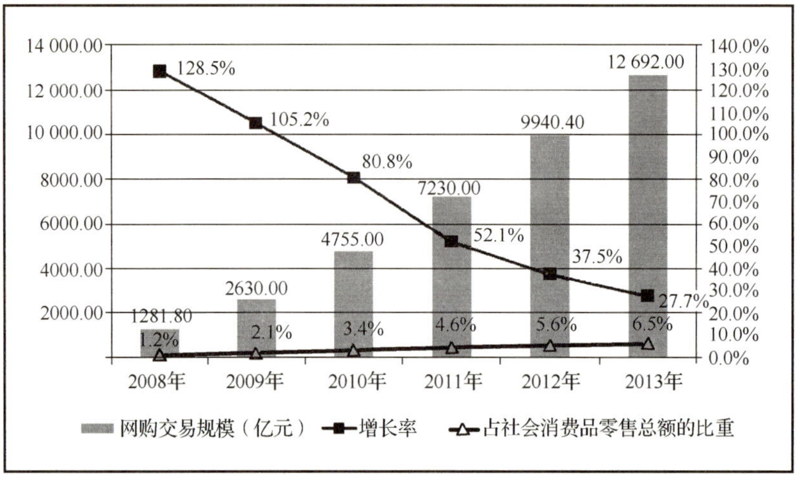

图 2-19　2008—2013 年中国网络购物市场交易规模

注：1. 市场规模为平台式购物网站与自主式购物网站市场规模之和，其中暂不包括付费数字产品下载、航空客票交易、网络代缴费等商品类别的交易规模。

2. 台式购物网站市场规模以成交商品价值总额计算，即 C2C 平台上 C2C 交易额及其 B2C 商城销售额之和。

3. 主销售式购物网站市场规模以销售额计算，非网络销售交易额部分不统计在内。

支付行业的风险分析

第三方网络支付存在三大风险：网络安全风险、金融风险和法律风险。

1. 网络安全风险

第三方网络支付的业务及风险控制工作均由计算机程序和软件系统完成，所以网络支付系统的安全是第三方网络支付面临的重要风险。尽管目前网上银行和第三方网络支付平台都设计有多层安全系统，并不断开发和应用具有更高安全性的技术及方案，以保护支付平台的平稳运行，但是从总体来说，其安全系统仍然是第三方网络支付业务中最为薄弱的环节。这种风险可来自计算机内部，比如系统停机、磁盘损坏等不确定因素，也可能来自网络外部的黑客攻击，以及计算机病毒破坏等因素。

安全风险主要体现在三个方面：一是数据传输过程中遭到攻击，威胁用户资金安全；二是网络支付应用系统本身存在的安全设计上的缺陷可能被黑客利用，危害整个系统的安全，造成重大损失；三是计算机病毒可能突破网络防范，入侵网络支付的主机系统，造成数据丢失等严重后果。

2. 金融风险

金融风险包括资金滥用、诈骗犯罪、盗卡恶意支付及资金沉淀几个方面。

（1）资金滥用

在第三方网络支付平台中，除支付宝等少数几个并不直接经手和管理来往资金，而是将其存在专用账户外，其他公司大多代行银行职能，可直接支配交易款项，这就可能出现不受有关部门的监管，而越权调用交易资金的风险。

（2）诈骗犯罪

由于网上交易的匿名性和隐蔽性，使第三方网络支付可能成为通过制造虚假交易来实现诈骗的手段，有些不法分子利用购买者对第三方网络支付流程以及后果的不熟悉，利用安全漏洞来骗取钱财。比如，支付平台的网上操作中有取消支付的选项，在取消支付后，如果直接撤销刚才的取消操作来再次确认支付，顾客的钱就在未收到购买物品之前就打到了销售者的账户中，造成诈骗。

（3）盗卡恶意支付

多数情况下，用户只需要使用自己的银行卡卡号和密码，在网上提交一个申请，即可开通网上银行。如何防范盗卡者在网上恶意支付，对于第三方网络支付厂商来说，在缺少必要信息支持的环境下，建立这样的风险控制系统就更为艰难。

（4）资金沉淀

第三方网络支付平台通过对交易资金的暂时保管，在交易过程中监督和约束买卖双方。在交易过程中，当买方把资金转到第三方的账户时，第三方起到了一个对资金的保管作用，买方仍然是资金的所有权人。当买方收到商品，确认付款时，所有权转到卖家。第三方作为资金的保管人，始终不具备对资金的所有权，只是保管的义务。根据目前的交易规则，支付金额可以在第三方网络支付平台上停留 3～7 天，这样，支付平台中随时都有数以千万计的资金沉淀。随着将来用户数量的增长，这个资金沉淀量将非常巨大。而对于这笔资金，第三方将可取得一笔定期存款或短期存款的利息，且利息的分配会引发新的问题。如缺乏有效资金管理，就有可能引发支付风险和道德风险。

3. 法律风险

对于第三方的法律地位问题，及各方权利义务关系，目前在法律上还未做出明确的规定。虽然从业务上来看，这些电子商务第三方网络支付平台只是提供支付服务，但它同时又聚集了大量的资金，从某种程度来说已经具备了银行的性质，但却不受银行相关法律的控制；尽管第三方网络支付企业都以中介人的名义对外宣传，但实际上，其业务明显存在“吸纳储蓄”的嫌疑，用户资金的时间价值（利息）可能成为其主要的利润来源，这显然涉及金融的范畴。所以，对第三方网络支付平台的法律地位需要进一步以明确的立法加以规范。

第三方网络支付牌照解读

1.《非金融机构支付服务管理办法》要点

2010 年 6 月 21 日，央行出台《非金融机构支付服务管理办法》（以下简称《办法》），该办法要求：拟在全国或省范围内从事支付业务的非金融机构，注册资本需达到 1 亿元和 3000 万元人民币，具备合规的反洗钱措施，支付业务设施，健全的内控、风险管理及安全保障措施；其主要出资人需连续盈利 2 年以上，并连续为金融机构或电子商务活动提供信息处理支持服务 2 年以上；企业及其主要出资人的高级管理人员最近 3 年内未因利用支付业务实施违法犯罪活动或为违法犯罪活动办理支付业务等受过处罚。规定自 2011 年 9 月 1 日起，支付机构需依法接受央行的监督管理，未经央行批准，任何非金融机构和个人不得从事或变相从事支付业务。

此外，于 2011 年 8 月上线的央行标准化跨银行网上金融服务产品“二代网银系统”，也对现有的电子支付行业企业形成潜在的垄断性竞争态势。无论是嵌入特定支付环节还是覆盖全支付结算流程，身兼规则制定者与市场参与者的央行借助“超级网银”都能实现全面系统的服务与有力的监管，资源优势不可小觑，该行业企业及相关投资机构需重新研究自身策略与定位。加强渠道建设，抢占手机支付、电视支付等相关新兴领域，专注于特定环节或区域市场，吸引具备金融行业背景或优势资源的战略投资者加入，或将更大限度地为企业扩充成长空间，创造发展机会。

由于在 1 年缓冲期内必须经过央行审批、取得相关牌照后方可继续业务，无法取得牌照、因监管而提升的成本和央行“超级网银”的潜在垄断性竞争，将成为获得风险投资的多家电子支付行业企业最近面临的三大考验。

2. 利多支付“大佬”、利空支付“小罗罗”

《办法》要求第三方网络支付公司必须在 2011 年 9 月 1 日前申请取得《支付业务许可证》，逾期未取得的，不得继续从事支付业务。其中，关键规定无疑像巨额钞票砌成的高门槛：申请人拟在全国范围内从事支付业务的，其注册资本最低限额为 1 亿元人民币。拟在省、自治区、直辖市范围内从事支付业务的，其注册资本最低限额为 3000 万元人民币，注册资本最低限额为实缴货币资本。

但“门槛”的高低还要看第三方网络支付企业的“腿有多长”。“这些看似庞大的数字对于目前市场排名前列的第三方网络支付‘大腕’来说，并不是很高的门槛，目前全国排名前十的第三方网络支付企业注册资本应该都在 1 亿元以上。而对众多小支付平台来说就要困难多了。”不难看出，这样更令小支付企业沮丧的是，管理细则中要求，申请人的主要出资人必须连续 2 年以上盈利，“这一点对绝大部分规模较小的企业将是致命打击，尽管央行表态牌照无限量，但最终八成以上第三方网络支付企业将丧失申请牌照资格。”

目前，全国有 300 多家第三方网络支付企业，其中向央行报备的企业有 130 多家。这也意味着，《办法》出台以后，至少有 100 多家第三方网络支付企业被清洗出局。根据易观国际的数据，2010 年一季度互联网支付市场中，支付宝和财付通分别以 58.8%和 24.8%的市场份额占据前两把交椅。快钱、ChinaPay、环迅支付、易宝、首信易、网银在线和云网支付则以10%以下的份额列于第二梯队，而其余近300家小型支付企业的市场份额总共为0.7%。300家小企业在行业洗牌中集体出局“大有可能”。

3. 洗牌有利于行业的细分发展

300多家第三方网络支付企业可能的“集体悲歌”不会减缓《办法》实施的步伐。一年时间内，第三方网络支付市场格局就明朗化。由于淘汰的企业主要是在市场竞争中处于劣势的小企业，对于未来整个支付市场环境影响微乎其微。目前，国内支付行业主要有两类企业：一类是以支付宝、财付通为首的互联网型支付企业，它们以在线支付为主，捆绑大型电子商务网站，迅速做大做强；另一类则是以快钱、汇付天下为首的金融型支付企业，侧重行业需求和开拓行业应用。“而在《办法》的监管下，支付行业市场细分化将更加明显。”

此外，管理办法的出台，还将支付企业彻底置于国家政策、法律以及公众的监督之下，使支付企业业务更透明，监管更得力，增进公众和媒体对支付企业的了解，化解他们对支付企业的误解，预防涉黄、涉赌、欺诈等行为给支付企业带来的风险和压力，从而使支付企业像银行一样，得到国家政策的保护和消费者的理解。同时，也在客观上促使支付企业进一步加强内控管理，避免卷入黄、赌、毒中，更好地为广大商户和消费者服务。

4. 第三方网络支付企业开始“正衣冠”

尽管种种迹象显示，《办法》出台对支付宝、财付通等十几家处于行业前列的大企业“是个机会”，但并不意味着牌照对它们来说是“信手拈来”。

《办法》中关于“申请人的主要出资人必须连续2年以上盈利”，“外商投资支付机构的业务范围、境外出资人的资格条件和出资比例等，由中国人民银行另行规定，报国务院批准”以及“支付机构的实缴货币资本与客户备付金日均余额的比例不得低于10%”等规定，都或多或少对第三方网络支付企业提出了“新要求”，即便行业“大佬”也不例外。

第三方网络支付市场竞争格局

主要第三方网络支付运营商简介

伴随电子商务尤其是网购发展应运而生的网络支付，到了 2014 年已是第十六个年头。以第三方担保交易为代表的支付模式，迅速在网络购物人群中普及了在线支付网购理念，并培育了一大批乐于网购、忠于在线支付的一大批用户。纵观中国第三方网络支付发展的十几年里，第三方网络支付企业就取得了令人瞩目的发展成绩。中国十大领先第三方网络支付平台统计见表 2-2。

表 2-2　中国十大领先第三方网络支付平台统计

十大领先第三方网络支付平台			
排名	LOGO	名称	概述
1		银联商务	国内非金融支付行业综合支付的领导者，国内最大的银行卡收单专业化服务机构
2		支付宝	全球领先的第三方支付平台，国内最大第三方支付平台，互联网支付最受用户信赖
3		财付通	腾讯集团推出的专业支付平台，中国领先的在线支付服务提供商，第三方支付知名品牌
4		银联在线	中国银联打造的互联网业务综合商务平台，第三方支付的领先者
5		快钱	国内首家基于 E-mail 和手机号码的大型综合支付平台，国内领先的独立第三方支付企业
6		汇付天下	国内第三方支付行业领先企业，首家获得证监会批准开展网上基金销售支付结算业务的企业
7		易宝支付	中国行业支付的开创者，国内互联网金融行业领先型企业，中国最具有成长价值的电子支付品牌
8		联通支付	领先的行业支付解决方案及综合支付服务提供商，上海市高新技术企业
9		环迅支付	中国最早成立的第三方支付企业之一，中国银行卡受理能力最强的电子支付平台之一
10		拉卡拉	第三方移动支付的领导者，开发出中国第一个电子账单服务平台，知名便民金融服务平台

1. 支付宝

2003 年 10 月 18 日，淘宝网正式推出“支付宝”，为网络买家和卖家提供担保交易服务。当时，支付宝还只是淘宝的一个部门。

2004 年 12 月 8 日，支付宝（中国）网络技术有限公司正式成立。随后，支付宝官网正式上线并开始独立运营，支付宝通过担保交易等创新有效地解决了网络购物中的信任问题，支付宝的用户数和交易量规模开始迅速增长。

2013 年 6 月，支付宝推出账户余额增值服务“余额宝”。

2013 年 11 月起，支付宝手机客户端“支付宝钱包”宣布成为独立品牌进行运作，将为用户提供更加便捷的移动支付服务。

支付宝以其在电子支付领域先进的技术、风险管理与控制等能力赢得银行等合作伙伴的认同。支付宝是互联网发展过程中一个创举，也是电子商务发展的一个里程碑。用户覆盖了整个 C2C、B2C 及 B2B 领域。

2. 财付通

财付通是中国最大的互联网综合服务提供商之一，是腾讯公司创办的在线支付平台，为互联网用户和企业提供安全、便捷、专业的在线支付服务。支付行业是未来的宝藏行业，因此腾讯以巨大的资金财力支持财付通的发展。

财付通的起步比较晚，2005 年开始是为配合了拍拍平台的发展而成立，至今也未从腾讯独立出来，但发展相当迅猛。

财付通构建全新的综合支付平台，业务覆盖 B2B、B2C 和 C2C 各领域，提供卓越的网上支付及清算服务。针对个人用户，财付通提供了包括在线充值、提现、支付、交易管理等丰富功能；针对企业用户，财付通提供了安全可靠的支付清算服务和极富特色的 QQ 营销资源支持。

财付通与拍拍网、腾讯 QQ 有着很好的融合，按交易额来算，财付通排名第二，仅次于阿里巴巴公司的支付宝。

3．首信易

首信易支付是首都电子商城的网上支付平台，创建于1999年3月。它是国内首家“中立第三方网上支付平台”，开创了“跨银行、跨地域、多种银行卡、实时”交易模式、“二次结算”模式以及“信任机制”。目前，首信易支付支持国内20多家银行卡及多种国际信用卡在线支付，拥有国内外800余家企事业单位、政府机关、社会团体的庞大客户群。在公共支付、教育支付、会议支付等服务领域的发展尤为突出，以及在银行合作和银行卡交易数量等方面，均大举超越竞争对手，已成为支付产业的“资深支付专家”。

首信易支付自1999年3月开始运行，是中国首家实现跨银行、跨地域提供多种银行卡在线交易的网上支付服务平台，现支持全国范围23家银行及全球范围4种国际信用卡在线支付，拥有由千余家大中型企事业单位、政府机关、社会团体组成的庞大客户群。首信易支付作为具有国家资质认证、政府投资背景的中立第三方网络支付平台拥有雄厚的实力和卓越的信誉。同时，它也是国内唯一通过ISO 9001：2000质量管理体系认证的支付平台。

4．云网

北京云网公司成立于1999年12月，是国内首家实现在线实时交易的电子商务公司。该公司在成立之初就把充分利用电子商务的优势切实方便普通人的生活作为自己的使命。作为国内B2C电子商务网站中最早、最专业、最具规模的公司之一，云网拥有国内极其完善的银行卡在线实时支付平台和5年的数字商品电子商务运营经验，占有国内网上数字卡交易市场份额的80%以上，2009年的数据显示其日成功交易过4万笔，年营业额逾2亿元人民币。

目前，云网支付是在支持银行卡卡种、覆盖范围和实时交易速度等方面都居国内领先位置的支付平台。云网是中国建设银行第一家正式授权开通的网上银行B2C商户，是中国工商银行电子银行部最早实现接入且业绩最好的电子商务合作伙伴，还是招商银行、农业银行、民生银行等国内知名银行中网上支付交易量最大的合作商户。云网在线支付平台与全国多家主流银行及通信集团独立直接连接，在网上支付领域积累了丰富的经验并保持领先优势。

5．易宝

易宝是专业从事多元化电子支付一站式服务的领跑者。易宝致力于成为世界一流的电子支付应用和服务提供商，专注于金融增值服务领域，创新并推广多元化、低成本、安全有效的支付服务。在立足于网上支付的同时，易宝不断创新，将互联网、手机、固定电话整合在一个平台上，继短信支付、手机充值之后，首家推出易宝电话支付业务，真正实现离线支付，为更多传统行业搭建了电子支付的高速公路。

易宝具有三大特点：易扩展的支付、易保障的支付、易接入的支付。由于用户的重要数据只存储在用户开户银行的后台系统中，任何第三方无法窃取，因此为用户提供了充分保障。从接入易宝到使用商家管理系统，不需商家任何开发，零门槛自助式接入，流程简单易学。凡是成为易宝的客户，都可以自动成为财富俱乐部的会员，享受易宝提供的各种增值服务、互动营销推广以及各种丰富多彩的线下活动，拓展商务合作关系，发展商业合作伙伴，达到多赢的目的。

6．银联电子支付

银联电子支付服务有限公司（ChinaPay）是中国银联控股的银行卡专业化服务公司，拥有面向全国的统一支付平台，主要从事以互联网等新兴渠道为基础的网上支付、企业 B2B 账户支付、电话支付、网上跨行转账、网上基金交易、企业公对私资金代付、自助终端支付等银行卡网上支付及增值业务。

ChinaPay 依托中国银联统一的跨行信息交换网络，在人民银行及中国银联的业务指导和政策支持下，致力于银行卡受理环境的建设和银行卡业务的推广，将先进的支付科技与专业的金融服务紧密结合起来，通过业务创新形成多元化的支付服务体系，为广大持卡人和各类商户提供安全、方便、快捷的银行卡支付及资金结算服务。

经过数年的开拓发展，ChinaPay 拥有了雄厚的技术开发力量及丰富的业务拓展经验，为网上购物、金融、民航、旅游、彩票、移动通信等行业领域提供了先进的支付系统解决方案，并积累了丰富的工程项目实施经验。

7. 快钱

快钱是独立的第三方网络支付公司，成立于 2005 年，总部在上海。2011 年 5 月获得央行颁发的第三方网络支付牌照，准许经营内容包括：互联网支付、移动电话支付、固定电话支付，预付卡受理、银行卡收单，并获得基金牌照。

其主要发展方向是为企业打造流动资金管理解决方案，核心特点为线上线下业务结合紧密，保险、零售连锁、直销为其优势领域。

快钱在北京、广州、深圳、天津等地设有分公司，2015 年，快钱占据 6.7% 的市场份额，位居行业第四。

快钱和多家国内外知名企业（如网易、搜狐、百度、当当、神州数码、万网、国美、东方航空、南方航空、中国平安、新华保险、新东方、英孚教育、锦江之星、7 天酒店等公司）达成战略合作。综合全面的支付产品，精益求精的服务理念，使快钱赢得更多企业及消费者的信赖，以创造支付行业第一品牌。

市场份额

根据中国互联网年度数据统计（如图 2-20 所示），2015 年第三方网络支付核心企业交易规模市场份额分别为：支付宝占比 48.7%，财付通占比 19.4%，银联在线占比 11.2%，快钱占比 6.7%，汇付天下占比 5.8%，易宝支付占比 3.4%，环迅支付占比 2.9%，其他占比 1.9%。可见，支付宝在第三方网络支付核心企业交易规模市场份额中依旧占着半壁江山，财付通和银联在线等紧随其后。

未来几年，将会有大批第三方网络支付企业涌入市场来争夺市场份额，竞争也将愈演愈烈。然而，在互联网时代，抢占先机的支付宝将有强大的竞争力和众多第三方网络支付核心企业 PK，这将表现在支付便捷、增值服务、低成本等各个方面，显然这都有利于消费者，不得不说“第三方网络支付市场运行通畅和消费者利益确保”双赢是未来第三方网络支付行业发展的趋势。

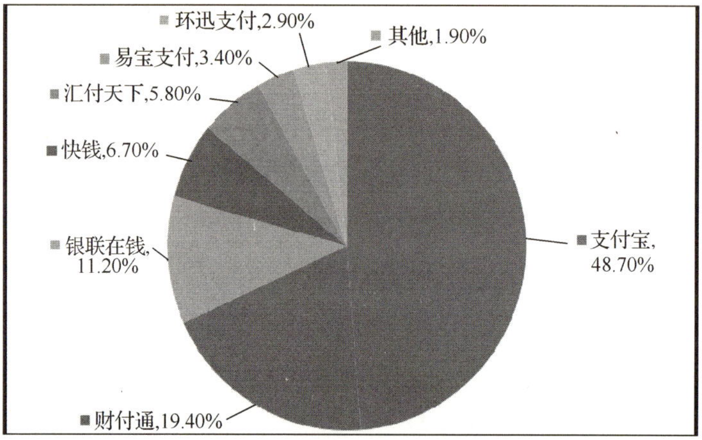

图 2-20　2015 年第三方网络支付核心企业交易规模市场份额

资料来源：中国互联网年度数据（2015 年）

根据中国互联网2013年度数据—金融支付数据统计（如图2-21所示），2010—2017年中国第三方移动支付市场交易规模结构显示，2010—2011 年，短信支付为主要支付方式，2012 年移动互联网支付和短信支付方式基本持平，2013—2014 年移动互联网支付为主要支付方式，未来几年也将以移动互联网支付为主要支付方式。

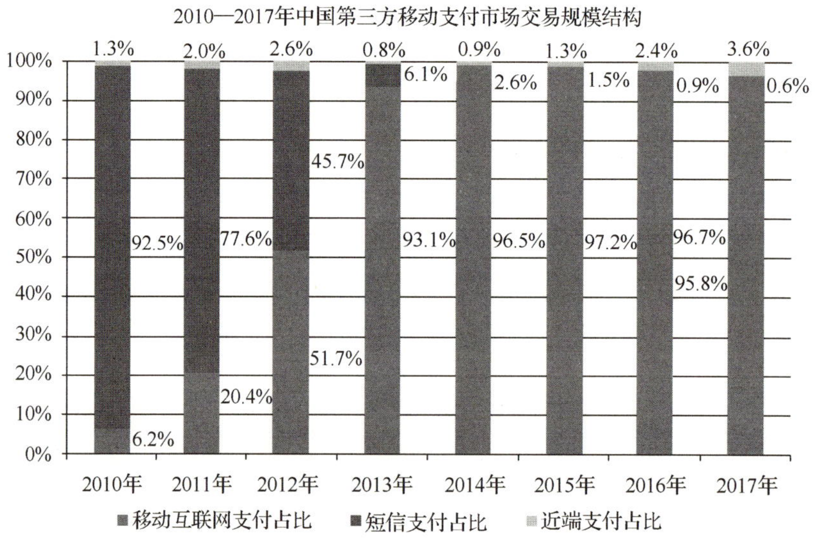

图 2-21　短期内仍以移动互联网支付为主

资料来源：中国互联网年度数据—金融支付（2013 年）

探索第三方网络支付发展趋势

网银与第三方网络支付业务相互渗透

在电子支付市场的个发展初期，网银的电子支付基础地位明确，第三方网络支付作为上层应用，主要面向电子商务人用户，而支付渠道也主要以互联网为主。

通过电子支付市场在过去几年的表现不难发现，网银支付功能正愈发完善，交易性质的网上支付服务也逐渐纳入到网银的重点业务当中。此外，手机网银这一新兴渠道的推广力度也有所加强。第三方网络支付则一改上层应用形态，“向下扎根”，通过邮政、手机、POS 终端等渠道支持用户充值，并将业务延伸到各行业，为企业提供支付解决方案，并逐渐覆盖个人生活的方方面面。

今后，网银和第三方网络支付的合作关系将融入更多的竞争元素，双方均将进一步延伸业务，更多地去贴近广大用户。网银将进一步拓展网络支付、生活缴费等业务，争取更多的电子商务网站、商户以及行业企业；而第三方网络支付则进一步拓展充值渠道，业务也将向日常生活以及信贷、保险、投资理财等金融领域延伸。

中国电子支付市场业务模式演变如图 2-22 所示。

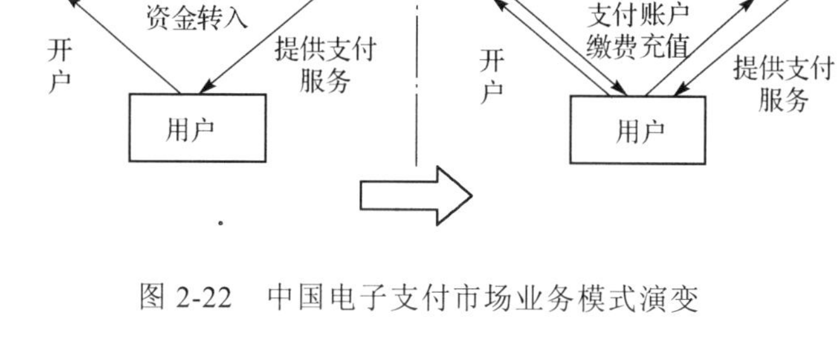

图 2-22　中国电子支付市场业务模式演变

支付工具与商务平台结合更加紧密

由于用户的根本目的是商务交易流程的电子化，电子支付是完善电子交易流程中的重要环节而非基础环节，所以如果网上的信息渠道尚未打通，电子支付则无法实现。目前，随着中国电子商务市场的快速发展，仍旧有广大的商户、企业没有搭建起基本的电子商务平台，存在巨大的电子商务需求缺口。因此，银行和第三方网络支付厂商不再局限于电子支付服务，而应提供一站式电子商务解决方案，或者联合电子商务解决方案提供商，帮助客户建立起完善的电子商务平台，最终实现交易的全面电子化。其中，以支付宝为代表的厂商则可能凭借集团资源、自身电子商务平台以及较为完整的解决方案，进一步扩大在第三方网络支付领域内的领先优势。

网银平台的互联消除银行间壁垒，机构登记加强市场监管

央行在 2010 年 6 月之前建立了网上银行互联平台。这样，用户登录任何一家网银，都可查询其他行的自身账户信息，其操作包括其他银行网银业务在内的大多数业务，不会再因为使用不同发卡行的卡而使业务范围受限。网银账户的“一对多”将大大刺激用户使用网银的积极性和活跃度，尤其是高速发展的个人网银用户。此外，此举也给业务实力相对较弱的中小银行、地方性银行带来了拓展网银用户的一些机会。网银的业务资源共享、安全保障和简化操作也将成为未来几年各银行和相关服务商的业务重点。

根据艾瑞咨询最新研究数据显示，2013 年我国 PC 端网购规模达 16 000 多亿元，同比增速 35.7%，移动端网购整体交易规模达 1676.4 亿元，同比增幅 165.4%。国外一家研究公司 Forrester Research 的最新电子商务报告显示，在 2013 年，全球范围内电子商务营业额激增，电子商务化浪潮大步迈进。随着越来越多的品牌主在电子商务领域制定策略，2014 年电子商务化的进程将快速稳固地推进。随之而来的是消费者网络购物习惯的演变以及网络竞争格局的变化。

未来电子商务格局将显现以下趋势。

1. 移动端购物比重增加，成为网购的重要入口

就全球市场而言，2013 年，几乎全球市场的移动端订单数量都较之前有了大幅的增长。据 Forrester 介绍，印度的 Snapdeal、巴西的 Netshoes 等网上零售平台的移动端收入增长幅度都非常巨大，Forrester 预测越来越多的品牌将会推出相应的移动网站和应用程序。2011—2017 年中国网购交易额 PC 端和移动端占比分布如图 2-23 所示。

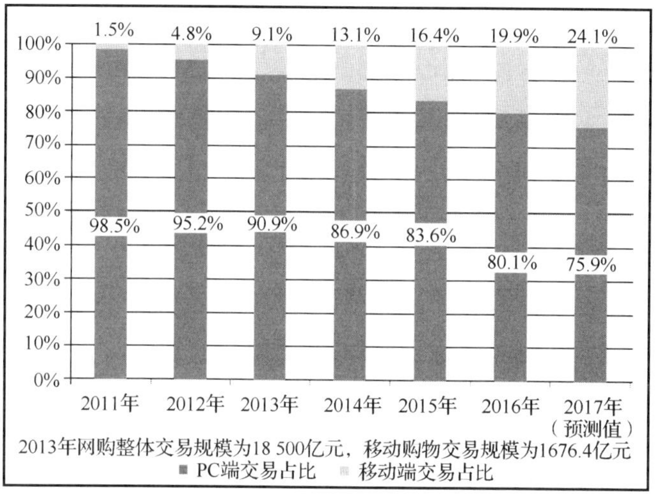

图 2-23 2011—2017 年中国网购交易额 PC 端和移动端占比分布

这一趋势在国内也非常明显，2013 年“双 11”当天手机淘宝在支付宝的成交金额达到 53.5 亿元。手机淘宝的单日用户使用次数达到 1.27 亿次，与去年“双 11”当天成交额相比增长了 457.3%。易迅“双 11”当天微信卖场下单量突破 8 万单，占易迅全站订单总量的 13%。在京东“双 11”当天 680 万订单中，移动端订单量占比 15%。这一方面得益于国内电商巨头为了培育用户移动端的购买习惯，而实施积极主动的推进移动端使用的市场营销策略；另一方面，我国的网络覆盖系统日趋完善，更多手机、平板电脑的用户开始利用碎片时间，移动网购成为用户填补碎片时间的一大选择。

国内电商巨头对于移动入口的争夺有目共睹，从 2013 年燃起的战火连绵至 2014 年伊始大有越烧越旺之势，2015 年火势越来越旺，可以预见，移动端已经成为电商战必攻的一役。

2. 越来越多的品牌涌入互联网市场

2016年，将有更多的品牌进入互联网市场。对于那些已经加入互联网市场的品牌，则立志于能在2016年快速地扩大网上市场占有率。不论是那些刚刚开始进入电商的品牌还是那些打算继续深耕的品牌，都希冀在2016年能通过网络实现营业额的快速增长，哪怕利润率有时会较低。因此，2016年的电商市场依然会是价格战的沃土，通过让利换取市场占有率会是大部分品牌的做法。

在国内，对于线下已经有一定的实力的品牌来说，天猫最有可能成为电商策略的切入点，而对许多面向国外的品牌来说，则会更多地借力第三方的全球性网上零售平台。

3. 网购节日促销计划成为品牌营销预算中重要的一环

现在已经没有哪个品牌敢忽视那些在互联网时代人为创造出来的各种各样的节日，如美国的“网购星期一”、中国的“双 11”、印度“GOSF”等，对于品牌主来说，针对这些节日制订计划已经成为必须。

对于传统的节日来说，比如中国的中秋、春节；欧美的感恩节、圣诞节等，也都已经成为网购的重要节日，品牌主们针对不同的市场，需要提前计划，以便进行有计划的库存、物流和促销准备。

4. 对众多想要或已经加入互联网市场的品牌来说，盈利模式依然是2016年难以攻克的难题

对于很多品牌来说，加入互联网市场不一定能让它活得滋润，但不加入互联网市场则一定会死。从流量角度来说，电子商务市场是一个“高度集中，赢者通吃”的局面，各国总会有几家主流的电子商务网站占据极大的流量入口，比如亚马逊、淘宝、天猫、京东、当当、一号店等。独立的电子网站首先要面对的就是导入流量的难题。在目前的电子商务烧钱模式下，实现盈利并不容易，这需要一个长期的投入产出期。

第三章

P2P网贷：影子银行市场化

2011 年 8 月，银监会下发《人人贷有关风险提示的通知》，警示人人贷有可能演变成吸收存款、发放贷款的非法金融机构，甚至变成非法集资。此通知的发出，立即将人人贷行业推向了风口浪尖。

认识人人贷（P2P）：你不贷我贷

P2P，即点对点信贷，是一种与互联网、小额信贷等创新技术、创新金融模式紧密相关的新生代民间借贷形式，它能最大限度地为个人提供透明、公开、直接、安全的小额信用交易的可能。

P2P 行业联盟与国家监管机构之间的对接模式如图 3-1 所示。

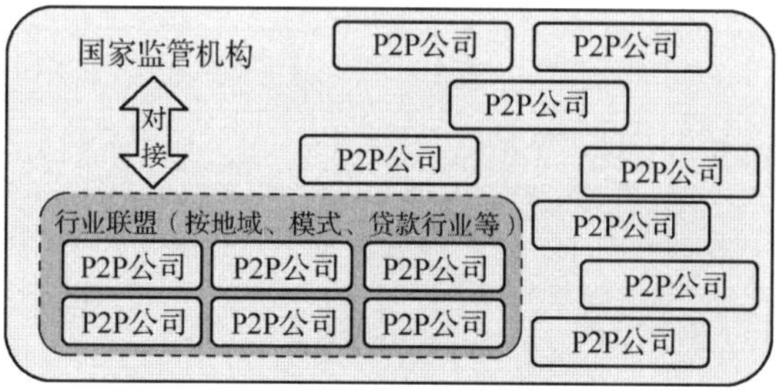

图 3-1　P2P 对接模式

P2P 信贷具有的特点如图 3-2 所示。

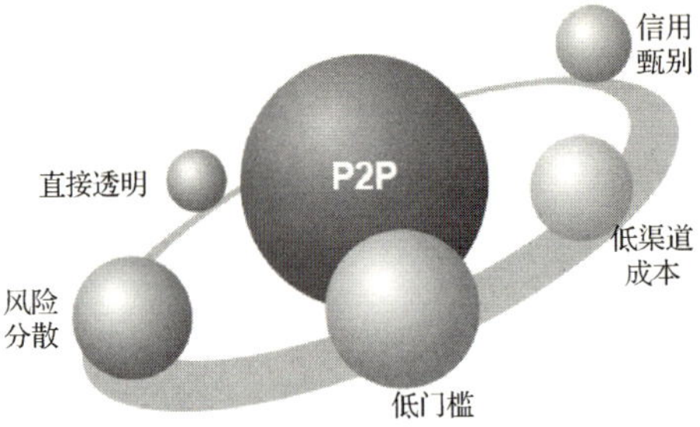

图 3-2 P2P 信贷的五大特点

一是直接透明。出借人与借款人签署个人间的借贷合同，互相了解对方的身份信息、信用信息，出借人也可以及时获知借款人的还款进度和生活状况的改善，最真切、直观地体验到自己为他人创造的价值。

二是信用甄别。在 P2P 模式中，出借人可以对借款人的资信进行选择，信用级别高的借款人将得到优先满足，其得到的贷款利率也可能更优惠。

三是风险分散。出借人将资金分散给多个借款人对象，同时提供小额度的贷款，风险得到了最大程度的分散。

四是低门槛，五是低渠道成本。P2P 信贷使每个人都可以成为信用的传播者和使用者，信用交易可以很便捷地进行，每个人都能很轻松地参与进来，将社会闲散资金更好地进行配置，将中高收入人群的闲余资金合理地引向众多信用良好且需要帮助的中低收入人群。

正是基于以上特点，P2P 个人信贷让借款人获得信用贷款资金支持，用以改变自己的生产和生活，实现信用价值；同时让出借人得到相对固定收益的理财服务，实现经济收益和精神回报的双赢价值。

据网贷之家统计数据（如图 3-3 所示）得出：2009 年中国 P2P 贷款公司有 91 家，2010 年增至 143 家，同比增长率为 57.1%，2011 年增至 214 家，同比增长率为 49.7%，2012 年增至 298 家，同比增长率为 39.3%，2013 年增至 346 家，同比增长率为 16.1%，2014 年增至 379 家，同比增长率为 9.5%，2015 年为 396 家，同比增长率达到 4.5%，预计 2016 年能达到 410 家。可见，P2P 网贷公司数量逐年递增，这必将带来更多的机遇和挑战。

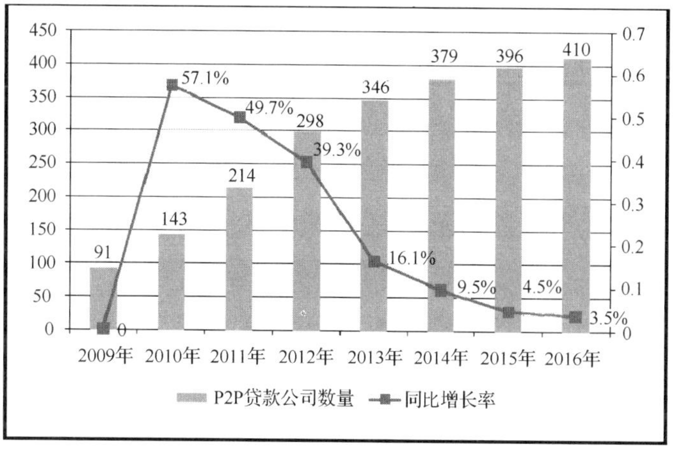

图 3-3 2009—2016 年中国 P2P 贷款公司数量

按照图 3-4 中 P2P 贷款的四种模式，下面选取 8 家最具有代表性的网贷公司（见图 3-5），分别以它们的案例来详述传统 P2P 模式在中国的各种“变异”。

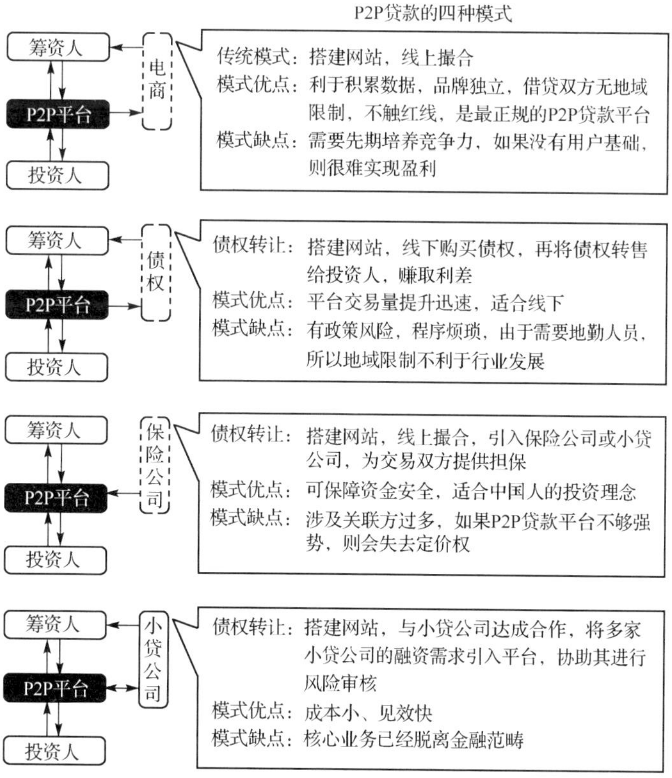

图 3-4 P2P 贷款的四种模式

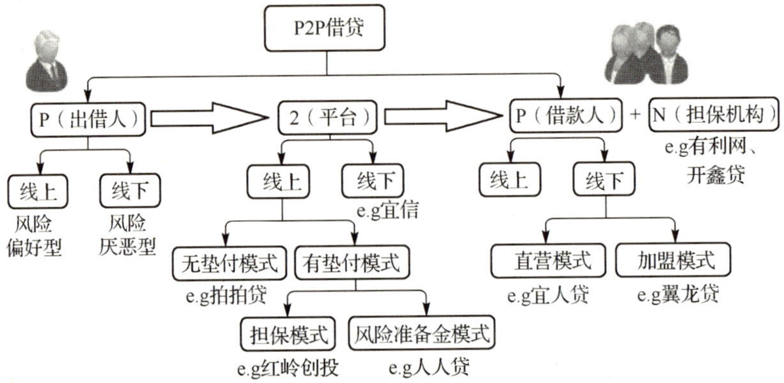

图 3-5　目前最具有代表性的网贷公司及模式

1．翼龙贷：P2P+O2O

翼龙贷是中国 P2P 网贷行业的先行者，其本身的发展过程就是一部 P2P 模式在中国的演变史。翼龙贷在传统网贷的基础上，在全国第一个推行了地区代理模式。地区代理商的职责是做实地尽职调查。这些加盟商需要给翼龙贷上交 200 万元的保证金，如果贷款逾期 30 天，则由加盟商回购贷款，对债权进行回购。

爆发潜力：★★★☆

2．有利网：引入小贷公司和担保机构的担保模式

有利网是 P2P 网贷行业的翘楚，一向以高收益、低风险自居。该平台的交易模式为由小贷机构线下挑选借款人推荐给有利网，再由有利网进行层层筛选，将通过审核的借款项目发布在网站上，再让投资人选择投资项目。根据该网站的宣传视频，如果借款人卷款而逃，投资人将会获得小贷机构和担保机构的全额本息担保。这是一种典型线上加线下的模式。与此同时，由于有利网对借款业务及担保均来源于非关联的担保及小贷公司，因此整个流程可以被称为 P2N 模式。

爆发潜力：★★★

3．银客网：共生生态，O2O 双向模式

银客网采用的双向 O2O 模式，主要是为特色产业集群区域提供在线的 P2P 融资解决方案，解决当地企业的融资难问题，同时带动当地产业集群和区域经济的发展。例如云南的珠宝小镇项目：投资人投钱帮助小镇建设发展珠宝产业，做成有规模的商圈，而小镇将把免费云南旅游等特色增值服务作为利息之一支付给投资者，投资者到云南旅游，为商圈带来更多消费，同时 P2P 平台也就以金融为切入，不仅为企业带来融资，还能带来用户与消费行为，将互联网平台聚集与分享的特点发挥得淋漓尽致。

爆发潜力：★★★☆

4．积木盒子：P2B+债权转让

从广义上讲，P2B（Peer to Business，个人对企业）模式也算是 P2P 的范畴。面向中小企业实际控制人发放贷款的 P2B 模式，在 2013 年取得了较快发展，其典型代表就是积木盒子。这种个人对企业的贷款模式，一般涉及资金规模比较大，而且投资人的资金不容易分散，因此伴随的风险也非常高。积木盒子采用了两种方法来规避风险：一是合作担保公司推荐，二是熟悉推荐人介绍。积木盒子的债权转让业务是通过线下收购企业债权，并在线上转售给投资人，赚取利差。这也是传统 P2P 模式的一个重要演变。

爆发潜力：★★★★☆

5．陆金所：担保模式+理财模式

陆金所一直被媒体称为互联网金融行业的“正规军”。它采用线上+线下模式，将零散的借款需求整合成标准化理财产品，方便投资者投资：投资者在陆金所平台上的资金出借行为并非直接面对借款人，而是由陆金所批量打包借款需求，整合成理财产品对外销售。投资者并不清楚资金借给谁，实际看中的是平安集团的信誉，相对于其他 P2P 公司的本金保障计划，陆金所又加了一层隐性担保。对借款人的资质审核，陆金所实行全线下的信用审核模式，在全国设立了 20 多个网点审核。

爆发潜力：★★☆

6．宜信：线下模式

宜信的 P2P 平台网站仅仅是为了宣传而设立的。宜信的 P2P 业务基本上全部依靠线下的实体营业点完成。无抵押、无担保，是纯粹的个人信用贷款，在缺乏信用体系的国内并不适用，所以宜信采用线下模式发展。

爆发潜力：★★☆

7．小马 bank：有银行背景的债权转让模式

小马 bank 是包商银行刚推出的互联网金融平台。该平台主打的是互联网综合智能理财概念，并融合“直销银行”+“智能理财”+众筹等主流互联网金融模式。

爆发潜力：★★☆

8．人人贷：风险准备金的担保模式

对于贷款过程中的风险问题，人人贷采用通过风险准备金的垫付方式来解决。人人贷目前大约准备了 3000 万元准备金。对于超过 10 亿元的贷款余额，中间存在着很大的杠杆。另外，人人贷还根据大数定律逐步将客户风险进行分散，再在单一借款人风险上进行一定控制，最终使得总体风险可控。

案例分析：宜信公司

如图 3-6 所示，宜信公司创建于 2006 年 5 月，总部位于北京，是中国领先的集财富管理、信用风险评估与管理、信用数据整合服务、小额贷款行业投资、小微贷款咨询服务与交易促成、公益助农小额信贷平台服务等业务于一体的综合性现代服务业集团公司。

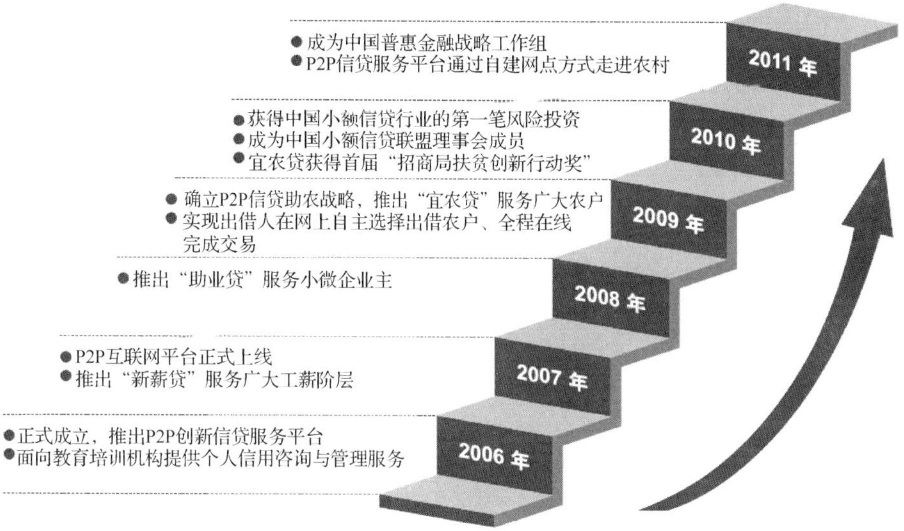

图 3-6　宜信公司的发展历程

宜信的信贷模式与运作流程

宜信 P2P 平台模式（如图 3-7 所示）创新、理念独特，开创了行业之先河。宜信引入了国外先进的信用管理理念，结合了中国的社会信用状况，为平台两端的客户提供信用咨询、评估、信贷方案制定、协议管理、回款管理等多方面专业内容的全程信用管理服务。宜信搭建起的信用桥梁，将出借人手中的闲钱借给需要用钱的人，成交后向出借人和借款人双方收取中介费。

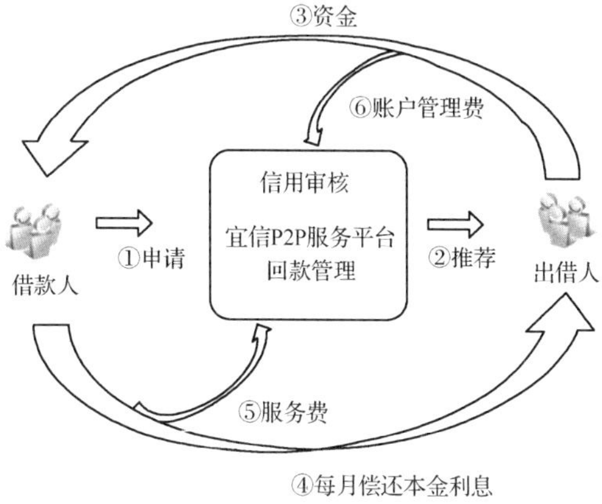

图 3-7　宜信的运作模式

“宜信和淘宝一样，只不过淘宝‘卖’的是货物，宜信‘卖’的是信用。”宜信模式，简言之，即“不吸收存款，也不发放贷款，就是小额信贷中介”。其实，宜信的模式更像是房屋中介和淘宝的组合体，房屋中介搜集房源，然后联系买房人，成交后收取中介费。

宜信的产品介绍

宜信服务于两端的客户：一端是资金出借人，另一端是借款人。出资人利用闲余资金通过宜信这个平台帮助需要资金的人，且自身又能得到相应的回报。宜信就是帮客户管理资金及控制风险和催收账户等。简言之，宜信贷款就是一个贷款服务平台。

1. 借款人端—信贷产品

宜信的主要作用是，为之前没有得到正规金融机构覆盖、没有办法获得资金的用户建立信用，并为其筹措资金。如图 3-8 所示，宜信可提供的服务有：大学生贷款职业培训或者深造，提高就业能力；满足收入稳定的工薪阶层结婚、购车等应急需要；帮助资信好的需要小额启动资金的创业主脱贫致富；等等。

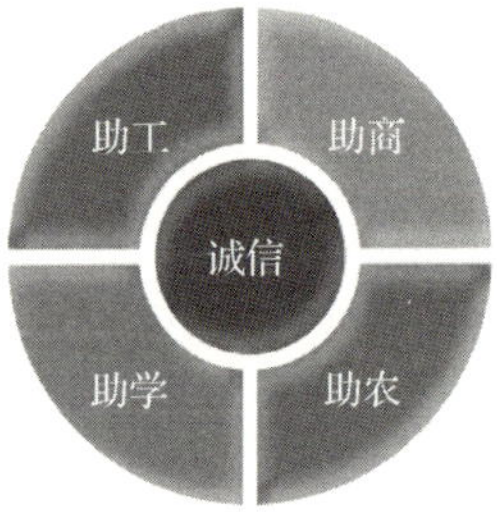

图 3-8　宜信—借款人端—服务方向

宜信的收费模式，对于借款人来说有三种费用：利息、服务费、月账户管理费。宜信称其理财产品的投资年收益率达到 10%以上，而且宜信对出借人也要征收服务费，宜信的理财产品的实际收益应该大于 10%，加上宜信向借款人收取各种费用，对于借款人来说实际上至少一年要付 25%～35%的利息。宜信平均借款规模在 4 万～5 万元之间。据此推算，其总贷款规模目前已经超过 20 亿元。

根据借款人群体的不同，宜信推出不同的服务与之适应。“学信通”为高等院校在校大学生提供小金额、短期限的贷款服务；“新薪贷”针对有稳定工作和收入的在职人员；“精英贷”向高端优质客户提供贷款服务；“宜农贷”为农民提供资金支持。

根据借款用途不同，宜信设计不同的服务（见表 3-1），包括用于教育培训的“助学贷”、用于经营的“助业贷”等。

表 3-1 宜信的贷款服务分类

按借款人群体分类		按借款用途分类	
新薪贷	有稳定工作和收入的在职人员	助学贷	针对教育培训用途
精英贷	高端优质客户	助业贷	针对经营用途
学信通		高等院校在校学生	
宜农贷		贫困地区农民	

通过“宜农贷”平台，有爱心的出借人可以直接、一对一地将富余资金出借给那些远在贫困地区需要贷款资金支持的农村借款人。目前，中国已经有 300 多个致力于扶贫的社会性质的小额信贷机构，但是由于没有寻找到良性的资金运作方式，这些机构普遍面临经营困境，而宜信“宜农贷”所倡导的 P2P 小额信用贷款恰恰解决了这个方面的问题，是造血式扶贫的一种重要手段。“宜农贷”平台与国外 P2P 模式对比见表 3-2。

表 3-2 “宜农贷”平台与国外 P2P 模式对比

平台	Kiva	宜农贷
借款对象	有借款需求的贫困农村创业者	有借款需求的贫困农民（80%以上为贫困妇女）
借款额度	一般为几十至几百美元	1000～10 000 元
最小出借额	25 美元	100 元
出借年利率	0%	2%
出借期限	根据小额贷款机构实际期限而定（一般为一年）	根据小额贷款机构实际期限而定（一般为一年）
还款方式	方式多样，既有分期还款也有整贷整还	方式多样，既有分期还款也有整贷整还
操作货币	美元	人民币
开始时间	2005 年	2009 年
累计坏账率	2.0%	0%

（1）“宜农贷”个人贷款申请条件

① 具有中国国籍（不含港澳台居民）；

② 在当地生活、工作满 3 个月以上；

③ 贷款人月收入 2000 元以上；

④ 无恶意欠款等不良征信记录；

⑤ 年龄：21～58 周岁；

⑥ 贷款额度：1 万～30 万元；

⑦ 贷款期限：12～48 个月。

（2）“宜农贷”贷款所需资料

① 身份证；

② 房产证/工资流水/个人流水（其中选一即可贷款）；

③ 住地最近 3 个月水/电/煤气费用单；

④ 收入证明/劳动合同。

（3）申请流程

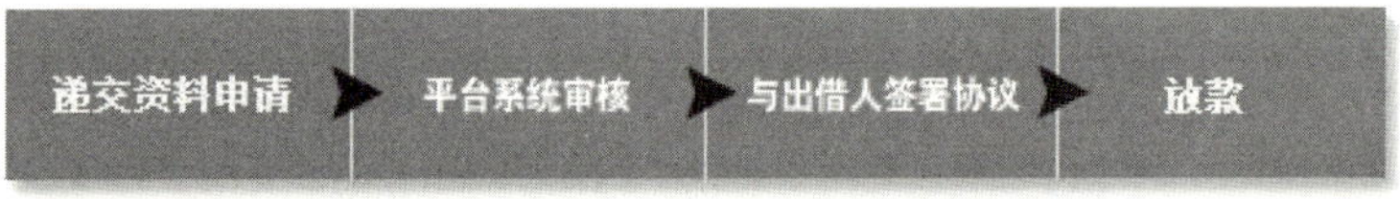

2. 出借人端—理财产品

宜信公司通过其子公司宜信财富，率先在国内市场推出一种固定收益类理财解决方案，其理财产品分类和产品说明见图 3-9 和表 3-3。投资者作为出借人可将手中的富余资金出借给宜信平台推荐的、信用良好但缺少资金的大学生、工薪阶层、小微企业主、农民，帮助他们实现教育培训、电脑或家电购买、装修、兼职创业、脱贫致富等理想，通过利息收益获得较高、稳定的投资回报。

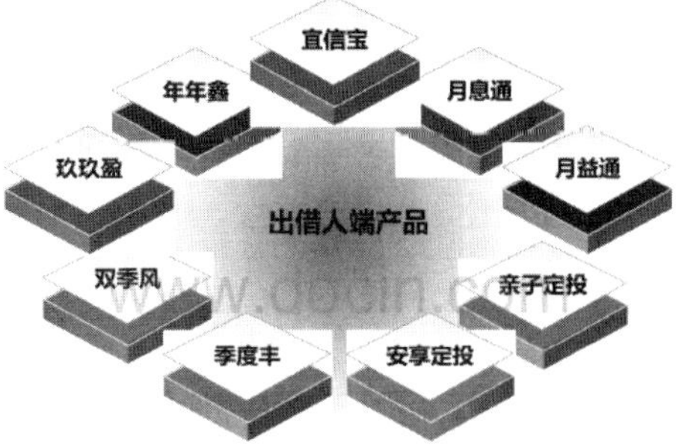

图 3-9　出借人端—理财产品分类

表 3-3　出借人端—理财产品说明

模式名称	模式特点	收益水平	最低出借额	封闭期
宜信宝	通过循环出借方式获取较高预期年收益	年预期收益约 10%	5 万元	1 年
月息通	每月回收利息本金持续出借	月预期收益约 1%	10 万元	1 年
月益通	每月回收本金和利息实现快速资金回笼	根据实际出借债权而定	5 万元	1 年
月定投（亲子定投、安享定投）	每月小额投入获取大额收益	每个月的出借款年预期收益均为 10%	2000 元	1 年
季度丰	3 个月短期投入实现较高收益	年化收益约 7%	10 万元的整数倍	3 个月
双季风	6 个月短期投入实现较高收益	年化收益约 8%	10 万元的整数倍	6 个月
玖玖盈	9 个月短期投入实现较高收益	年化收益约 9%	10 万元的整数倍	9 个月
年年鑫	12 个月短期投入实现较高收益	年化收益约 10%	10 万元的整数倍	12 个月

宜信的风险控制模式

宜信开创了 P2P 平台下的债权合同转让模式。当出借人决定借款时，宜信就为他在借款申请人中挑选借款人，借款人的利率由宜信根据其信用审核决定。企业利润来自服务费。操作流程是，宜信将出借人的款项打散，做一份多人借款的合同给出借人，等到款项到第三方账户，合同正式生效。宜信虽然没有出借人和借款人双方共立的合同，但是宜信第三方账户人担任了出借和借款的债务转移人，即首先第三方账户户主成为宜信的出借人，等到宜信挑选好借款人后，第三方账户户主就把债权转到真正的出借人手中。

对于 P2P 信贷服务平台推荐的每个借款人，出借人有权利决定是否借给宜信组合的借款人；借款人每月还款，出借人每月可以动态地了解每一笔债权的偿还、收益等信息，出借人可以在第二个月得到所还本金和利息。当然，出借人也可以选择不收款而继续放在宜信找下一个借款人。

宜信 P2P 风险防控模式如图 3-10 所示，主要有两个方面的特点。

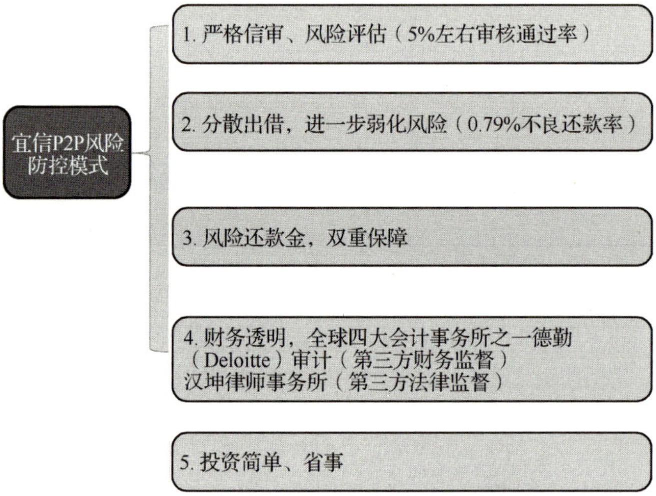

图 3-10　宜信 P2P 风险防控模式

1. 宜信的保障金制度

从宜信的运作模式看，宜信对借款人的掌控力度更强，出借人一般不参与审核，并且与借款人没有合同，而只有与宜信第三方的债权转让合同。这样，出借人就会有极大的风险。为保护出借人的借款安全，宜信在总服务费中提取相当于总贷款金额 2%的风险补偿基金，当违约发生时，由这部分基金进行赔付。

2. 风险控制的两个关键点

作为还款的有力保障，宜信采取的分散贷款和每月还款制度，较大限度地保障了有效还款。除此之外，值得一提的是，宜信对借款人审核时都要求面见。所以，宜信在 40 多个城市设点，其目的之一就是方便面见。面见由本人亲自出示各种证件原件并当面询问使用用途等情况，较好地保证了借款人的真实性。

（1）面审

① 查实资信资料的真实性、有效性；

② 判断贷款人可能存在的风险；

③ 对贷款人进行信用教育；

④ 对贷款人有具体和全面的认识。

至少有两位宜信面审官参加面审，以避免主观判断的倾向性。

（2）调查

① 资料的核实。身份证、银行对账单、就职单位、信用报告等。

② 调查方式。电话调查、上门调查；正面调查、侧面调查等。

③ 调查对象数量。至少 6 个人以上，包括亲属、单位、朋友等。

④ 调查出现疑点。调查是否批贷的核心要素，当出现疑点时，须反复通过多渠道再次核查，若仍存疑，则要求申请人变更贷款方式、额度、期限等。

从对借贷流程的强大操控力上看，宜信主要借鉴的是 Zopa 模式，而由 P2P 企业根据信用等级确定借款人利率的方式，则是与 Lending Club 相同，所以宜信属于复合中介型 P2P。宜信的业务流程与筛选比例如图 3-11 所示。

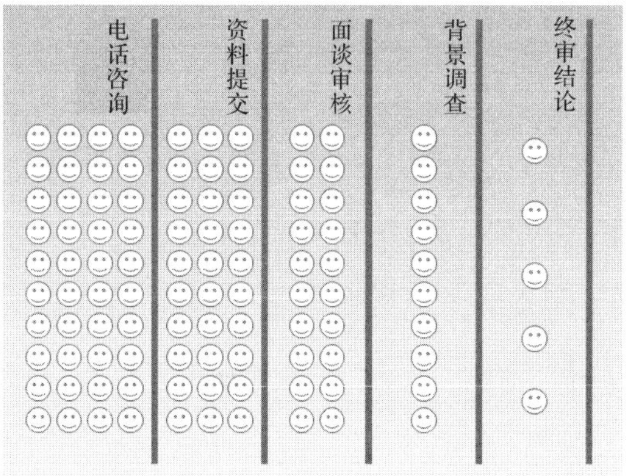

图 3-11　宜信的业务流程与筛选比例

宜信模式的法律分析

2011年8月，银监会发布了《关于人人贷（P2P）有关风险提示的通知》。该通知中提到，人人贷中介服务存在影响宏观调控效果、易演变为非法金融机构、业务风险难控、不实宣传影响银行体系整体声誉、缺乏明确的法律法规界定、信用风险较高贷款质量劣、开展房地产二次抵押业务存在风险隐患这七大问题和风险。银监会要求银监分局和各家银行采取措施，做好风险预警监测与防范工作。

该通知的发出，引起媒体及公众对P2P贷款平台的质疑。是否涉嫌非法集资、高利贷、洗钱等，将人人贷（P2P）信贷推向了风口浪尖。在巨大的舆论压力面前，宜信公司对公众和监管部门做出了《关于宜信业务模式的相关说明》，表示没有触碰法律红线。

《中华人民共和国合同法》（以下简称《合同法》）从法律上肯定了民间借贷行为的合法性，并从法律层面保护出借人收回借贷资金和利息的权利。

《合同法》第211条："自然人之间的借款合同对支付利息没有约定或约定不明确的，视为不支付利息。自然人之间的借款合同约定支付利息的，借款的利率不得违反国家有关限制借款利率的规定。"最高人民法院《关于人民法院审理借贷案件的若干意见》第6条："民间借贷的利率可以适当高于银行的利率，各地人民法院可以根据本地区的实际情况具体掌握，但最高不得超过银行同类贷款利率的四倍（包含利率本款）。超出此限度的，超出部分的利息不予保护。"

《合同法》第23章"居间合同"中明确规定，居间人提供贷款合同订立的媒介服务，可依法向委托方收取相应的报酬。因此，贷款服务机构的存在和服务费的收取都是符合法律规定并受法律保护的。

《国务院关于鼓励和引导民间投资健康发展的若干意见》鼓励和引导民间资本进入金融服务领域。

一方面，还没有相关法律来监管民间借贷，在行业发展及日常运营方面仍然存在风险，因此应该尽快立法保证民间借贷有序发展；另一方面，银监会不应该以防范的心态对待民间借贷，经常警示风险吓唬这个市场，而应该鼓励民间借贷的发展，给它们一个方向，比如，告诉民间借贷机构，等它们发展到一定阶段时，就可以转化成银行。

关于未来的监管要求，央行曾经非正式地向业内透露，对 P2P 行业的监管要求是：注册资本应全面覆盖坏账风险，资金第三方监管，公司资本金不能参与放贷，要求盈利。

第四章

大数据引发新的金融商业模式：互联网思维

认识大数据金融

大数据的最核心价值在于对于海量数据进行存储和分析。较现有的其他技术而言，大数据的“廉价、迅速、优化”这三方面的综合成本是最优的。

在自己用这项技术时，自己将获得非常收益，因为成本会降低；当这项技术作用在客户方面时，客户也会同时受益。能够让客户和自己双赢的技术极具商业价值。

大数据的定义

全球知名咨询公司麦肯锡称：“数据，已经渗透到当今每一个行业和业务职能领域，成为重要的生产因素。人们对于海量数据的挖掘和运用，预示着新一波生产率增长和消费者盈余浪潮的到来。”“大数据”在物理学、生物学、环境生态学等领域，以及军事、金融、通信等行业存在已有时日，却因为近年来互联网和信息行业的发展而引起人们的关注。

其实，如何定义大数据并不重要，最重要的是如何使用大数据，如何让大数据价值最大化。

大数据的特点

大数据同过去的海量数据有所区别，其基本特征可以用 4 个 V（Volume、Variety、Value 和 Velocity，即体量大、多样性、价值密度低、速度快）来总结，如图 4-1 所示。

一是数据体量巨大。从 TB 级别跃升到 PB 级别。

二是数据类型繁多，如网络日志、视频、图片、地理位置信息，等等。

三是价值密度低。以视频为例，在连续不间断的监控过程中，可能有用的数据仅占用一两秒的时间。

四是处理速度快，即 1 秒定律。最后这一点也是和传统的数据挖掘技术有着本质的不同。物联网、云计算、移动互联网、车联网、手机、平板电脑、PC 以及遍布地球各个角落的各种各样的传感器，无一不是数据来源或者承载的方式。

图 4-1　大数据的基本特征

大数据的应用和特征如图 4-2 所示。可见，拥有巨大的数据本身并不能创造出多大价值，只有通过一定的技术手段进行处理分析才能获取其智能的、深入的、有价值的信息。大数据技术是指从各种各样类型的巨量数据中，快速获得有价值信息的技术。解决大数据问题的核心是大数据技术。目前所说的“大数据”不仅指数据本身的规模，也包括采集数据的工具、平台和数据分析系统。大数据研发的目的是发展大数据技术并将其应用到相关领域，通过解决巨量数据处理问题促进其突破性发展。因此，大数据时代带来的挑战不仅体现在如何处理巨量数据从中获取有价值的信息，也体现在如何加强大数据技术研发，抢占时代发展的前沿。

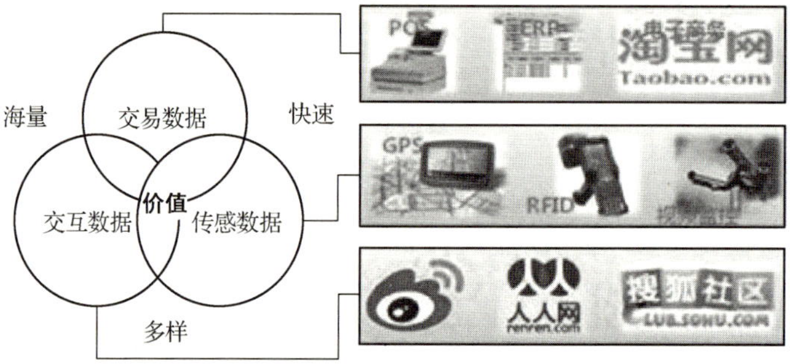

图 4-2　大数据的应用和特征

大数据相关技术

1. 数据采集

ETL 工具负责将分布的、异构数据源中的数据（如关系数据、平面数据文件等）抽取到临时中间层后进行清洗、转换、集成，最后加载到数据仓库或数据集市中，成为联机分析处理、数据挖掘的基础。

2. 数据存取

关系数据库、NOSQL、SQL 等。

3. 基础架构

云存储、分布式文件存储等。

4. 数据处理

自然语言处理是研究人与计算机交互的语言问题的一门学科。处理自然语言的关键是要让计算机“理解”自然语言，所以自然语言处理又称为自然语言理解，也称为计算语言学。一方面，它是语言信息处理的一个分支；另一方面，它是人工智能的核心课题之一。

5. 统计分析

假设检验、显著性检验、差异分析、相关分析、T 检验、方差分析、卡方分析、偏相关分析、距离分析、回归分析、简单回归分析、多元回归分析、逐步回归、回归预测与残差分析、岭回归、logistic 回归分析、曲线估计、因子分析、聚类分析、主成分分析、因子分析、快速聚类法与聚类法、判别分析、对应分析、多元对应分析、bootstrap 技术，等等。

6. 数据挖掘

分类、估计、预测、相关性分组或关联规则、聚类、描述和可视化、复杂数据类型挖掘（Text、Web、图形图像、视频、音频等）。

7. 模型预测

预测模型、机器学习、建模仿真。

8. 结果呈现

云计算、标签云、关系图等。

大数据应用价值

“大数据”是继云计算、物联网之后 IT 产业又一次颠覆性的技术变革，对国家治理模式、企业的决策、组织和业务流程、个人生活方式等都将产生巨大的影响。

大数据让我们以一种前所未有的方式，通过对海量数据进行分析，获得有巨大价值的产品和服务，或深刻的洞见，最终形成变革之力，如图 4-3 所示。

1. 变革价值

未来 10 年，决定中国有大智慧的核心意义标准和国民幸福。一方面体现在民生上，通过大数据让有意义的事变得澄明，看我们在人与人的关系上，做得是否比以前更有意义；另一方面体现在生态上，通过大数据让有意义的事变得澄明，看我们在天与人的关系上，做得是否比以前更有意义。总之，让我们从前 10 年的意义混沌时代，进入未来 10 年的意义清澈时代。

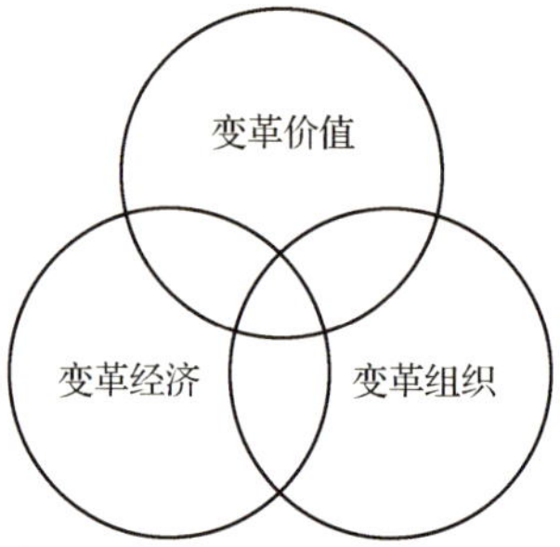

图 4-3　大数据带来的变革

2. 变革经济

生产者是有价值的，消费者是价值的意义所在。有意义的才有价值，消费者不认同的，就卖不出去，自然就实现不了价值；只有消费者认同的，才卖得出去，才能够实现价值。大数据帮助我们从消费者这个源头识别意义，从而帮助生产者实现价值，这便是启动内需的原理。

3. 变革组织

随着具有语义网特征的数据基础设施和数据资源的快速发展，组织的变革就呈现出不可避免的发展趋势。大数据将推动网络结构产生无组织的组织力量。最先反映这种结构特点的是各种各样去中心化的 Web 2.0 应用，如 RSS、维基、博客等。大数据之所以成为时代变革力量，其根本在于它能够通过追随意义而最终获得智慧。

简而言之，就是通过收集、整理生活中方方面面的数据，对其进行分析并深度挖掘，进而从中获得有价值的信息，最终衍化出一种新的商业模式。未来，数据可能成为最大的交易商品。首先，手中握有数据的公司站在金矿上，基于数据交易即可产生很好的效益；其次，基于数据挖掘会有很多商业模式的诞生，只是定位角度不同，或侧重数据分析。比如：帮助企业做内部数据挖掘，或侧重优化，帮助企业更精准地找到用户，降低营销成本，提高企业销售率，增加利润，带来更多的商业价值，如图 4-4 所示。

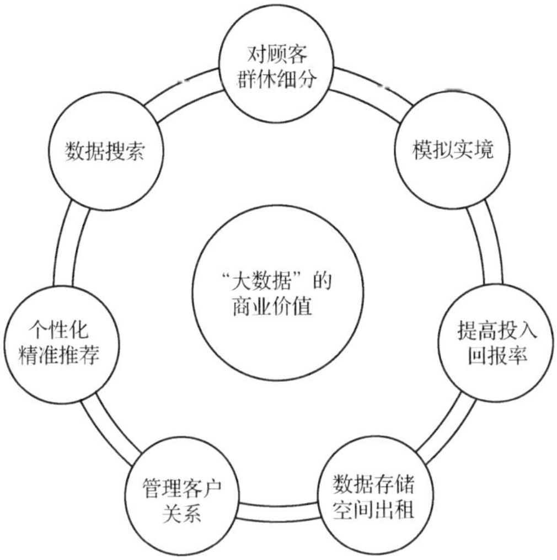

图 4-4　大数据的商业价值

谷歌搜索、Facebook 的帖子、腾讯 QQ、微信及微博消息使得人们的行为和情绪的细节化测量成为可能。挖掘用户的行为、习惯和喜好，在凌乱纷繁的数据背后找到更符合用户兴趣和习惯的产品和服务，并对产品和服务进行针对性的调整和优化，这就是大数据价值的实现过程。

大数据的价值是通过数据共享、交叉复用后获取最大的数据价值。未来大数据将会如基础设施一样，有数据提供方、使用方、管理者、监管者，数据的交叉复用将大数据变成一大产业。

分析大数据行业环境

产业链深究

大数据产业属于技术密集型产业，竞争更多的是技术实力与创新能力上的比拼，离数据越近的产业环节，其产业价值越大。能掌控大数据实时集成、海量信息处理和管理、云存储等技术的厂商将成为产业的主导者，主导未来大数据产业技术的发展方向，促进商业模式的创新。

如图 4-5 所示，大数据产业链现在已经初现雏形，围绕大数据的产生与集聚、组织与管理、分析与发现、应用与服务各层级正在加速构建。

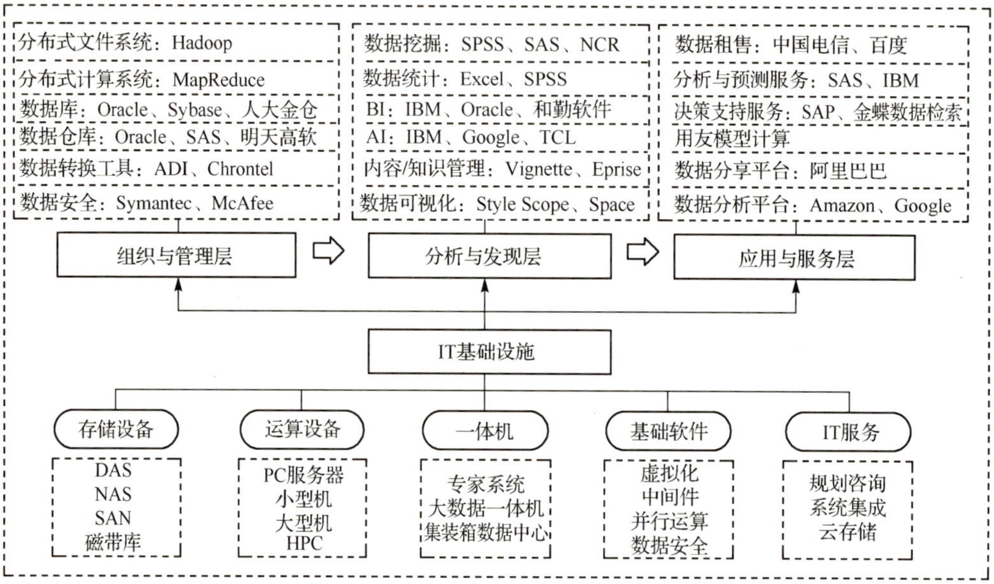

图 4-5　大数据产业链示意图

目前，在大数据产业链上有以下三种大数据公司。

一是基于数据本身的公司——数据拥有者：拥有数据，不具有数据分析的能力；

二是基于技术的公司——技术提供者：技术供应商或者数据分析公司等；

三是基于思维的公司——服务提供者：挖掘数据价值的大数据应用公司。

商业模式解析

运营商手中拥有庞大的数据。除了常规的年龄、品牌、资费、入网渠道，以及终端的 IMEI、MAC、终端品牌、终端类型等基础信息外，随着互联网、移动互联网、物联网、云计算等的兴起和移动智能终端的快速普及，运营商的网络正在被更完整的用户数据所使用。例如，何时何地上网、上网的内容偏好、各种应用的驻留时间、手机支付信息等。

在内部运营中，运营商从这些庞大的用户数据中已经可以分析出不同用户的行为习惯和消费偏好，并最终应用在精细化营销基础上。然而，就流量经营而言，仅仅靠这些是远远不够的。就海量数据，提供高附加值的数据分析服务，将数据封装为服务，形成可对外开放、可商业化的核心能力，实现商业模式的创新，才能真正实现流量经营这一重大目标。

下面是 7 大数据行业的 7 种商业模式。

1. 数据存储空间出租

利用存储能力进行运营，满足企业和个人面临海量信息存储的需求。具体而言，可以分为个人文件存储、针对企业用户两大类。主要是通过易于使用的 API，用户可方便地将各种数据对象放在云端，然后再像使用水电一般按用量收费。

2. 客户关系管理

对中小客户来说，专门的 CRM 显然大而贵。微信充当了不少小商家的初级 CRM 工具。比如：把老客户加到微信群里，在群朋友圈里发发新产品预告、特价销售通知，完成售前售后服务等。运营商可以在此基础上，推出基于数据分析后的客户关系管理平台，按行业分类，针对不同的客户采取不同的促销活动和服务方式，提供更好和更有针对性的服务，再提供线上支付通道，形成闭环，就是一个特别实用和便捷的客户关系管理系统。

3. 企业经营决策指导

将用户数据加以运用成熟的运营分析技术，有效改善企业的数据资源利用能力，让企业的决策更为准确，从而提高整体运营效率。例如，某店卖牛奶，通过数据分析，知道在本店买了牛奶以后常常会再去另一店买包子，人数还不少。那么该店就可以考虑将本店与包子店合作；或是直接在本店出售包子。

4. 个性化精准推荐

客户最厌烦“垃圾短信”。之所以称为垃圾短信，是因为收到的短信不是客户所需要的。通过对用户行为数据进行分析后，可以给客户发送其所需要的信息，就成了有价值的信息。比如日本麦当劳，用户在手机上下载优惠券，去餐厅用运营商 DoCoMo 的手机钱包优惠支付。运营商和麦当劳搜集相关消费信息，例如经常买什么汉堡，去哪个店消费，消费频次多少，然后精准推送优惠券给用户。

5. 本地化数据集市建设

运营商所具有的全程全网、本地化优势，使得在运营商所提供的平台上可最大限度地覆盖本地服务、娱乐、教育和医疗等数据。典型的应用是中国移动的“无线城市”。以“二维码+账号体系+LBS+支付+关系链”的闭环体系推动，带给本地化数据集市平台多元化的盈利模式。

6. 数据的搜索

数据检索已经不是一个新鲜的应用，然而随着大数据时代的到来，实时性、全范围检索的需求也就变得越来越强烈。商业应用价值是将实时的数据处理与分析和广告联系起来，即实时广告业务和应用内移动广告的社交服务。运营商掌握用户网上行为信息，使得所获取的数据“具备更全面维度”，更具商业价值。典型应用如中国移动的“盘古搜索”。

7. 社会管理模式创新

对运营商来说，数据分析对政府服务市场更是前景巨大。美国已经使用大数据技术对历史性逮捕模式、发薪日、体育项目、降雨天气和假日等变量进行分析，从而优化警力配置。在中国，运营商也可以在交通、应对突发灾害等工作范围内使大数据技术发挥更大的作用。

市场规模展现

根据 IDC 监测，全球数据量大约每两年翻一番，意味着人类在最近两年内产生的数据量相当于之前产生的全部数据量，我们正处于大数据时代的边缘。大数据产业在前几年表现一般，而随着市场逐步向前推进、高科技的快速发展、互联网速度的进一步提高，这个产业将逐步进入成熟期。

美国市场研究公司 IDC 于 2012 年 1 月发布的报告显示，全球大数据技术及服务市场复合年增长率（CAGR）将达 31.7%，2016 年收入将达 238 亿美元，其增速约为信息通信技术（ICT）市场整体增速的 7 倍之多。在广大现有和新兴细分市场中，大数据市场融合技术与服务正形成迅猛的发展势头。

中国大数据应用市场已然显露出冰山一角，赛迪顾问的数据（如图 4-6 所示）显示：2012 年市场规模达到 4.5 亿元；2013 年持续发酵，大数据市场规模达 8 亿元，同比增长 77.78%；2014 年，大数据市场规模猛增到 19.9 亿元，同比增长 148.75%；2015 年，大数据市场规模突破 46.4 亿元。

可见，大数据市场正在爆炸式地增长，不仅表现在市场舆论方面，更多地体现在真实的数据上。大数据行业的市场规模庞大，今后面对的不仅仅是机遇，还有更多的挑战。

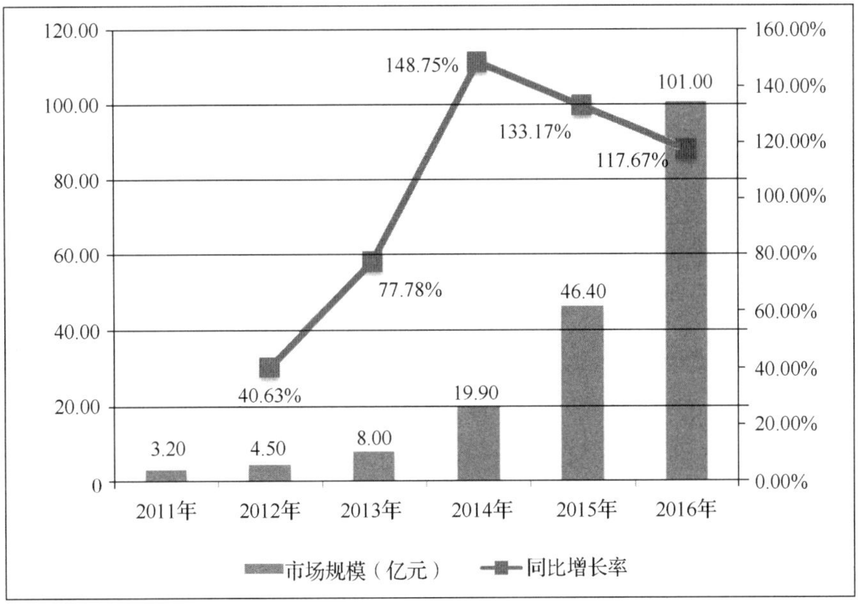

图 4-6　2011—2016 年中国大数据应用市场规模与增长

数据来源：赛迪顾问，2013 年 2 月。

行业竞争剖析

大数据时代的一大特点是，数据将成为企业核心资产，对数据的掌握决定对市场的支配权；越靠近最终用户的企业，在产业链中拥有越大的话语权。

两类企业将在大数据产业链处于重要地位。第一类是掌握海量有效数据的企业，第二类是有强大数据分析能力的企业。关键是谁拥有更多、更准、更有价值的数据。

从数据来源来看，社交网络、移动互联网、信息化企业都是海量数据的制造者。为掌握海量数据，各企业都在争抢互联网入口。互联网入口包括移动浏览器，如QQ、UC、欧朋、360 等；搜索引擎，如 Google、百度、搜搜等；操作系统，目前主要市场被苹果 IOS、谷歌 Android 和微软 Windows 8 垄断；应用商店、App 应用以及定制终端。

中国大数据应用处在起步阶段。淘宝、腾讯以及百度这些互联网巨头是率先使用大数据技术的用户，但它们主要基于开源软件自主开发大数据应用。电信和银行领域开始对大数据技术和服务产生浓厚的兴趣。

为把握大数据时代战略机遇，我国要加速营造良好的大数据产业生态环境，政府应不断完善政策法规，创建适度宽松的发展环境，提升中国在世界信息产业的地位；IT 厂商应聚焦技术创新与服务模式创新，洞察用户需求，提供高可用性的整体性解决方案；行业用户应当通过云平台实现数据大集中，形成企业数据资产；同时深度分析挖掘大数据的价值，推动企业智能决策。

大数据在金融行业中的应用

大数据在银行业中的应用

国内不少银行已经开始尝试通过大数据来驱动业务运营，如中信银行信用卡中心使用大数据技术实现了实时营销，光大银行建立了社交网络信息数据库，招商银行则利用大数据发展小微贷款。总的来看，银行大数据应用可以分为四大方面：

第一，客户画像应用。客户画像应用主要分为个人客户画像和企业客户画像。个人客户画像包括人口统计学特征、消费能力数据、兴趣数据、风险偏好等；企业客户画像包括企业的生产、流通、运营、财务、销售和客户数据、相关产业链上下游等数据。值得注意的是，银行拥有的客户信息并不全面，基于银行自身拥有的数据有时候难以得出理想的结果甚至可能得出错误的结论。比如，如果某位信用卡客户月均刷卡 8 次，平均每次刷卡金额 800 元，平均每年打 4 次客服电话，从未有过投诉，按照传统的数据分析，该客户是一位满意度较高、流失风险较低的客户。但如果看到该客户的微博，得到的真实情况是：工资卡和信用卡不在同一家银行，还款不方便，好几次打客服电话没接通，客户多次在微博上抱怨，该客户流失风险较高。所以银行不仅仅要考虑银行自身业务所采集到的数据，更应考虑整合外部更多的数据，以扩展对客户的了解。包括：

（1）客户在社交媒体上的行为数据，如光大银行建立了社交网络信息数据库。通过银行内部数据和外部社会化的数据的整合可以获得更为完整的客户拼图，从而进行更为精准的营销和管理。

（2）客户在电商网站的交易数据，如建设银行则将自己的电子商务平台和信贷业务结合起来，阿里金融为阿里巴巴用户提供无抵押贷款，用户只需要凭借过去的信用即可。

（3）企业客户的产业链上下游数据。如果银行掌握了企业所在的产业链上下游的数据，可以更好地掌握企业的外部环境发展情况，从而可以预测企业未来的状况。

（4）其他有利于扩展银行对客户兴趣爱好的数据，如网络广告界目前正在兴起的 DMP 数据平台的互联网用户行为数据。

第二，精准营销。在客户画像的基础上，银行可以有效地开展精准营销。

（1）实时营销。实时营销是根据客户的实时状态来进行营销，比如客户当时的所在地、客户最近一次消费等信息来有针对地进行营销（某客户采用信用卡采购孕妇用品，可以通过建模推测怀孕的概率并推荐孕妇类喜欢的业务）；或者将改变生活状态的事件（换工作、改变婚姻状况、置居等）视为营销机会。

（2）交叉营销。即不同业务或产品的交叉推荐，如招商银行可以根据客户交易记录分析，有效地识别小微企业客户，然后用远程银行来实施交叉销售。

（3）个性化推荐。银行可以根据客户的喜欢进行服务或者银行产品的个性化推荐，如根据客户的年龄、资产规模、理财偏好等，对客户群进行精准定位，分析出其潜在金融服务需求，进行有针对性的营销推广。

（4）客户生命周期管理。客户生命周期管理包括新客户获取、客户防流失和客户赢回等。例如，招商银行通过构建客户流失预警模型，对流失率等级前 20% 的客户发售高收益理财产品予以挽留，使得金卡和金葵花卡客户流失率分别降低了 15 个和 7 个百分点。

第三，风险管控。包括中小企业贷款风险评估和欺诈交易识别等手段。

（1）中小企业贷款风险评估。银行可通过企业的产、流通、销售、财务等相关信息结合大数据挖掘方法进行贷款风险分析，量化企业的信用额度，更有效地开展中小企业贷款。

（2）实时欺诈交易识别和反洗钱分析。银行可以利用持卡人基本信息、卡基本信息、交易历史、客户历史行为模式、正在发生行为模式（如转账）等，结合智能规则引擎（如从一个不经常出现的国家为一个特有用户转账或从一个不熟悉的位置进行在线交易）进行实时的交易反欺诈分析。例如，IBM 金融犯罪管理解决方案帮助银行利用大数据有效地预防与管理金融犯罪，摩根大通银行则利用大数据技术追踪盗取客户账号或侵入自动柜员机（ATM）系统的罪犯。

第四，运营优化。

（1）市场和渠道分析优化。通过大数据，银行可以监控不同市场推广渠道尤其是网络渠道推广的质量，从而进行合作渠道的调整和优化。同时，也可以分析哪些渠道更适合推广哪类银行产品或者服务，从而进行渠道推广策略的优化。

（2）产品和服务优化。银行可以将客户行为转化为信息流，并从中分析客户的个性特征和风险偏好，更深层次地理解客户的习惯，智能化分析和预测客户需求，从而进行产品创新和服务优化。如目前兴业银行对大数据进行初步分析，通过对还款数据挖掘比较区分优质客户，根据客户还款数额的差别，提供差异化的金融产品和服务方式。

（3）舆情分析。银行可以通过爬虫技术，抓取社区、论坛和微博上关于银行，以及银行产品和服务的相关信息，并通过自然语言处理技术进行正负面判断，尤其是及时掌握银行及银行产品和服务的负面信息，及时发现和处理问题；对于正面信息，可以加以总结并继续强化。同时，银行也可以抓取同行业的银行正负面信息，及时了解同行做得好的方面，以作为自身业务优化的借鉴。

大数据在保险行业中的应用

过去，由于保险行业的代理人的特点，所以在传统的个人代理渠道，代理人的素质及人际关系网是业务开拓的最为关键因素，而大数据在在新客户开发和维系中的作用就没那么突出。但随着互联网、移动互联网及大数据的发展，网络营销、移动营销和个性化的电话销售的作用将会日趋显现，越来越多的保险公司注意到大数据在保险行业中的作用。总的来说，保险行业的大数据应用可以分为三大方面：客户细分及精细化营销、欺诈行为分析和精细化运营。

第一，客户细分及精细化营销。

（1）客户细分和差异化服务。风险偏好是确定保险需求的关键。风险喜好者、风险中立者和风险厌恶者对于保险需求有不同的态度。一般来讲，风险厌恶者有更大的保险需求。在客户细分的时候，除了风险偏好数据外，要结合客户职业、爱好、习惯、家庭结构、消费方式偏好数据，利用机器学习算法来对客户进行分类，并针对分类后的客户提供不同的产品和服务策略。

（2）潜在客户挖掘及流失用户预测。保险公司可通过大数据整合客户线上和线下的相关行为，通过数据挖掘手段对潜在客户进行分类，细化销售重点。通过大数据进行挖掘，综合考虑客户的信息、险种信息、既往出险情况、销售人员信息等，筛选出影响客户退保或续期的关键因素，并通过这些因素和建立的模型，对客户的退保概率或续期概率进行估计，找出高风险流失客户，及时预警，制定挽留策略，提高保单续保率。

（3）客户关联销售。保险公司可以关联规则找出最佳险种销售组合、利用时序规则找出顾客生命周期中购买保险的时间顺序，从而把握保户提高保额的时机、建立既有保户再销售清单与规则，从而促进保单的销售。除了这些做法以外，借助大数据，保险业可以直接锁定客户需求。以淘宝运费退货险为例。据统计，淘宝用户运费险索赔率在 50%以上，该产品对保险公司带来的利润只有 5%左右，但是有很多保险公司都有意愿去提供这种保险。因为在客户购买运费险后，保险公司就可以获得该客户的个人基本信息，包括手机号和银行账户信息等，并能够了解该客户购买的产品信息，从而实现精准推送。假设该客户购买并退货的是婴儿奶粉，我们就可以估计该客户家里有小孩，可以向其推荐关于儿童疾病险、教育险等利润率更高的产品。

（4）客户精准营销。在网络营销领域，保险公司可以通过收集互联网用户的各类数据，如地域分布等属性数据，搜索关键词等即时数据，购物行为、浏览行为等行为数据，以及兴趣爱好、人脉关系等社交数据，可以在广告推送中实现地域定向、需求定向、偏好定向、关系定向等定向方式，实现精准营销。

第二，欺诈行为分析。

基于企业内外部交易和历史数据，实时或准实时预测和分析欺诈等非法行为，包括医疗保险欺诈与滥用分析和车险欺诈分析等。

（1）医疗保险欺诈与滥用分析。医疗保险欺诈与滥用通常可分为两种：一是非法骗取保险金，即保险欺诈；二是在保额限度内重复就医、浮报理赔金额等，即医疗保险滥用。保险公司能够利用过去数据，寻找影响保险欺诈最为显著的因素及这些因素的取值区间，建立预测模型，并通过自动化计分功能，快速将理赔案件依照滥用欺诈可能性进行分类处理。

（2）车险欺诈分析。保险公司够利用过去的欺诈事件建立预测模型，将理赔申请分级处理，可在很大程度上解决车险欺诈问题，包括车险理赔申请欺诈侦测、业务员及修车厂勾结欺诈侦测等。

第三，精细化运营。

（1）产品优化，保单个性化。过去在没有精细化的数据分析和挖掘的情况下，保险公司把很多人都放在同一风险水平之上，客户的保单并没有完全解决客户的各种风险问题。但是，保险公司可以通过自有数据和客户在社交网络的数据，解决现有的风险控制问题，为客户制定个性化的保单，获得更准确、更高利润率的保单模型，给每一位顾客提供个性化的解决方案。

（2）运营分析。基于企业内外部运营、管理和交互数据分析，借助大数据平台，全方位统计和预测企业经营和管理绩效。基于保险保单和客户交互数据进行建模，借助大数据平台快速分析和预测再次发生或者新的市场风险、操作风险等。

（3）代理人（保险销售人员）甄选。根据代理人员（保险销售人员）业绩数据、性别、年龄、入司前工作年限、其他保险公司经验和代理人员思维测试等，找出销售业绩相对最好的销售人员的特征，优选高潜力销售人员。

大数据在证券行业中的应用

大数据时代，券商们已意识到大数据的重要性，券商对于大数据的研究与应用正在处于起步阶段，相对于银行和保险业，证券行业的大数据应用起步相对较晚。目前，国内外证券行业的大数据应用大致有三个方向。

第一，股价预测。

2011 年 5 月，英国对冲基金 Derwent Capital Markets 建立了规模为 4000 万美元的对冲基金，该基金是首家基于社交网络的对冲基金，该基金通过分析 Twitter 的数据内容来感知市场情绪，从而指导进行投资。利用 Twitter 的对冲基金 Derwent Capital Markets 在首月的交易中确实盈利了，其以 1.85%的收益率，让平均数只有 0.76%的其他对冲基金相形见绌。

麻省理工学院的学者，根据情绪词汇将 Twitter 内容标定为正面或负面情绪。结果发现，无论“希望”的正面情绪，还是“害怕”、“担心”的负面情绪，其占总 Twitter 内容数的比例，都预示着道琼斯指数、标准普尔 500 指数、纳斯达克指数的下跌。

美国佩斯大学的一位博士则采用了另外一种思路，他追踪了星巴克、可口可乐和耐克三家公司在社交媒体上的受欢迎程度，同时比较它们的股价。他们发现，Facebook 上的粉丝数、Twitter 上的听众数和 Youtude 上的观看人数都和股价密切相关。另外，通过品牌的受欢迎程度，可以预测股价在 10 天、30 天之后的上涨情况。

但是，Twitter 情绪指标，仍然不可能预测出会冲击金融市场的突发事件。例如，在 2008 年 10 月 13 号，美国联邦储备委员会突然启动一项银行纾困计划，令道琼斯指数反弹，而 3 天前的 Twitter 相关情绪指数毫无征兆。而且，研究者自己也意识到，Twitter 用户与股市投资者并不完全重合，这样的样本代表性有待商榷，但仍无法阻止投资者对新兴的社交网络倾注更多的热情。

第二，客户关系管理。

（1）客户细分。通过分析客户的账户状态（类型、生命周期、投资时间）、账户价值（资产峰值、资产均值、交易量、佣金贡献和成本等）、交易习惯（周转率、市场关注度、仓位、平均持股市值、平均持股时间、单笔交易均值和日均成交量等）、投资偏好（偏好品种、下单渠道和是否申购），以及投资收益（本期相对和绝对收益、今年相对和绝对收益和投资能力等），来进行客户聚类和细分，从而发现客户交易模式类型，找出最有价值和盈利潜力的客户群，以及他们最需要的服务，更好地配置资源和政策，改进服务，抓住最有价值的客户。

（2）流失客户预测。券商可根据客户历史交易行为和流失情况来建模从而预测客户流失的概率。如 2012 年海通证券自主开发的“给予数据挖掘算法的证券客户行为特征分析技术”，主要应用在客户深度画像，以及基于画像的用户流失概率预测。通过对海通 100 多万样本客户、半年交易记录的海量信息分析，建立了客户分类、客户偏好、客户流失概率的模型。该项技术的最大初衷是希望通过客户行为的量化分析，来测算客户将来可能流失的概率。

第三，投资景气指数。

2012 年，国泰君安推出了“个人投资者投资景气指数”（简称 3I 指数），通过一个独特的视角传递个人投资者对市场的预期、当期的风险偏好等信息。国泰君安研究所对海量个人投资者样本进行持续性跟踪监测，对账本投资收益率、持仓率、资金流动情况等一系列指标进行统计、加权汇总后得到的综合性投资景气指数。

3I 指数通过对海量个人投资者真实投资交易信息的深入挖掘分析，了解交易个人投资者交易行为的变化、投资信心的状态与发展趋势、对市场的预期和当前的风险偏好等信息。在样本选择上，选择资金 100 万元以下、投资年限 5 年以上的中小投资者，样本规模高达 10 万元，覆盖全国不同地区，所以，这个指数较有代表性。在参数方面，主要根据中小投资者持仓率的高低、是否追加资金、是否盈利这几个指标，来看投资者对市场是乐观还是悲观。“3I 指数”每月发布一次，以 100 为中间值，100～120 属于正常区间，120 以上表示趋热，100 以下则是趋冷。从实验数据看，从 2007 年至今，“3I 指数”的涨跌波动与上证指数走势拟合度相当高。

总的来看，大数据在金融行业的应用起步比互联网行业稍晚，其应用深度和广度还有很大的扩展空间。金融行业的大数据应用依然有很多的障碍需要克服，比如银行企业内各业务的数据孤岛效应严重、大数据人才相对缺乏，以及缺乏银行之外的外部数据的整合等问题。可喜的是，金融行业尤其是以银行的中高层对大数据渴望和重视度非常高，相信在未来的两三年内，在互联网和移动互联网的驱动下，金融行业的大数据应用将迎来突破性的发展。

大数据重点企业介绍

大数据的发展从以 Google、Amazon、Yahoo 为代表的互联网大公司，蔓延到越来越多的创业公司以及金融、电力、电信等各种传统行业，这些公司和行业在不同的维度进行数据挖掘和分析，创造出更多的商业模式和经济增长点。同时，包括美国在内的诸多国家，都将大数据管理上升到国家战略层面，从国家层面通盘考虑其发展战略。2013 年 11 月 19 日，中国国家统计局与 11 家企业签订了大数据战略合作框架协议，共同推进大数据在政府统计中的应用。

从目前国内外大数据发展历程和趋势来看，掌握海量有效数据和具有强大数据处理分析能力的公司和企业将走在大数据发展的前沿。为了掌握更多数据，各大企业均在抢占互联网入口，包括移动浏览器、搜索引擎、操作系统、应用商店等。大数据重点企业包括 IBM、惠普、Teradata、阿里巴巴、百度、腾讯、拓尔思、东方国信、同有科技等，如表 4-1 所示。

表 4-1　大数据重点企业

排名	LOGO	名称	概述
1		IBM	大数据业务营收成绩最好的公司，2012 年名列第一
2		惠普	大数据业务营收成绩较好的公司，2012 年名列第二
3		Teradata	全球第三大大数据厂商
4		阿里巴巴	中国最大的电子商务平台，旗下的淘宝有海量的商业数据
5		百度	中国最大的搜索公司
6		腾讯	目前中国最大的互联网综合服务提供商之一，也是中国服务用户最多的互联网企业之一
7		拓尔思	大数据领域海量非结构化信息自动化、智能化处理领域的佼佼者
8		东方国信	主要为电信运营商提供智能系统解决方案
9		同有科技	国内数据存储市场龙头

IBM

根据 Wikibon 发布的报告，作为 2012 年大数据业务营收成绩最好的公司，IBM 上一年从大数据相关产品及服务中获得了 13 亿美元收益。其具体产品包括服务器与存储硬件、数据库软件、分析应用程序以及相关服务等。在 IBM 围绕大数据开发出的产品中，DB2、Informix 与 InfoSphere 数据库平台、Cognos 与 SPSS 分析应用可谓最为知名。IBM 同时也为 Hadoop 开源数据分析平台提供支持。

惠普

惠普在 2012 年获得的大数据营收名列第二，总值为 6.64 亿美元。这家供应商还提供与之相关的硬件、软件以及服务，其最为知名的方案当数 Vertica 分析平台。

Teradata

Teradata 在 2012 年获得全球第三大大数据厂商头衔，其营收总额达 4.35 亿美元。Teradata 凭借自家硬件平台、数据库以及分析软件而声名远播。它同时针对零售及运输行业推出了专门的分析工具。

阿里巴巴

在国内，作为中国最大的电子商务平台，淘宝有海量的商业数据。现今，淘宝面临数据量大、内容多样、维度丰富、源数据质量不高等问题。对于淘宝面临的挑战，分布式存储计算、实时计算、实时流处理、基于云计算的数据挖掘、数据可视化和数据产品实践等是应对大数据浪潮的关键技术。

百度

中国最大的搜索公司百度，凭借入口优势，拥有了中国最大的消费者行为数据库，覆盖 95%的中国的网民，日均响应 50 亿次搜索请求，搜索市场占比达 67%。百度已经建成了包括百度指数、司南、风云榜、数据研究中心和百度统计在内的五大数据体系平台，帮助企业实时了解消费者行为、兴趣变化，以及行业发展状况、市场动态和趋势、竞争对手动向等信息，以便适时调整营销策略。

腾讯

腾讯是大数据时代，最令人期待和遐想的一家互联网公司。腾讯完整地记录了人们在互联网上的行为轨迹和社会属性。根据腾讯披露的信息显示，截至目前，腾讯拥有超过 8.254 亿个 QQ 活跃账户，6 亿名空间用户，5.4 亿名微博注册用户和 5 亿名微信用户。这些海量信息汇聚在一起，就能够获取到用户的兴趣爱好、归属地、社会关系链等一系列有价值的信息。然后，利用大数据和关系链，腾讯就能为用户筛选、推荐最适合他的内容。

拓尔思

拓尔思是大数据领域海量非结构化信息自动化、智能化处理领域的佼佼者，从底层技术、平台产品到应用产品和服务技术的产品完备，基于自主平台的企业搜索、机器挖掘、SMAS 和 OM 等产品技术先进应用范围广阔，随着市场的成熟，未来前景广阔。

东方国信

东方国信主要为电信运营商提供智能系统解决方案，包括软件产品开发与销售、技术服务和相应的系统集成等。具体产品可分为企业数据平台、数据分析平台和基于 BI 的 CRM 应用三类。公司拥有电信行业通用数据模型、数据清洗等多项核心技术，能够满足客户在数据仓库建设、经营分析、决策支持、数据挖掘等众多领域的需求。

同有科技

数据的爆炸式增长以及对数据的重视程度催生了对存储的需求。从全球和中国的情况来看，存储行业的景气指数都比较高，全球存储行业的增长在15%以上，中国存储市场的增速约为16%，中国存储市场的发展由于起步较晚，发展空间更大，EMC等存储行业的领先公司2016年在中国区的营收目标同比增长超过50%。

同有科技是国内领先的、拥有自有品牌和自主知识产权的、专注于企业用户市场的存储厂商，主要从事数据存储、数据保护、容灾等技术的研究、开发和应用；旨在通过提供高品质的存储产品、一流的解决方案和专业的技术服务，为政府、军队军工及大型企事业的数据中心、云计算、物联网等构建高效、稳定、可靠的存储、备份和容灾系统。

探索大数据的发展趋势

数据资源化趋势

数据资源化是指大数据在企业、社会以及国家层面都成为重要的战略信息资源。在大数据时代，大数据将成为新的战略制高点，是众家抢夺的新焦点；大数据将不断成为这些机构的资产，更成为提升机构和公司竞争力的强大核心武器。

大数据隐私问题凸显趋势

大数据对于个人隐私将是一个重大挑战，现有的隐私保护法规和技术手段难以适应大数据环境，个人隐私越来越难以保护，有可能会出现有偿隐私服务，数据“面罩”将会流行。

大数据让隐私无处安放

对于大数据，很多用户的认知并不准确。从定义上来看，大数据的核心是收集、掌握大量数据，并进行专业的分析。具体到应用层面，可以看到很多基于大数据的应用，而这些大数据应用背后蕴藏巨大的安全风险，用户隐私甚至被合理化地收集和分析。

两年前，腾讯 QQ 曾经推出朋友圈功能，很多用户的真实名字出现在朋友圈中，引起了用户的强烈抗议，最后腾讯关闭了这一功能。腾讯 QQ 的朋友圈，本质上是基于 QQ 用户的好友关系以及其他资料进行分析，能够准确地知道用户的真实姓名和一些社交关系。

腾讯 QQ 用户的真实姓名被朋友圈曝光，仅仅是用户隐私泄露的一方面，这背后的数据分析才是令用户感到恐慌的地方。试想，如果腾讯 QQ 没有掌握到用户的隐私，如何知道用户的真实姓名以及真实的社交关系？

答案显而易见，在大数据收集和数据分析过程中，都会触及用户的隐私。一旦某一环节存在安全隐患，后果不堪设想。网上有传闻 QQ 数据大规模泄露，用户朋友圈和密码信息可以随意查看，这暴露了大数据的巨大安全隐患。

在海量互联网应用中，腾讯 QQ 朋友圈不过是大数据隐私堪忧的例子之一。在手机 App 领域，一些所谓的健康应用都在收集用户数据，并对用户数据进行分析，给出相应的锻炼或饮食建议。这类的手机 App 同样存在巨大的安全风险。

由于大数据可以光明正大地收集用户数据，并可以对用户数据进行分析，这无疑让用户隐私没有任何保障。作为一项新兴的技术，全球很多国家都没有对大数据采集、分析环节进行相应的监管。在没有标准和相应监管措施情况下，大数据泄露事件频繁发生，已经暴露出大数据时代用户隐私安全的尖锐问题。

眼下，以智能手机、智能路由器以及智能手环为代表的智能硬件，正堂而皇之地采集用户隐私，并在不经过用户同意的情况下做数据分析。这样一个混乱糟糕的环境，如何保障用户安全隐私？显然，头顶光环的大数据时代，安全已经成为一个不容回避的尖锐问题。

大数据与云计算的的深度融合趋势

大数据处理离不开云计算技术，云计算为大数据提供弹性可扩展的基础设施支撑环境以及数据服务的高效模式，大数据则为云计算提供了新的商业价值，因此从 2013 年开始，大数据技术与云计算技术必然进入更完美的结合期。总体而言，云计算、物联网、移动互联网等新兴计算形态，既是产生大数据的地方，也是需要大数据分析方法的领域。二者互惠互生。

大数据分析的革命性方法突破趋势

在大数据分析上，将出现革命性的新方法。基于大数据的数据挖掘、机器学习和人工智能可能会改变小数据/小世界里的很多算法和基础理论，这方面很可能会产生理论级别的突破。

大数据的安全性薄弱趋势

大数据的安全问题令人担忧，大数据的保护变得越来越重要，对数据存储的物理安全性要求会越来越高，从而对数据的多副本与容灾机制提出更高的要求。网络和数字化生活使得犯罪分子更容易获得关于个人的信息，也有了更多不易被追踪和防范的犯罪手段，这就可能会出现更高明的骗局，也就是说大数据很有可能出卖我们。

数据共享联盟发展趋势

数据共享联盟在 2014 年逐渐壮大成为产业的核心一环。数据是基础，之前在科技部的支持下，已建立了多个领域的数据共享平台，包括气象、地震、林业、农业、海洋、人口与健康、地球系统科学数据共享平台等。之后，数据共享将扩展到企业层面。

更大的数据获取趋势

大数据没有最大，只有更大。2014 年，大数据获得更多的关注、研究、开发和应用。所引起的结果是：体现大数据特征的体量大、速度快、模态多、价值密度低这 4 个特性将变得更加极致。尤其是大数据的价值密度会越来越低，面对数据不断地膨胀式增长，如何去除大数据中的噪声等垃圾数据，进而从中挖掘和提取出有价值信息的难度也随之增大。

第五章

众筹：我为人人，人人为我

认 识 众 筹

众筹的含义

众筹，即大众筹资或群众筹资，是指以“团购+预购”的形式，向网友募集项目资金的模式。众筹利用互联网和SNS传播的特性，让小企业、艺术家或个人对公众展示他们的创意，争取大家的关注和支持，进而获得所需要的资金援助。

现代众筹通常指通过互联网方式发布筹款项目并募集资金。相对于传统的融资方式，众筹更为开放，能否获得资金也不再是由项目的商业价值作为唯一标准。只要是网友喜欢的项目，都可以通过众筹方式获得项目启动的第一笔资金，为更多小本经营或创作的人提供无限的可能。

如图5-1所示，众筹具有低门槛、多样性、依靠大众力量和注重创意的特征。

图5-1　众筹的特征

1. 低门槛

无论身份贵贱、地位高低、职业好坏、年龄大小、性别如何，只要有想法、有创造能力都可以发起项目。

2. 多样性

众筹的方向具有多样性，在国内的众筹网站上的项目类别包括设计、科技、音乐、影视、食品、漫画、出版、游戏、摄影等。

3. 依靠大众力量

支持者通常都是普通的草根民众，而非公司、企业或风险投资人。

4. 注重创意

发起人必须先将自己的创意，即其设计图、成品、策划等达到可展示的程度，然后才能通过平台的审核，而非单单是一个概念或者一个点子。

众筹的分类

众筹的分类如图 5-2 所示。

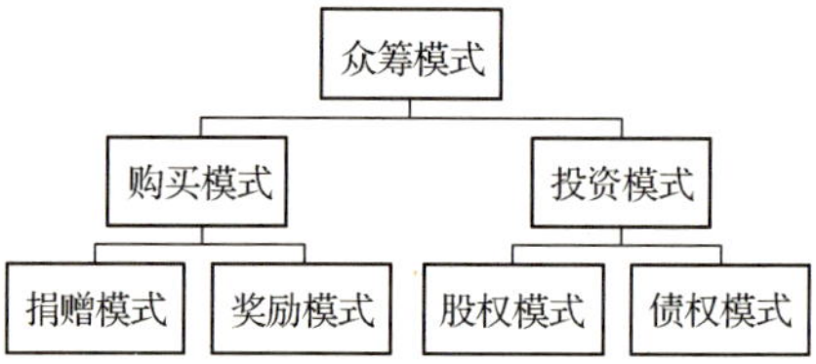

图 5-2　众筹的分类

众筹的含义如图 5-3 所示。

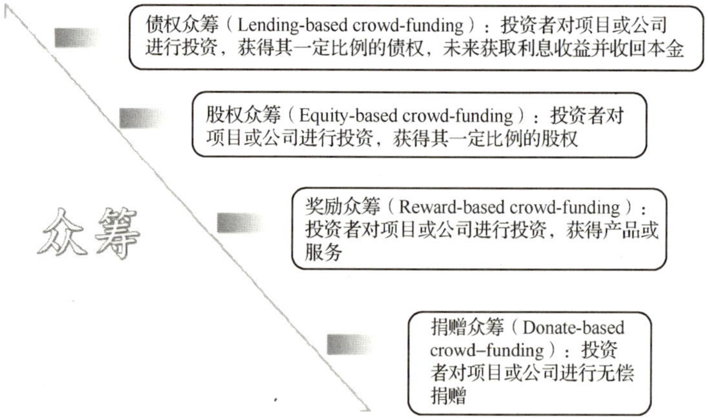

图 5-3　众筹的含义

天使汇与大家投是两家非常有代表性的众筹公司。这两家公司的对比见表 5-1。

表 5-1　天使汇与大家投的对比

<table>
<tr><th>对比项目</th><th colspan="2">天使汇</th><th>大家投</th></tr>
<tr><td>项目定位</td><td colspan="2">科技创新项目</td><td>科技，连锁服务</td></tr>
<tr><td>项目融资时限</td><td colspan="2">30 天，允许超募</td><td>没有限制，不允许超募</td></tr>
<tr><td rowspan="2">项目资料完善与估值</td><td colspan="2" rowspan="2">领投人协助完善项目资料与确定估值</td><td>平台方协助完善项目资料</td></tr>
<tr><td>估值先由创业者公开报价，议价由领投人负责</td></tr>
<tr><td>投资人要求</td><td colspan="2">要求有天使投资经验，审核非常严格</td><td>没有限制要求，不审核</td></tr>
<tr><td rowspan="3">领投人规则</td><td>资格</td><td>至少有 1 个项目退出的投资人方可取得领投资格</td><td>有一定工作经验即可</td></tr>
<tr><td>激励</td><td>项目创业者 1%的股权奖励；跟投人 5%~20%投资收益</td><td>只有项目创业者的股权奖励，具体激励股数不限制，由领投人与创业者自行约定</td></tr>
<tr><td>费用</td><td>平台收取投资收益 5%</td><td>无任何费用，投资收益全归自己</td></tr>
<tr><td rowspan="3">跟投人规则</td><td>资格</td><td>尚未具体公布</td><td>没有任何限制</td></tr>
<tr><td rowspan="2">费用</td><td>平台收取投资收益 5%</td><td></td></tr>
<tr><td>领投人收取投资收益 5%~20%</td><td>无任何费用，投资收益全归自己</td></tr>
<tr><td rowspan="2">投资人持股方式</td><td colspan="2">投资人超过 10 人走有限合伙</td><td rowspan="2">全部走有限合伙</td></tr>
<tr><td colspan="2">10 人以下走协议代持</td></tr>
<tr><td>投资款拨付</td><td colspan="2">一次性到账，没有银行托管</td><td>可以分期拨付，兴业银行托管</td></tr>
<tr><td>手续办理</td><td colspan="2">提供信息化文档服务</td><td>提供所有文档服务与所有工商手续代办服务，还提供有限合伙 5 年报税与年审服务</td></tr>
<tr><td rowspan="2">平台收费</td><td colspan="2">项目方 5%服务费</td><td>只收项目方 5%服务费</td></tr>
<tr><td colspan="2">投资人投资收益 5%</td><td>对投资人不收取任何费用</td></tr>
<tr><td>项目信息披露</td><td colspan="2">非常简单，没有实现标准化</td><td>完全实现标准化，要求项目信息披露非常详细（创业者可以设置：投资人查看项目资料需经创业者授权）</td></tr>
<tr><td>总结</td><td colspan="2">专业投资人的圈子内众筹，草根参与较难</td><td>门槛较低，草根投资人容易参与</td></tr>
</table>

众筹活动的参与者

如图 5-4 所示，众筹活动的参与者分别为：发起人、支持者和平台。

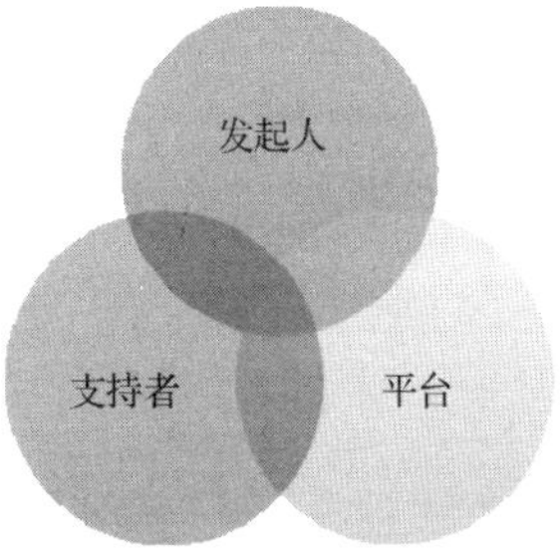

图 5-4　众筹活动的参与者

发起人：有创造能力但缺乏资金的人。

支持者：对筹资者的故事和回报感兴趣的，有能力支持的人。

平台：连接发起人和支持者的互联网终端。

众筹活动的运作流程

众筹活动的运作流程如图 5-5 所示。

步骤一：由发起人进行项目发布。

步骤二：由投资人进行保荐。

步骤三：由众筹平台进行项目信息的发布。

步骤四：由投资人在众筹平台上为项目的参与者提供资金。

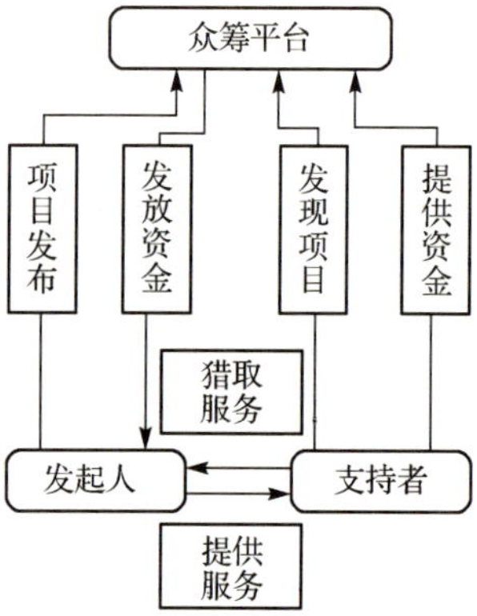

图 5-5　众筹活动的运作流程

众筹模式的优势

1. 创业门槛较低

现在，许多众筹网站都主打一个卖点，即“圆创业者的梦”。这句话暗含“之前创业门槛高，众筹帮你降低这个障碍”之意。但从实际的案例来看，唯有风投确实可以帮助许多草根创业者融到资金，并推出了既定的产品。

2. 众筹获得资金 VS 市场调查报告

钱是直接来自消费者的，消费者对你这个产品的认可与评价就是一份市场调查，能在一定程度上反映出你的产品在将来大范围投放市场后的结果。众筹模式的一个隐性的价值在于：先让消费者掏腰包，再去制造产品。如果项目融资成功，并且实际的研发与生产过程一切顺利，那么这相当于在很大程度上降低了创业成本与风险。

3. 众筹为自身代言

这体现在两点：第一，你的项目融资成功了，这相当于是对大众的一次广告。

有些人看到你的项目但没有贡献资金，可能是因为他无法判断你这个产品是否一定能融得足够的资金量。但看到别人一拥而上地帮你把钱凑齐后，他们就会成为你未来的客户。第二，无论融资是否成功，你的项目都获得了展示。给谁看？给潜在的投资人看。

众筹融资模式的不足

1. 造成了生产压力

根据众筹平台的普遍规则，如果你的项目筹资成功，那么就必须在规定时间内完成产品的开发与制造，实现对支持者的承诺，否则就是违约。所以，众筹在让你筹到钱的同时也给你带来了订单压力。因为这些钱来自消费者一端，相当于直接订购。这种压力尤其彰显在实体产品项目上。

2. 与传统 VC 相比，众筹缺乏创业指导

传统的 VC 都是自身有创业经验，或是有宽广的行业人脉和观察积累。总之，你在众筹平台上的支持者们不可能提供给你统一、有建设性的建议。一个好的 VC 能让你少走很多弯路，尤其是在产品的推广阶段。你可能善于研发，但不一定会卖。

3. 众筹平台上的投资人不够专一

众筹平台能帮你快速筹到用于产品研发和生产的资金，但不能保证你今后的资金链保持完整。传统的 VC 在给你提供早期投资后，如果项目发展顺利，你还有机会获得后续的 A、B、C 轮融资。而在众筹平台上，你的那些支持者还会有其他的目标，很可能早已把注意力转向了其他新奇的发明上。

总之，众筹融资模式的出现改变了投资人的投资方式，让更多的投资人也可以参与到创业项目中来。在解决了中小企业融资难的同时，也为投资人大大降低了投资的风险。股权众筹无疑是四种众筹模式中最具有魅力的一种模式，也代表着众筹的发展方向。只有审慎监管，善用制度规范，股权融资平台才会有广阔的发展前景。

众筹平台运营模式分析

图 5-6　众筹平台

一般众筹平台对每个募集项目都会设定一个筹款目标，如果没达到筹款目标，其钱款将被打回投资人账户。

比较有影响的众筹平台如图 5-6 所示，下面分别进行介绍。

债权众筹

不难发现，债权众筹其实就是 P2P 借贷平台，即多位投资者对人人贷网站上的项目进行投资，按投资比例获得债权，未来获取利息收益并收回本金。

股权众筹

股权众筹并非很新奇的事物，投资者在新股 IPO（首次公开发行）的时候去申购股票其实就是股权众筹的一种表现方式。但在互联网金融领域，股权众筹主要指通过网络的私募股权投资，是风险投资（VC）的一个补充。

目前，中国的股权众筹网站还不是很多，主要有两个原因：

一是此类网站对人才要求比较高。股权众筹网站需要有广阔的人脉，可以把天使投资人/风险投资家聚集到其平台上；股权众筹网站还需要对项目做初步的尽职调查，这要求他们有自己的分析师团队；还需要有深谙风险投资相关法律的法务团队，协助投资者成立合伙企业及投后管理。

二是此类网站具有较强的马太效应，即强者越强，弱者越弱的现象。具体表现为投资者喜欢聚集到同一个地方去寻找适合的投资目标，当网站汇集了一批优秀的投资人后，融资者也自然趋之若鹜。于是，原先比较火的网站会越来越火，流量平平的网站则会举步维艰。目前，国内规模最大的股权众筹网站——天使汇，截至 2013 年 11 月中旬已为 70 多家企业完成超过 7.5 亿元的投资。而另一家网站——大家投，截至 2013 年年底，仅为寥寥可数的 4 家企业成功募集到 250 万元。

我们可以借助大家投的一个创新产品——投付宝，来了解股权众筹。其实，投付宝内在的原理和支付宝的担保交易很相似。

股权众筹流程如图 5-7 所示，深色箭头是股权，浅色箭头是资金。

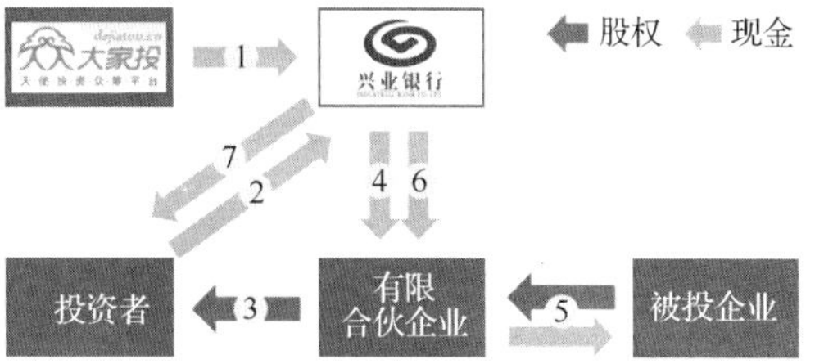

图 5-7　股权众筹流程

（1）大家投委托兴业银行托管投资资金；

（2）投资者认购满额后，将钱款打入兴业银行托管账户；

（3）大家投协助成立有限合伙企业，投资者按出资比例拥有有限合伙企业股权；

（4）兴业银行将首批资金转入有限合伙企业；

（5）有限合伙企业从兴业银行获取资金后，将该资金投入被投企业，同时获得相应股权；

（6）兴业银行托管的资金将分批次转入有限合伙企业，投资者在每次转入前可根据项目情况决定是否继续投资；

（7）若投资者决定不继续投资，剩余托管资金将返还投资者，已投资资金及股权情况不发生其他变化。

在股权众筹中，投资者可自主选择是否愿意担任有限合伙企业的一般合伙人（General Partner，GP）。VC/PE 中的 GP 和 LP（Limited Partner，有限合伙人）：LP 是出钱的人，GP 是 VC 的管理人，平时收点管理费和托管。

未来在股权众筹网站的创业机会还是不少的。目前这个市场的竞争者较少，如果创业者可以抓住某个垂直领域发展新的股权众筹平台，也可以分得一杯羹。

奖励模式众筹

众筹的奖励模式又叫回报众筹，一般指的是预售类的众筹项目，团购自然包括在此范畴内。但是，团购并不是回报众筹的全部，且回报众筹也并不是众筹平台网站的全部。

传统概念的团购和大众提及的回报众筹的主要区别在于募集资金的产品/服务发展的阶段。回报众筹流程如图 5-8 所示。

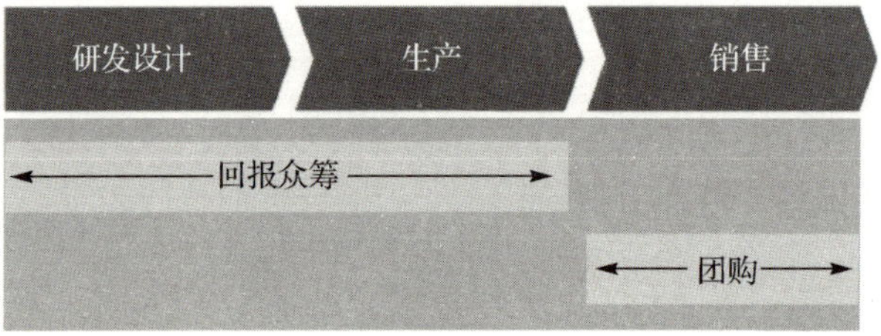

图 5-8　回报众筹流程

回报众筹指仍处于研发设计或生产阶段的产品或服务的预售，团购则更多指已经进入销售阶段的产品或服务的销售。回报众筹面临着产品或服务不能如期交货的风险。

回报众筹与团购的目的不尽相同：回报众筹主要是为了满足募集运营资金、测试需求，而团购主要是为了提高销售业绩。

但两者在实际操作时并没有特别清晰的界限，通常团购网站也会搞类似众筹的预售，众筹网站也会发起团购项目。可见两者既有区别，又有交叉。

捐赠众筹

红十字会这类 NGO（非政府组织）的在线捐款平台可以算是捐赠众筹的雏形：有需要的人由本人或他人提出申请，NGO 做尽职调查、证实情况，NGO 在网上发起项目，从公众募捐。捐赠众筹流程如图 5-9 所示。

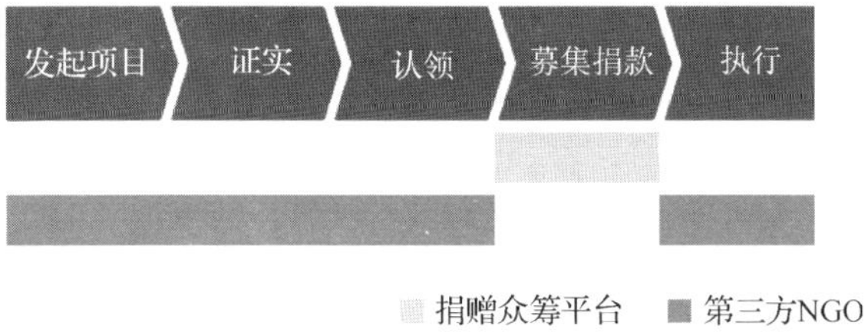

图 5-9　捐赠众筹流程

探索众筹平台发展趋势

平台专业化发展趋势

由于众筹平台希望借力于市场分工，专业的、按产业与项目分类的平台正随着市场分工呈现出来。评价众筹平台的指标是投资回报，而该项指标特别突出的是针对某一种行业或项目的众筹平台，如关注电子游戏、唱片、艺术、房地产、餐饮，时尚、新闻业等。

众筹平台选择特定方向的一方面原因在于使自己的服务与众不同，另一方面原因在于建立一个特定投资人可以反复投资的平台。决定众筹者投资方向的并不仅仅是简单的宣传活动，同时还会考虑众筹公司是否符合其关注股方向等众多问题。

企业众筹发展趋势

大型公司、集团、协会等开始把目光投向众筹集资，试图探索这一融资方式如何帮助团体提高社会知名度，检验市场有效性，使得创业公司融入市场。这些团体采用众筹融资的好处不仅仅表现在为众筹平台吸引了额外的资金，还表现在将原本由公司内部做出的决定分放到民主的决策平台上。

众筹经济发展趋势

由于众筹的社会知名度，以及其联系小型企业方面所起的作用，包括世界银行和美洲发展银行在内的许多银行和类似机构，都正在力图寻求通过支持众筹以推动经济的快速发展。

众筹平台，尤其是基于捐赠的众筹和无利息众筹，向来都是依靠获得慈善企业的支持。而小型企业因为其融资需求量非常小，与众筹平台的供给条件非常匹配，个人捐赠或贷款就可能成为成功融资的契机。对这些部门来说，众筹不得不说是宏观经济发展升级的先决条件。

现场众筹发展趋势

最后一项是融资活动开始仪式活动，或现场融资展示。这一行为不仅能吸引媒体的注意，创造出巨大的市场机会，而且还能帮投资者获得网络所不能实现的排他性。现场融资展示在新产品新交易的排他性方面远超在线融资。

众筹成功案例

（1）2013 年快乐男声主题电影，65 天，成功筹资 500 万元，涉及 2.9 万人，平均每人 170 元，回报是电影票及首映礼入场券。40 元，一张电影票；60 元，电影票及首映礼入场券一张。

（2）国产动画电影《大鱼 · 海棠》和《十万个冷笑话》剧场版通过点名时间筹集到了超过 120 万元的资金用于动画的制作。

第六章

信息化金融机构：金融机构虚拟化

认识信息化金融机构

信息化金融机构的含义

信息化金融机构，即在互联网金融时代，通过广泛运用以互联网为代表的信息技术，对传统运营流程及服务产品进行改造、升级或重构，实现经营、管理全面信息化的银行、证券和保险等金融机构。

金融机构信息化的历程

经过 20 多年的发展，中国金融机构信息化建设从无到有、从小到大、从单项业务到综合业务，已经取得了令人瞩目的成绩。我国金融信息化的发展，已从根本上改变了传统金融业务处理模式，建立在计算机和通信网络基础上的电子资金清算系统、柜台业务服务系统和金融管理信息系统表明一个多功能、开放的金融电子化体系已初步形成。

纵观我国银行信息化发展历程，从最初电子设备在银行业的使用和普及，到银行网络化的建设和应用，银行信息系统建设已经走过了 20 多年的历程，大体经历了以下三个阶段。

（1）第一个阶段是 20 世纪 70 年代末到 80 年代末以电子银行业务为主的阶段：银行开始采用信息技术代替手工操作，实现银行后台业务和前台兑换业务处理的自动化。

（2）第二阶段是 20 世纪 80 年代末到 90 年代末以连接业务为代表的银行全面电子化建设阶段：我国银行业已经在全国范围内建起了一批基于计算机网络的应用系统，实现了处理过程的全过程的电子化。

（3）第三个阶段是从 20 世纪 90 年代末一直持续到今天的以业务系统整合、数据集中为主要特征的金融信息化新阶段。

随着计算机信息化建设的不断发展，金融机构信息科技工作由原来的以全面管理、维护和系统研发为主，逐渐转变成以贯彻落实总行及管理机构标准规范为主导，以保障本地区网络安全稳定运行为重点的工作机制。

我国保险业信息化发展历程也大体经历了三个阶段。

（1）20 世纪 80 年代到 90 年代初是起步阶段，国内一些大型保险公司初步实现了办公系统信息化。

（2）20 世纪 90 年代中后期，随着网络技术的发展，我国保险公司加快网络的应用，基本实现保单电子化、保险业务流程信息化和网络化，所有大型保险公司开始对业务进行系统整合。

（3）2000 年以后，保险业信息化程度有了新的飞跃，这一阶段的保险业积极开展电子化建设，信息化主要成就有不断开发保险新产品，精算的效率与保险计费的科学性不断提升。

我国证券行业信息化起步较早，发展较快。证券业最早应用信息技术的是证券交易所。1990 年，上海证券交易所通过计算机进行了第一笔交易。1992 年，深圳证券交易所复合系统正式启用。十几年来，中国证券市场快速发展。目前，证券交易所的信息化的主要成就包含四个方面：交易系统的信息化、信息平台系统、通信系统和监管系统。证券公司作为证券业的主体，也是证券信息化的主体。目前，国内的所有证券公司都建立了网上交易系统，通过互联网实现了全公司互联和集中交易。在管理、决策和风险控制方面，也基本实现了信息化，包括稽核系统、财务系统和统计分析系统等。

自2013年以来，金融行业信息化进入了创新机遇期。经过了之前十余年的数据和业务的大集中建设，包括银行、保险、证券等在内的金融行业信息化正在走向一个全新的阶段。基于云计算、大数据、移动与智能设备以及社交网络等第三类平台的金融服务，正在成为新的金融业务创新及增值点。

信息化金融机构的特点

金融信息化是金融业发展趋势之一，而信息化金融机构则是金融创新的产物。目前，金融行业正处于一个由金融机构信息化向信息化金融机构转变的阶段。总的来说，相比较于传统金融机构，信息化金融机构有如下几个特点。

1. 金融服务高效、便捷

传统金融机构通过信息技术投入、硬件设施升级等基础性信息化建设，实现了工作效率的极大提升。信息化金融机构通过以互联网技术为基础的更高层次的信息化建设，对传统运营流程、服务产品进行改造或重构，更是在金融服务方面同样取得了质的提升；能够提供更加高效便捷的金融服务，成为信息化金融机构的一个显著亮点。

2. 资源整合能力日益强大

现代金融机构的业务构成复杂，信息化的建设使得金融机构能够实现业务的有效整合。通过完整的IT建设，可以使得金融机构按照一个统一的IT架构将机构内部各管理系统全部整合到一个系统管理平台，实现各系统的协同。通过信息化建设集成的统一内部管理系统，使得金融机构可以运作的空间更为广阔。

3. 金融创新产品层出不穷

金融机构的信息化建设极大地提高了金融的创新能力，各金融行业不断推出新型的金融产品。金融行业线上线下业务的创新组合，也给人们的生活带来了便利，同时拓展了金融机构自身的服务空间。

信息化金融机构的运营模式分析

互联网金融时代，信息化金融机构的运营模式相对于传统金融机构运营模式发生了很大的变化。目前，信息化金融机构的主要运营模式分为以下三类：传统金融业务的电子化模式、基于互联网的创新金融服务模式、金融电商模式。

传统金融业务的电子化模式

传统金融业务的电子化实质上也是金融电子化的过程，是指金融企业采用现代通信技术、网络技术和计算机技术，提高传统金融服务行业的工作效率，降低经营成本，实现金融业务处理的自动化、业务管理的信息化以及决策的科学化，为客户提供快捷、方便的服务，达到提升市场竞争力的目的。

以银行为例，目前传统金融业务的电子化模式按业务形态分类，可分为网上银行、手机银行、电话银行等。除银行外的其他行业主要是依托信息技术，实现业务的网络化，包括网上证券服务，网络保险等形式。传统金融业务的电子化使得金融机构处于一个对金融信息进行采集、传送、处理、显示与记录、管理和监督的综合性应用网络系统之中。具体而言，这种系统包括四个层面：一是金融自动化服务系统，二是金融管理信息系统，三是金融电子支付系统，四是金融决策支持系统。通过一个完整的系统，对金融机构的运行提供全方位的支持。传统金融业务的电子化，从根本上改变了金融机构原有的业务处理和管理体制，大大加快了资金的周转速度。同时，金融业也发展为一个全开放的、全天候的和多功能的现代化金融体系。这种体系提高了金融业的效率，降低了经营成本，也使金融机构的收入结构发生了根本性的变化。

基于互联网的创新金融服务模式

1. 直销银行为代表的银行业金融服务模式

以互联网技术为支撑的金融创新遍布整个金融行业，基于互联网的新金融服务模式在不同的金融行业有着不同的代表模式。银行业作为我国金融系统的重要组成部分，其信息化水平一直处于领先的地位。目前，基于互联网的新服务模式也率先在银行业展开，比较有代表性的是直销银行模式。目前，直销银行在国外的发展已经比较成熟，国内的直销银行模式还处于试水阶段，民生银行和北京银行最先涉足此模式。

所谓直销银行，是指业务拓展不以柜台为基础，不受时间、地域、网点等限制，主要通过电子渠道提供金融产品和服务的银行经营模式和客户开发模式。此种模式能够为客户提供简单、透明、优惠的产品，具有显著的市场竞争力和广泛的客户吸引力。直销银行的显著特点是几乎不设立实体业务网点的银行，而主要通过互联网、移动终端、电话、传真等媒介工具，实现业务中心与终端客户直接进行业务往来。直销银行是有独立法人资格的组织，其日常业务运转不依赖于物理网点，因此在经营成本费用支出方面较传统银行少很多，更具优势，能够在经营中提供比传统银行更具吸引力的利率水平和费用更加低廉的金融产品及服务。

2013 年 9 月 16 日，民生银行与阿里巴巴合作，最早把直销银行的概念引入公众的视野。然而，最先推出直销银行业务的当属北京银行，2013 年 9 月 18 日，北京银行宣布与其境外战略合作伙伴荷兰 ING 集团正式开通直销银行服务模式。然而，国内的直销银行业务才刚刚起步，其发展模式已呈现出不同特征，北京银行的直销银行模式与即将推出的民生银行直销银行模式差异较大。

从目前来看，很难明确判断哪种模式会成为我国直销银行发展的主流模式，甚至还会有其他新型直销银行模式问世。随着金融互联网化的不断深入，国内银行会积极借助互联网技术变革传统金融服务模式，通过为客户提供更好的服务体验来在激烈的市场竞争中获得优势。

2．众安在线开创互联网保险新业态

众安在线是保险业基于互联网的一次创新金融服务的尝试，定位于“服务互联网”，其产品需求来自于互联网，通过互联网的技术手段来解决保险流程问题，有望成为互联网金融渠道新的发展形态。与传统保险机构不同的是，众安在线将不设分支机构，主要从事网络安全、电子商务、网购消费者权益保护、社交网络等互联网相关的财产保险业务。众安在线除通过互联网销售既有的保险产品之外，还通过产品创新，为互联网的经营者和参与者提供一系列整体解决方案，化解和管理互联网经济的各种风险，为互联网行业的顺畅、安全、高效运行提供服务和保障。

3．余额宝模式掀起互联网基金新风潮

互联网平台对基金公司来说是一个巨大的渠道，淘宝、腾讯、京东、百度等互联网平台将给基金带来巨大的客户流量。未来的互联网公司与基金公司的合作模式很可能会各司其职，发挥各自的特长，互联网的第三方网络支付、基金销售等平台扮演的是渠道角色，而基金公司应将更多的注意力放在产品创新上，进行“产品的私人定制”，扮演内容提供商的角色。随着80、90、00后等互联网新生代逐渐成为基金客户的主流，互联网在基金公司销售渠道占比中将占据重要的比例。

短期来看，由余额宝带来的互联网基金风潮，主要是渠道和客户量的突破、基金行业规模的进展。基金借助强大的第三方互联网销售平台，终于实现了基金销售的“非银行化”。余额宝模式所引领的互联网基金的意义不止于此。互联网基金很可能在一定程度上解决了基金业面临的瓶颈问题——客户体验不佳。未来的互联网基金的突破口可能在于更多地推出低风险而拥有固定收益的产品。

金融电商模式

1．银行业涉足金融电商

就表现形式而言，目前，银行业的金融电商主要表现形式有两种：一种是以中国建设银行为代表的自建平台模式；另一种是以招商银行为代表的平台合作模式。

总体来讲，银行经营电商业务存在很大的短板，在业务中主要表现在用户的活跃度不够高，交易量也不及传统电商的冰山一角。

其主要缺陷有以下几点：第一，商业银行内控比较严格，审批流程较长，而电商是短平快的业务，要求快速反应；第二，由于长久的垄断地位所致，银行与电商相比，其服务意识更弱一些；第三，商业银行拥有传统的金融人才储备，但缺少了解电商运营的人才；此外，仓储、物流等因素也是银行电商平台建设的短板。

然而，对于银行来说，其建立电商平台还是具有一定的优势，主要有以下三点：第一，商业银行有很多对公客户，这些对公客户中有一大部分是制造企业，这就决定了银行有足够量的货源；第二，商业银行有大量的个人客户，可以作为买家，拥有大量的买家资源；第三，在金融行业中，商业银行的作用属于金融中介，电商平台的建立可以拓宽银行作为中介的内涵。

2. 证券业涉足金融电商

与银行业的电商模式类似，证券业的金融电商模式也主要分为依靠传统电商平台渠道及自建电商平台等模式：一种是目前部分券商正在做的、自己搭建的电子商务网站；另外一种是通过与淘宝、腾讯、京东等大型网络公司合作，在对方的平台上销售产品的模式；此外，资本较充足的券商甚至可以直接收购第三方电子商务公司。

相对于银行，券商面临的主要问题是客户流量有限，不具备银行那样的海量数据资源，其品牌认知度也远低于银行。对于券商来说，建立电商平台，本身就是一个争抢客户数据的行为。在券商进军电子商务领域的竞争中，一批券商已经抢得先发优势。

3. 保险业涉足金融电商

目前，各大保险公司纷纷试水电商，试图通过电商平台的建立来取得渠道瓶颈的突破。届时，平安、太平洋等保险公司陆续推出网上商城，消费者可以在其官网上购买保险产品。同时，保险公司也和电商企业积极合作，淘宝保险正是保险公司和电商企业合作的产物。

由网销逐步进入互联网保险已成为行业达成的共识，目前，保险业的运营模式主要分为两大类：

（1）综合考虑成本、控制权及相关影响等因素，大型保险公司倾向于自建网销渠道或依托官网进行互联网销售。

（2）中小型保险企业普遍选择“借力”第三方的模式。

但是总体来说，保险电子商务基本上还处于萌芽的阶段，大部分通过电子商务平台销售的保险产品的利润率较低，整体的盈利前景还不明朗。

信息化金融机构对金融业发展的作用

信息化成为企业的核心竞争力

传统金融机构的核心竞争力在于机构本身的规模优势，具体包括机构的实体网点数目、资金实力、人才优势等因素。随着进入互联网时代的步伐日益加速，以往的规模优势固然是金融机构竞争力的重要体现，然而，金融机构的核心竞争力已逐渐转移到其信息化的程度上。未来的信息化金融机构较量的更多是建立在信息化技术层面上的金融产品创新和业务创新，以及金融服务体验的完善。信息化对于金融机构来说，意味着更加灵敏的市场反应，更大限度地利用信息进而创造商业价值。同时，信息化建设能够解决企业内部信息不对称的问题，充分挖掘客户信息，并通过建立互联网平台的方式建立金融业生态圈，这对于金融机构的提升是全面性的冲击，同时也决定了未来的金融机构的核心竞争力所在。

金融服务竞争将硝烟转移

互联网时代的平台模式改变了盈利的立足点，信息化金融机构由传统的产品服务提供者转变为从产业需求与供给之间的接洽者。在互联网平台模式下，仅仅提供产品和服务已不再是金融机构对盈利能力的要求。越来越多的企业已着手变换其商业模式，想方设法从产品销售角色转而将自身打造成某种中介的角色。

对于信息化金融机构来说，需要将互联网平台开放、协同、共享的精神融入到金融机构的业务创新中，这种平台精神活化在商业活动中能够为企业带来更多创新性的机遇和更为广阔的市场。

中小金融机构“逆袭”

规模优势的金融行业与中小金融机构相比，中小金融机构更加缺乏资金和人才。但这不代表它们没有机会，开拓大型金融机构还尚未涉足的市场空白，联合拥有海量用户的互联网企业开拓新的投资渠道，推出个性化创新金融产品来满足不同客户的需求，中小金融机构就很有机会突出重围。在互联网时代，规模的竞争优势不会再像传统模式时代一样起到决定性的作用，对于金融机构来说，借助互联网传播速度与广度带来的优势往往成效更加显著，而且经常是先进入者取得绝对优势。

相对于大型金融机构来说，中小金融机构拥有创新成本优势，大型金融机构因其庞大的规模、烦琐的流程使其金融创新往往需要考虑更多复杂的因素，经历更漫长的时间，而中小金融机构更加灵活、简单，这更加有利于提升服务效率。

混业经营特质日趋明显

金融业混业经营，是指银行、证券公司、保险公司、信托公司等金融机构在业务上相互融合、渗透与交叉，它突破了分业经营业务模式的局限，借助金融创新手段不断丰富金融产品内涵，极大地提高了金融市场资金运用效率，为客户提供一站式金融服务奠定了基础。

对于信息化金融机构来说，通过混业经营可更好地实现客户资源、硬件资源和人力资源的共享及整合，同时，可以精简人员，削减物理网点，降低经营成本，提高经营效率来增强竞争力。另外，混业经营往往也意味着更为强大的资源优势和规模优势，从而带来更强的竞争优势。混业经营将使得金融机构的业务类型更为广泛，收入来源增多，市场份额扩大。随着经营业务领域的扩展，经营也能得以分散。以往单一的业务经营模式，一旦受经济波动或其他因素的影响，很难有效地分散风险，多元化的业务经营则给了金融机构更多应对的机会及规避风险的途径。

探索信息化金融机构的发展趋势

服务机构信息化趋势

基于计算机技术的信息化在互联网时代的广泛运用，营造出一个全新的不同于实体经济的虚拟经济，而未来的金融机构将会呈现出显著的虚拟化趋势。在互联网时代，对于金融机构来说，建立在物理网点、人员数量上的竞争优势远没有在传统金融中那样显得重要。网络信息技术在金融业中的应用可以实现在互联网上设立网络银行等网络金融机构，从事虚拟化的金融服务，或者传统金融机构以现有专用网络与 Internet 联网，提供服务或设立网站。虚拟化的金融机构可以利用信息技术增设虚拟分支机构或营业网点，为客户带来极大的便利，同时，也将金融机构的物理结构和建筑的重要性大大降低。

金融服务机构的虚拟化目前在国内的发展已日见成效，越来越多的用户通过线上的网上银行、手机银行加上线下的 ATM 等设施进行日常金融业务。对于金融机构本身来说，服务机构虚拟化的发展，也是在人力成本不断上涨、行业竞争日益激烈的环境下做出的明智选择。对于一般的金融机构来说，虚拟化的金融机构能够在简化工作场所、优化日常任务的同时，使金融机构能够将更多的时间用于满足客户的需求，从而提高自身的核心竞争力。对于中小金融机构来说，可以通过虚拟化来进行业务扩张。由于虚拟化建设的标准化程度更高，其成本远低于建立实体网点，中小金融机构在无力广泛建设实体网点的情况下，可以选择建设虚拟化机构来实现扩张业务。从风险控制角度来讲，内部操作人员的操作失误是金融机构的风险来源之一，虚拟化的建设使得很多需要人工操作的业务改为由精度更高的计算机系统执行，极大地降低了出错概率，从而从根本上减少操作风险。

服务对象平民化趋势

一直以来，金融机构的理财产品的门槛往往较高，一般理财产品的起步价往往在数万元以上，基本上越是门槛高的理财产品，其收益率越高，而收入水平一般的普通民众往往被银行理财产品的高门槛拒之门外，面对高收益的理财产品只有观望的份，致使此类用户最主要的投资方式就只能是通过银行存款来获取利息收入。在信息化建设不够发达的时代，线下理财服务的成本使得金融机构往往难以顾及小额理财需求。对于银行业来说，其资产主要来源于优质而低成本的储蓄存款，各大商业银行基本处于行业垄断地位，其开发新金融产品吸引小额资产的欲望并不强烈，这些因素使得金融机构的服务显得相对高端，普通民众的投资等金融需求难以得到满足。

随着我国金融业市场化程度的不断加深，金融业所面临的竞争也日益激烈。互联网时代新兴互联网金融企业的进入，更使传统金融机构感受到威胁。同时，互联网时代金融机构的信息化建设，使得金融机构推出小额理财产品的成本大幅下降，使小额理财成为可能。随着我国社会经济的不断发展，无论收入水平如何，普通居民的投资理财意识将更为强烈，银行存款的低利率已经很难引起他们的兴趣，寻求收益更高的投资方式也成为他们迫切的需求。可以说现实的激烈竞争和居民的金融需求要求金融机构服务对象平民化，而唯有互联网技术才能使得这一趋势成为现实，未来的信息化金融机构的服务将会向着更加大众化的趋势发展。

金融机构一体化趋势

中国商界流行这么一句话：“一流企业做标准，二流企业做品牌，三流企业做产品。”近几年的商业经验表明：最顶尖的企业是做平台，平台经济实质是全球化、信息化、网络化三大趋势的协同集成者。未来是有平台才能制胜的时代，对于金融机构而言，谁先建立平台，谁就能在竞争中居于有利地位，从而具有聚集各种资源的能力，在竞争中掌握主动权。从风险控制角度来看，通过平台占有的社会资源越多，抗风险的能力就越强。平台通过不断扩大参与者规模并且逐渐改进、完善平台商业模式来为参与者带来更多商业价值，最终完成平台自身的增值能力。

具体而言，对于信息化金融机构来说：

（1）金融平台能够拓宽销售覆盖渠道。以银行业为例，相对于传统商业银行服务模式，金融平台能够利用互联网化服务渠道降低银行的地域限制，依附于实体经济产业链并跟随产业链的蔓延不断向外扩展。强大的平台服务功能与价值链整合能力能够使平台金融吸引大量的合作伙伴、第三方开发者、核心企业以及供应链条上的众多中小企业聚集于平台之中，并以其高度黏性与高退出成本培养客户群体，批量开发平台客户，拓宽销售覆盖渠道。

（2）金融平台能够降低交易成本。商业银行利用网络电子商务在金融业的延伸，通过网络金融在双边市场中对核心企业以及上下游中小企业提供规模化和专业化金融产品和服务，这极大地降低了交易成本。同时，金融服务商与平台经济体相对接搭建双向选择平台，商业银行以专门的信息生产与代理改善信息不对称，降低了双方的搜寻匹配成本以及商业银行的产品营销成本。

（3）金融平台能够降低风险。民间借贷与互联网结合的 P2P 模式中存在闲置资金和投资需求的投标者，而金融平台具有严格的客户身份认证与信息保密措施、科学的风险等级划分制度以及完善的贷后管理体系，商业银行作为资金的供给方与第三方网络支付平台相互配合实时核查监控借贷资金流向与使用情况，消除资金被挪用、侵占、隐匿等风险隐患，这是将风险降低的好途径。

面对一个金融需求强烈、客户群体庞大但渠道稀缺的市场，以商业银行为主体的金融机构扩张是必然的战略选择。而同新设机构背后承担的巨大建设成本与人员管理压力相比，构建虚拟化的平台中介、整合渠道与资源、低成本拓宽销售渠道更是转型发展的新方向。

金融服务多样化趋势

互联网通过开放、分享、个性化和分布式协作改造着传统金融，互联网时代的信息化金融机构的运营模式使得金融服务的成本更低、操作更便捷，同时服务的透明度更高、个性化更强、用户体验更好。对于信息化金融机构而言，未来的竞争更多地体现在服务质量的比拼上，是否有能力针对客户的不同需求推出个性化、定制化的产品是每个金融机构必须面对的考验。

随着我国经济持续快速的发展，居民的收入水平会持续提升，金融需求更加强烈，个性化的需求也更加突出。对于金融机构来说，必须注重用户在整个服务过程中的用户体验，并通过金融创新针对性地开发出个性化金融产品。金融服务的个性化主要体现在渠道多元化以及丰富的客户体验上。对于金融机构来说，需要通过对客户细分及针对不同市场、不同时期的数据分析，差异化地满足不同的客户需求：一方面，多元化的渠道可以为客户提供更多个性化的服务；另一方面，在每一个互动的过程中，数据支持可加深对客户的了解，从而提升不同客户群体的服务体验。手机银行的推出，是金融服务个性化的一个典型例子。手机银行提供给用户自主选择的服务种类多样，不仅包括生活缴费等服务，还可以设定每日的转账额度，选择保存转账账户，提供各种投资理财方式等，都体现出十足的个性化服务，极大地丰富了用户的服务体验。

第七章

互联网金融门户：金融业的心灵窗户

认识互联网金融门户

互联网金融门户的含义

互联网金融门户是指利用互联网进行金融产品的销售以及为金融产品销售提供第三方服务的窗口。它的核心就是“搜索+比价”的模式，采用金融产品垂直比价的方式，即将各家金融机构的产品放在平台上，用户通过对比挑选合适的金融产品。互联网金融门户多元化创新发展，形成了提供高端理财投资服务和理财产品的第三方理财机构，提供保险产品咨询、比价、购买服务的保险门户网站等。这种模式不存在太多的政策风险，因为其平台既不负责金融产品的实际销售，也不承担任何不良的风险，同时资金也完全不通过中间平台。目前，在互联网金融门户领域针对信贷、理财、保险、P2P等细分行业分布有融360、好贷网、银率网、格上理财、大童网、网贷之家等。

显然，互联网金融门户最大的价值就在于它的渠道价值。互联网金融分流了银行业、信托业、保险业的客户，加剧了这些行业的竞争。随着利率市场化的逐步到来，随着互联网金融时代的快速来临，对于资金的需求方来说，只要能够在一定的时间内，在可接受的成本范围内，具体的钱是来自银行，还是P2P平台或小贷公司，或是信托基金、私募债等，已经不再那么重要。融资方到了融 360、好贷网或软交所科技金融超市时，用户甚至不需要像在京东买实物手机那样，逐一地浏览商品介绍及详细地比较参数、价格，而是更多地将其需求提出，反向进行搜索比较。因此，当融 360、好贷网、软交所科技金融超市这些互联网金融渠道发展到一定阶段，拥有一定的品牌及积累了相当大的流量，成为互联网金融界的“京东”和“淘宝”时，就成为各大金融机构、小贷、信托、基金的重要渠道，掌握了互联网金融时代的互联网入口，引领着金融产品销售的风向标。

互联网金融门户的类别

根据相关互联网金融门户平台的服务内容及服务方式不同，互联网金融门户可以分为第三方资讯平台、垂直搜索平台以及在线金融超市三大类。第三方资讯平台是专门为客户提供全面、权威的金融行业数据及行业资讯的门户网站，典型代表有网贷之家、和讯网等。

垂直搜索平台是聚焦于相关金融产品的垂直搜索门户。所谓垂直搜索是针对某一特定行业的专业化搜索，在对某类专业信息的提取、整合以及处理后反馈给客户。互联网金融垂直搜索平台通过提供信息的双向选择，从而有效地降低信息不对称程度，典型代表有融 360、好贷网、大家保及国外的 EhealthInsurance、Insurancehotline 等。

在线金融超市汇聚了大量的金融产品，它在提供在线导购及购买匹配、利用互联网进行金融产品销售的基础上，还提供与之相关的专业的第三方中介服务。该类门户在一定程度上充当了金融中介的角色，通过提供导购及中介服务，解决服务信息不对称的问题，典型代表有大童网、格上理财和 91 金融超市等。

从产业链角度来分析，第三方资讯平台在产业链中充当的是外围服务提供商角色，垂直搜索平台在产业链中充当的是媒介角色，而居于二者上游的便是在线金融超市，该类门户在产业链中充当的是代理商角色。三者均为产业链下游客户服务，而处于三者的上游企业便是金融机构。

互联网金融门户的特点

1. 搜索方便快捷，匹配快速精准

互联网金融门户打造了“搜索+比价”的金融产品在线搜索方式，即将相关的

金融机构各类产品都聚集到网站平台，客户通过对各类金融产品的价格、收益、特点等信息进行对比，自行挑选适合其自身需求的金融服务产。

具体来看，从互联网纵向分层的角度来看，互联网金融门户的重要革新主要集中在搜索层，即对海量金融产品信息进行挖掘、甄别、加工、提炼的过程和服务。互联网金融门户通过网络内容挖掘和网络结构挖掘，对各类金融产品信息等原始数据进行筛选和提炼，建立符合其经营产品类别的金融产品数据库，以便于客户对金融产品进行快速、精准的搜索比价。同时，互联网金融门户还可以通过网络深度挖掘，将客户在网络交互过程中的网络行为数据抽取出来，进行智能分析，以便于更好地了解客户的需求倾向。

2．顾客导向战略，注重用户体验

互联网金融门户的另一个核心竞争优势是，采用顾客导向型战略，即通过对市场进行细分来确定目标客户群，根据其特定需求来提供相应的服务。其宗旨是提升客户在交易过程中的用户体验程度，通过产品种类的扩充和营销手段的创新，动态地适应客户的需求。

从经济学角度分析，互联网金融门户注重用户体验的原因在于互联网金融产品和服务具有规模经济的特性。具体来看，虽然互联网金融门户额外增加一个产品或提供一次服务的边际成本较低，而且随着门户规模的扩大，其平均成本会随着产品供给的增加而不断下降，但是互联网金融门户获取规模经济的先决条件是掌握大量的客户资源。因此，顾客导向型战略可以使互联网金融门户根据客户的行为变化及信息反馈，及时了解客户实时需求，为其提供差异化的金融服务，甚至可以协助金融机构为其设计特定金融产品，更好地满足客户特定需求，从而使互联网金融门户进一步扩大市场份额，赚取更多的利润。

3．占据网络入口，凸显渠道价值

根据互联网金融的发展方向和提供服务产品的不同，互联网金融门户网站可以分为 P2P 网贷类门户网站、信贷类门户网站、保险类门户网站、理财类门户网站和综合类门户网站。国内外各类互联网金融门户网站数量众多、类别各异，提供不同的金融咨询与金融产品。

（1）P2P 网贷类门户

资讯类网站是理财人和借款人了解 P2P 网贷行业以及各家 P2P 网贷平台运营状况的窗口，也是 P2P 网贷类门户的“晴雨表”，对存在倒闭及携款跑路风险的 P2P 网贷平台起到一定的监督及风险预警作用。现阶段，我国发展较好的典型的 P2P 网贷类门户有网贷之家、网贷天眼等。伴随着 P2P 行业的快速扩张，P2P 网贷类门户日益成为了解 P2P 的第一平台。

（2）信贷类门户

对于信贷类门户而言，其模式日趋强调以垂直搜索+比价为主。因此，信贷类门户定位为信贷产品的垂直搜索平台，将传统的线下贷款流程以及信贷产品信息转移到网络，为传统信贷业务注入互联网基因。近几年来，信贷类门户虽然将线下信贷产品业务流程转移到线上，初步实现了信贷业务流程在线化，但由于信贷产品极其复杂并具有一定风险性，因此，目前国内客户购买信贷产品的方式依然以O2O 模式为主，即客户通过在线搜索信贷产品信息进行比对，然后到线下的相关金融机构进行购买，这就是所谓的 ROPO（Research Online Purchase Offline）模式，而距离线上自助式购买还有很长的一段路要走。国内信贷类门户数量较多，典型代表有好贷网、融 360、安贷客、融道网等。

伴随着信贷类门户模式和技术逐渐成熟起来，在信贷产品信息采集方面，信贷类门户通过数据采集技术以及合作渠道提供的信息建立数据库，汇聚着各类信贷产品信息，并对产品信息进行实时更新，以确保客户搜索到的产品信息真实可靠。在信贷产品搜索及匹配方面，信贷类门户设计了简明的信贷产品搜索框，包括贷款类型、贷款金额以及贷款期限等条件，便于精准定位客户的贷款需求，并根据其不同的需求进行数据分析和数据匹配。

（3）保险类门户

在保险类门户中，门户发展逐渐演化为两类。第一类聚焦于保险产品的垂直搜索平台，利用云计算等技术精准、快速地为客户提供产品信息，从而有效地解决保险市场中的信息不对称问题，其典型代表有富脑袋、大家保、EhealthInsurance以及 Insurancehotline 等。第二类定位于在线金融超市，充当的是网络保险经纪人的角色，能够为客户提供简易保险产品的在线选购、保费计算以及综合性保障方案等专业性服务，其典型代表为大童网、慧择网以及 Leaky 等。保险类门户为客户提供了一种全新的保险选购方式，并实现了保险业务流程的网络化，具体包括保险信息咨询、保险计划书设计、投保、核保、保费计算、缴费、续期缴费等。

（4）理财类门户

在理财类门户中，除传统理财门户之外，互联网巨头 P2P 等纷纷切入该行业，使得理财产品更加多样化和具体化，充分的竞争能够使得理财产品市场个性化、专业化程度更高。

国内外理财类门户不仅数目繁多，而且类别各异，既包含传统的 PC 端网站式门户，如格上理财、存折网、我爱卡、Learnvest 以及 LowerMyBills 等，又涵盖了移动端的 App 式门户，如铜板街及挖财等。这类门户可以分为垂直搜索平台和在线金融超市两大类，依托于“搜索+比价”的核心模式为客户提供货币基金、信托、私募股权基金（PE）等理财产品的投资理财服务。此外，部分理财类门户还收集了大量的费率信息，帮助客户降低日常费用开销。

（5）综合类门户

综合类门户汇聚了信贷类门户、保险类门户以及理财类门户所能提供的多种金融产品，是互联网金融门户“混业经营”的典型代表。例如，百度金融等随着模式的丰富，这类门户正逐渐成为发展的趋势。

互联网金融门户对金融业发展态势的影响

近些年来，在利率市场化、国内金融消费逐渐递增的大趋势下，越来越多的金融行业信息、金融产品以及金融服务大批涌现出来。这样，金融机构的信息处理和反馈、金融产品的销售以及金融服务的提供，都需要通过更为高效的渠道才能实现，而互联网金融门户就是其中之一。因此，互联网金融门户对金融业是一种有效的补充而非变革式的颠覆。

从短期来看，互联网金融门户对金融业发展态势的影响主要体现在提高信息对称程度以及改变用户搜索金融产品信息方式这两个方面。

从长期来看，当互联网金融门户拥有了庞大的客户资源、积累了渠道优势后，势必会对上游的金融产品供应商采取反纵向控制。

极大降低金融市场的信息不对称程度

市场信息不对称会导致道德风险与逆向选择，使低质产品逐步代替优质产品，这便是经济学中的“劣币驱逐优币”现象。现阶段，以大数据信息服务为核心的互联网金融门户，对金融业最显著的影响就是有效地降低了金融市场的信息不对称程度，有效地降低了“劣币驱逐优币”现象出现的概率。

（1）互联网金融门户通过搜索引擎对数据、信息进行组织、排序和检索，有效缓解了数据、信息超载问题。其形成的“搜索+比价”模式为客户提供了充足且精准的金融产品信息，有针对性地满足了客户的信息需求，从而减少了逆向选择的发生。

（2）P2P 网贷市场、保险市场存在管理滞后、发展模式粗犷等问题，因此互联网金融门户还起到了一定监督职能，通过企业征信以及风险预警等方式对相关企业进行实时监督，减少了道德风险的产生。

改变用户选择金融产品的方式

现阶段，国内用户选择、购买金融产品还是以向金融机构咨询及代理商推荐等线下方式为主。在这种传统搜索方式下，客户只能逐一地浏览各家金融机构网站或光顾其线下网点来比较其相关的金融产品，这样显然从搜索到购买的整套流程及时间投入上看都过于冗长，客户的搜寻比较成本较高。

随着大数据、云计算等互联网金融核心技术的发展，互联网金融门户将金融产品从线下转移到了线上，形成了“搜索+比价”的方式，让用户快速且精准地搜索和比较非标准化、风险性和复杂性较高的金融产品成为可能，使得客户足不出户就可以搜索到满足自身需求的金融产品。

这与传统的搜索方式相比，“搜索+比价”的方式无疑大幅提高了客户的搜索效率，既节省了时间，又降低了交易成本，加快了信息及资金的流通速度。

可见，互联网金融门户对金融业的另一个重要影响就是改变用户选择金融产品的方式。对此，融 360 预言二三年内在线搜索申请产品的比例有望上升到 50%以上。“先去搜一搜、比比价，会成为网民购买金融服务的一种普遍习惯”。

有望实现反纵向控制上游的金融机构

长期来看，随着利率市场化水平不断提升、资本市场不断完善，国内金融市场将会步入金融产品过剩的时代，金融领域的竞争格局也会从产品竞争逐步转向产业链竞争。届时，最稀缺的资源当属稳定的客户群体，而当互联网金融门户成长为掌握客户资源的重要渠道后，必然会拥有金融产品销售这一纵向结构的决策权以及对上游金融产品供应商（如银行、基金公司、保险公司、投资公司等）的议价能力，逐渐形成对上游供应商的反纵向控制。

目前，具备垄断属性的传统金融机构实施纵向控制的主要目的之一，就是凭借其垄断地位，通过制定高价格来维持高额的利润。但在反纵向控制中，获取了市场势力后的互联网金融门户并非如此，鉴于其需要通过吸收大量长尾客户来逐步降低边际成本，从而更好地发挥其渠道优势和成本优势。因此，作为销售渠道的互联网金融门户将会更多地采取低价策略来吸引客户。目前，全球最大的零售商沃尔玛的口号就是“天天平价”。

从经济学中静态分析的角度来看，反纵向约束的低价约束更为直接、有效。互联网金融门户通过这种方式迫使上游供应商，即传统金融机构从维持高价格获取高利润的策略，转变成通过高销量获取高利润的新策略，从而增加了消费者剩余，提高了整个社会的福利水平，真正实现了经济效益与社会效益的统一。

能够实施反纵向控制的互联网金融门户需要拥有巨大的企业规模，其核心就是尽可能占有一切客户。虽然目前互联网金融门户很难实现对金融机构的反纵向控制，但从长期来看，当其积累了庞大的客户资源、拥有了强大的渠道优势后，像零售商一样，通过反纵向控制推动互联网金融行业的发展势必也会成为一种可能。

综上所述，可以看出互联网金融门户对传统金融业的创新形成了良好的补充，促进了金融产品信息化程度的提高，给客户带来了更为丰富的金融产品以及更加便利的购买方式，提高了金融交易效率，从而加快了传统金融业适应互联网的步伐。

互联网金融门户发展的四大主要趋势

门户发展智能化趋势

互联网金融门户依托大数据技术，通过垂直搜索的方式解决了交易过程中的信息不对称问题，不仅为客户提供快速而全面的行业信息、便捷而精准的金融产品推荐服务，同时还为金融机构提供智能化的金融产品销售服务，有效地降低了金融机构的交易成本。

因此，在互联网金融生态系统中，互联网金融门户将成为集资讯、在线销售以及相关增值服务于一体的金融产品销售渠道。通过结构化的垂直搜索方式，搭建一个产业联盟平台，聚集产业链上下游企业。互联网金融门户不仅为产业链增加了技术协助，还为供需双方实现信息交流、业务对接以及利益共赢提供了良好的平台。

产品类别多样化趋势

对于垂直搜索平台而言，信息不对称是其致力于解决的首要问题，因此，平台上的产品覆盖面越广、产品数量越多，其上游企业的资源越分散，信息传递越充分，平台的价值也就越大。这也是融 360 在信贷搜索之后又上线了信用卡搜索、以记账理财为核心业务起家的手机 App 挖财于 2013 年 7 月推出基金交易服务，以及软交所科技金融超市一上线就涉及企业贷款、股权融资、政策融资、企业理财，以及新三板/IPO 五大类金融产品的重要原因。

由此可见，在经营产品类别方面，以垂直搜索平台为核心定位的互联网金融门户未来必将呈现产品多元化的发展趋势，即门户将汇聚不同种类的金融产品，从单一金融产品的垂直搜索平台转化为汇聚不同种类金融产品的综合类垂直搜索平台，如信贷类垂直搜索平台可以开展 P2P 网贷、信用卡等搜索业务；而保险类垂直搜索门户可将业务范围延伸到理财、中期信托、短期保险基金等，供用户搜索比价，从而深层次、多角度地挖掘和满足用户需求。

业务模式多元化趋势

互联网金融门户的核心是客户，而随着人民生活水平的日益提高，金融产品不断创新，在满足客户对金融产品多元化需求的同时提升用户体验，将成为保障互联金融门户核心竞争力的关键。

因此，在业务模式方面，互联网金融门户不会仅局限于当前的 B2C 模式，随着所依托的大数据、云计算等互联网金融核心技术的不断发展深化，互联网金融门户将通过对客户的搜索习惯和行为特征进行有效记录和智能分析，从而协助金融机构为客户量身设计金融产品，通过自主定制产品的方式加强客户在交易过程中的自我实现，提升用户体验，逐步形成互联网金融领域的 C2B 模式。

营销方式 App 化趋势

随着移动通信技术和手机终端设备的发展，越来越多的客户习惯于使用手机浏览和支付来进行消费的习惯。因此，结合移动互联网的发展趋势，未来互联网金融门户势必会涌现出一批像铜板街以及挖财等手机 App，便于客户随时随地进行搜索比价。通过 PC 端到移动端的全方位布局，互联网金融门户将使其产品信息的传播更加及时，业务流程更加便捷，从而更好地聚集客户资源，充分发挥其庞大的渠道优势。

第二篇　互联网金融现实篇

第八章

互联网金融风险分析及风险控制：风光背后的危机

第三方网络支付的风险分析及防范

技术风险分析

技术风险是指在支付过程中由于计算机硬件系统、软件系统、安全技术及网络运行问题导致数据完整性、保密性、客户身份认证、系统可靠性以及其他有关计算机操作系统、数据库、网络安全等方面的风险。第三方网上支付的业务及风险控制工作均是由计算机程序和软件系统完成的，因此，网上支付系统风险是重点。目前，虽然网上银行和第三方网上支付平台都设计有多层安全系统，并在不断地开发和应用具有更高安全性的技术及方案，但是从总体来说，这些安全系统还是比较薄弱的。通常，这种风险可来自计算机内部，比如系统停机、磁盘损坏等不确定因素，也会来自网络外部的黑客攻击，以及计算机病毒破坏等因素。

信用风险分析

信用风险是指交易方在到期日不能完全履行义务的风险。从交易的主体来说，主要有平台信用风险、卖方信用风险、买方信用风险三个方面。平台信用风险指第三方网络支付机构为客户提供基于网络的虚拟账户，消费者先把钱打入虚拟账户充值，然后才可以拿到虚拟货币。用户资金会在平台上形成大量的沉淀资金，出现越权调用等风险。卖方信用风险主要包括收款后是否提供产品或服务，非法经营，利用虚假身份进行交易、洗钱等风险；买方信用风险主要指购买资金来源不合法，授权他人操作的交易或持卡人否认自己操作，以及利用虚假身份进行交易、洗钱、信用卡套现等风险。

操作风险分析

操作风险是第三方网上支付相关人员如用户、银行员工或者支付过程中其他操作人员违规或者不当操作以及业务流程设计不当所带来的风险。用户操作风险指用户开户操作时产生盗取银行账号和密码，冒充用户操作，盗取用户资金，用户付款时没有明确的汇入账户造成的损失；支付平台相关风险指支付流程中流动性风险及管理风险。大量的沉淀资金滥用问题是由于权限管理不当、业务流程设计不合理、内部审计不规范等管理问题所引起的风险。

外部环境风险分析

第三方支付平台的法律地位在国内外都不明确。支付中介未能遵循法律、监管规定、规则、自律性组织制定的有关准则，以及适用于公司业务活动的行为准则而可能遭受法律制裁或监管处罚、重大财务损失或声誉损失的风险。此外，还有银行费率、汇率、利率、保证金比率变动造成的风险。

第三方网络支付风险防范举措

第三方网络支付风险不容忽视，央行对第三方网络支付的监管重点已经从准入审批的硬指标管理，逐步转向风险防控等软约束。建议在第三方网络支付风险防范问题上，采取如下措施。

1. 开展第三方网络支付平台信用评级工作

官方权威机构对第三方网络支付平台进行信用评级，将第三方网络支付平台的各项安全性指标（如服务质量、网络安全、客户利益维护等）作为评级标准，建立一个第三方网络支付平台信用评级体系，此种来自外部的压力会促使第三方网络支付平台不断进行技术改造，降低网络风险，提高服务质量。

2．推进立法，加强监管

第三方网络支付平台和 P2P 平台一样，存在着鱼龙混杂的问题。对于此问题，首先应从源头上提高第三方网络支付机构的准入门槛，借鉴国外审查和许可并行的准入机制，从注册资本金、规模、执照等方面进行严格限制。其次，加强对第三方网络支付平台沉淀资金的监管。严格执行央行出台的《支付办法》、《实施细则》和《备付金办法》，遵循“两种银行、三种账户”的存放规则，支付机构不得擅自挪用、占有、借用客户备付金，不得擅自以客户备付金为他人提供担保，严格按照风险准备金的计提比例提取风险准备金，以弥补客户备付金的特定损失。此外，应加快相关立法进程，尽快对沉淀资金的利息归属问题、风险准备金的计提比例问题、第三方网络支付的外部监管问题等做出相关规定。

3．将第三方网络支付平台纳入反洗钱、反欺诈监控范围

将第三方网络支付平台纳入反洗钱、反欺诈监控范围可以借鉴美国经验，要求第三方网络支付平台在金融监管机构进行注册，提交大额和可疑支付交易报告，并完整、妥善保存交易资料。美国将对第三方网络支付机构的监管重点放在交易过程，而非从事第三方网络支付的机构本身。美国《爱国者法案》规定，第三方网络支付平台作为货币服务机构，需要在美国财政部的金融犯罪执行网络注册，及时汇报可疑交易，保存所有的交易记录。对此，我国可以在法律制定和操作过程中进行借鉴。

4．事前审核、事中监控和事后管理

（1）推行第三方网络支付机构的牌照管理，明确第三方网络支付机构的法律身份。推行第三方网络支付机构的牌照管理是对第三方机构最有效的监管手段。《支付清算组织管理办法》（征求意见稿）提出第三方网络支付结算属于支付清算组织提供的非银行类金融业务，第三方网络支付公司是金融增值业务服务商，这样的定位符合我国现有国情。人民银行通过制定机构管理办法，明确第三方网络

支付机构的性质、注册资本最低限额、技术资质、风险管理资质等进入门槛条件，以提高市场准入标准，约束机构的行为。

（2）保障交易支付资金的安全，防范第三方网络支付的支付风险和信用风险，建立第三方网络支付保证金制度。降低第三方网络支付过程中的风险，有助于保持整个支付系统的稳定，并促进第三方网络支付市场的发展。

（3）加强对客户沉淀资金的监督和管理，建立完善的沉淀资金的监管制度，严格区分客户自己的资金和第三方网络支付公司自身的资金，要求实行银行专户存放和定向流动。适当考虑规定第三方网络支付的结算周期，规定一定的上限，以提高整个支付体系的运行效率。

（4）完善第三方网络支付机构及其网络平台的交易信用记录，并将其作为社会征信数据的一个来源。第三方网络支付机构详细记录每笔电子商务交易的情况，包括时间、金额、商品名、交易双方名称、付款方式、商品质量等，并从事后投诉系统中反馈最终交易的成功与否。通过统一各个第三方网络支付机构的交易记录标准，将其作为征信数据导入人民银行征、信用评级机构等政府、社会征信机构，不仅有助于提高征信的完整性和实用性，同时也将促进和规范第三方网络支付业务的诚信交易。

P2P 网贷的风险分析及防范

互联网金融在中国的发展形势大好。其中的 P2P 行业即网络借贷领域一直都备受关注，从最初拍拍贷的创立到之后的宜信，再到现在行业成百上千家平台公司，几乎每个月都会有不少新平台的创建，该行业的发展速度超过国内任何一个行业的发展速度。

虽然网贷市场不断地出现跑路、停业等情况，但网络借贷已经形成了一个初步的行业，并成为广大中小微企业进行融资的一个良好的渠道，同时也极大地提高了广大中小投资者在金融市场的参与程度。从某种意义上说，网络借贷是真正做到了在货币市场中用好存量，盘活闲置资金，服务实体经济，拓宽老百姓投资渠道的良好途径。

但是，P2P 网贷不乏风险重重，从以下几个方面展开分析。

国资背景平台收益率低

许多投资者在选择平台进行投资时，一定会对各大平台企业推行的贷款利率或者投资预期收益率进行比较。据不完全统计，目前市场上 P2P 平台公司有成百上千家，并且这个数字还在不断地增长，不同所有制和股东背景的平台同时在这个市场进行竞争。大部分国有企业背景的平台所推行的利率普遍偏低(低于 10%)，而许多民营企业股东背景的平台的利率相对较高（一般在 12%~18%）。这是否说明在国有企业设立的网贷公司进行融资的中小企业就能在很大程度上解决融资贵的问题呢？答案显然是否定的。

目前，大部分中小企业在国有企业平台进行融资，其承担的实际利率普遍不低于 15%，如果采取等额本息或等本等息的还款方式，那么实际利率可能会高达 30%。借款人承担着高额的融资利率，但投资人却面对低于 10%的预期收益率。这样的市场行为主要还是因为此类平台的中间渠道的环节过多，中间各类费用的叠加最终使得处于产业链末端的投资人所获取的利率普遍偏低，另外由于一直以来市场上认为有国资或者上市企业背景的平台就一定安全可靠，至少不会出现跑路或者欺诈的风险，人为地使得无风险利率降低了。

P2P 行业本应该是利率市场化程度能够充分体现的市场，应该是当前利率市场化定价制度的重要组成部分。利率价格应该充分反映市场的风险，充分体现风险的覆盖程度和对风险的偏好程度。但是当下的现实情况却是平台承担了太多的定价责任，除了扮演信息中介角色外，甚至部分平台还充当着“定价中介”。“定价中介”平台依托自身资金实力、市场资源、信息优势和信用积累主动采取市场化或非市场标准制定利率价格。由于目前大部分国内 P2P 网贷企业都采取第三方网络支付渠道来解决资金结算问题，部分平台的借款标的信息发表还采取类似于传统商业银行的理财产品的发行模式或线下签署委托理财协议等形式，这样就形成了一个庞大的资金池，且使得借贷双方信息的极其不对称。目前，P2P 行业内普遍存在资金匹配不当，时间错配的运营方式使得投资人无法把握资金的具体去向和用途。P2P 平台运营模式的类似银行化趋势使得借款人实际承担的利率与其预期收益率之间形成了巨大的差异。除此之外，引入担保或保险机制后所增加的成本和民间借贷一直存在的中介费、咨询费、过桥费等一系列收费制度都使得借款人承担着高额的融资成本，平台企业获取比商业银行息差高出几倍的收益，而投资人却获得与其风险程度不匹配的较低预期收益率。

要杜绝平台出现搞资金池、发行类似理财产品等形式的资金募集行为，对于借款收费要进行信息公开，借款项目要一一对应，借款利率以外的各项收费项目应该向物价部门进行备案，对长期高额的收费项目要进行合理的价格指导。另外，要鼓励市场的充分竞争。互联网金融的本质是金融，它与传统金融的最大区别就应该是高效的信息传播、广泛的参与程度、公平公开的信息披露、合理化的市场竞争机制。

银行资金托管作用的缺失

随着问题平台、“跑路”平台的新闻不断被媒体曝光，市场上就开始呼吁资金托管的出现。目前，已经有部分平台开始尝试与商业银行进行合作，对网贷资金进行托管，这一举措使许多人认为 P2P 向健康化又迈进了一大步。

资金托管确切地说应该称为资产托管，它是指具备一定资格的商业银行作为托管人，依据相关的法律法规，与委托人签订委托资产托管合同，保障委托人的资产安全，履行托管人相关职责的业务。传统商业银行托管业务的种类很多，包括证券投资基金托管、社保基金托管、企业年金托管、信托资产托管、QFII（合格境外机构投资者）托管、股权类托管、贵重物品托管等。由此，资金托管的功能应该定义为接受客户委托，安全保管资产，行使必要的监督责任，提高投资管理相关的专业服务。

资产托管业务应根据《中华人民共和国证券投资基金法》、《证券投资基金运作管理办法》等法律法规所赋予的职责，对所管理的投资产品做到与管理公司的资产进行严格的分离，对托管资金进行日常的清算结算、产品的会计核算、投资范围的监督、定期的信息披露，为保护中小投资者的合法利益，维护金融市场的稳定起到一定积极的作用。

资金托管仅仅是资产托管业务的一个方面，也仅是停留在资金清算结算的层面。当前的平台公司所采取的资金托管仅仅是在商业银行开立了专门的结算账户，该账户与平台企业自身的资产是否做到了有效的隔离尚未确定。在广大投资者最关心的虚假借款信息方面，商业银行也没有义务来进行一定的审核，对于虚假信息、平台跑路的风险，银行更是没有义务来承担这个责任。

对于某些平台企业宣传的商业银行资金托管的实质，也仅是企业宣传的手段，并不能看成是银行对平台企业信用的一种背书。要做到真正意义上的资产托管，相关部门需要根据现实情况，尽快出台关于网贷市场资产托管的指导意见，明确平台和托管行的责任与义务。对于资产托管的产品要严格采取与平台企业资产相隔离的措施，禁止托管资产与平台负责人、公司高管等敏感利益人群之间账户进行资金往来。同时，要对借款人信息的真实性进行一定的技术性审核，每笔借款成交后并进行资金清算前，必须对平台公司所提供的合同等证明材料进行详细审核，确认借款行为的有效性和合法性，辨别预留印鉴章的真伪性，反洗钱的审核后留档保持相关证明材料，对于未来可能出现的虚假借款人、托管资金挪用等情况要根据实际情况承担相应的责任。

职业投资人风险

债权转让又称为“债权让与”是指在不改变合同内容前提下的合同转让，债权人通过订立债权转让给第三人合同将债权的全部或部分转移给第三人。债权部分转让给第三人，第三人成为合同债权人加入到原合同关系之中，成为新的债权人，合同中的债权关系由一人变数人或由数人变更多人。新加入合同的债权人与原债权人共享债权，并共享连带债权。

债务转让实际上是有利于增加平台上借款标的的流动性，盘活借款资产，让更多的投资者参与其中的良好模式。该模式类似于在交易所进行债券买卖，将未到期兑付的债券进行转让，区别在于交易所债券买卖除了有债券面值外，还有每天交易涨跌价格。这两种价格形成了最后成交的结算金额，但该平台中的借款标的是没有日常交易价格，都按照初始借款金额和利率进行转让。但问题的关键并不是转让与否，而在于许多平台出现了职业投资人，即该投资人并不是以获取未来利息收益为目的并承担一定投资风险的普通投资人。该类投资人主要是平台内部的员工或者平台负责人，主要操作手段就是对于到期并暂时无法兑付的借款项目进行及时垫付，同时在市场上进行债务转让或者对于急需资金的借款人先进行投资，在未来一段时间通过平台官网进行债务转让。但值得注意的是，即使债务转让给其他中小投资人后，借款人的资金清算依然是先通过职业投资人的个人账户再转到中小投资人的账户中。这样，仍然难免会出现责任和义务全部汇集至某些职业投资人个人身上。这些人承担着自身都无法承担的责任风险，如果某些职业投资者出现了不可预测的情况，那么整个债务转让的过程就成了风险爆发的导火索，资金链的断裂就造成借款标的兑付的困难。由于职业投资人账户作为资金的中转站，所以长期形成了巨大的资金池。如果职业投资人出现跑路等情况，那么对于平台来说将是一个灾难性后果。

由此可见，未来 P2P 在债务转让过程中应该充分发挥资金托管和中小投资人的作用。对于债务转让，应该通过平台逐步尝试与中小投资人直接进行对接，在借款标的即将到期当天或前一个工作日发布债务转让信息，允许投资者根据自身风险偏好和需求进行投资，依托银行托管服务平台将债务受让人的资金对接至首次借款人的账户，最终做到资金清算不通过平台账户，起到安全有效的隔离保护作用。

目前，监管部门对于职业投资人在债务转让的角色普遍持否定态度，可以预料到职业投资人的运作形式仅是当前银行资金托管还不完善情况下的一个过渡措施，最终完全通过银行托管账户进行资金清算才是大势所趋。

信息披露不完善

一直以来，国家对于网贷市场的发展都采取支持和鼓励创新的态度，但是对于 P2P 企业的运营过程中所做的宣传和披露的相关信息并没有一个指导标准，这样做主要是因为在行业起步阶段需要鼓励社会创新和创业，也是逐步积累行业数据和经验的过程。但行业发展的初期既是快速增长的关键时期，也是一系列问题暴露最多的时期，特别是平台在信息披露方面不完善，对于披露信息的真实性、可靠性、完整性，整个行业并没有一个有效的约束机制和科学的评价体系。

P2P 市场本质上是民间借款的组成形式，几乎所有的借款人都是在传统金融机构无法进行低成本融资后才转到民间市寻求资金支持的。许多中小微企业在发展过程中会遇到许多问题，以及经营性风险、财务风险、政策性风险等一系列不可预知的困难。绝大部分企业在公司财务、内部控制等领域的管理非常薄弱，甚至没有企业去关注这些问题，而低耗能、高污染、低效率、重复性投资所造成的产能过剩一直是困扰着广大中小企业发展的头等大事。目前，我国经济又处在发展转型升级的关键时刻，许多中小企业既面临转型的机遇，同时又面临被淘汰的风险，所以中小企业在传统金融市场融资难、融资贵并不是没有一点合理性，至少在金融市场化的影响下，商业银行在出于自身风险管理和资本考核的情况下无法服务到广大授信风险较高的中小企业也在情理之中。正是因为传统金融模式无法服务到此类领域才会有现在 P2P 市场的发展空间，而在这个空间生存需要承担着比其他领域更高的风险，低风险高收益本身就有悖于正常的金融发展规律。

对于市场上普遍宣传的零坏账率就更加值得人们去思考与探索。坏账率这个概念最早出现在商业银行领域，现在许多平台也开始沿用这个信息。根据 2015 年第二季度银监会发布的统计信息，我国各类商业银行二季度不良贷款率为 1.08%，高于该年一季度 0.04 个百分点，其中次级类贷款率为 0.51%、可疑类贷款率为 0.43%、损失类贷款率 0.13%，都较第一季度有一定的攀升。在商业银行不良贷款率普遍上升、企业转型困难、经济增长速度放缓的大背景下，刚起步的 P2P 行业能够实现零坏账率确实很值得深思。实际上，P2P 平台统计坏账率的标准主要是基于该笔借款标的是否可以正常到期兑付作为唯一标准，主要也是考虑到维护平台声誉和知名度的原因。对于某些债务情况处理的过程和兑付的解决方式似乎都属于平台的“保密信息”，这也是因为目前行业没有一个标准的披露标准、公布的口径也不一致所致。所谓的无风险高收益、零逾期率的表述都不利于投资者对市场风险的有效把握和准确判断，更不利于全社会对该行业的真实认识。

信息公开披露应该是未来 P2P 行业发展的一个重要保障，也是互联网金融的特征之一。可见，出台统一的监管指标、合理的信息披露制度是有利于行业健康发展的。依托过去多年来在托管领域所积累的经验，监管部门应该在适当的时候出台相应的信息披露指导标准，让平台和托管行共同对信息披露的真实性、合理性担当责任。对于借款项目到期出现逾期的数量、金额，债务转让的频次，以及后续资产保全处理进度和方式要有一个合适的公布渠道。要让广大消费者清楚地看到自己投资民间借款背后的各种处理过程，充分地认识到背后的风险点，对培养合格投资者是有一定积极作用的。同时，信息披露制度也应对 P2P 平台公司在风险管理、合规管理方面有更高的要求，杜绝一切欺诈的信息和不实报道，最终营造公开透明、公平竞争的行业环境。

在中国，P2P 行业还处于发展的初级阶段，未来还有很多发展的空间和更多的改进之处。在产品创新、服务实体、合规经营、保护消费者的合法利益等诸多方面还有许多需要探索的问题，相信在不久的将来，市场的环境会发展得越来越成熟，人们对 P2P 行业的认识也会更加理性，无论是投资人、借款人还是广大互联网金融创业者都会伴随着这个行业的稳步发展而获取各自的收益。

P2P 网贷风险的防范举措

自 2007 年起，P2P 网贷这一新生互联网事物被引进中国以后，由于中国市场缺乏足以支持个人信用评级需求的产品，因此在实际操作中，投资人更加强调运营平台对借款人资信的审查。同时，中国的投资群体相对国外而言更加保守，他们往往更需要交易的对方提供关于本金和收益方面的充分保障，基于这种基本国情，又使得 P2P 网贷在本土化融合的过程中，不得不被贴上了具有中国特色的标签。但说到底，核心还是在于如何有效地防止风险的发生，以及一旦产生风险之后的对冲工具的有效应用。

由此，国内主流 P2P 运营企业都各自拥有一套对于投资者本息保障方面的机制。比如，陆金所为投资者提供担保，钱多多为每一份标的都配以充足的抵押物，雪山贷对于符合特定投资条件的用户承诺本息安全，积木盒子引入第三方担保公司等。

目前的 P2P 平台存在的风险可能主要在以下几个方面。

一是模式风险。很多线上 P2P 拿 2%的平台费，担保 100%的本金，本身模式就不可持续，显然不靠谱。

二是项目风险。很多线上P2P根本没有足够人力开发大量优质、小面额的借款项目，许多投资人的钱都集中在少数几个大的项目上，风险很大。

三是政策风险。

四是道德风险。

在风险控制方面，有利网的模式值得一提。这家平台的模式是：只在线上对接投资人，线下则和优质的小额贷款公司合作，之所以选择这个模式，也是出于风险控制的考虑。

（1）目前，中国的征信体系还远远未完善，在这种情况下，完全依靠网上信息来做审核不太现实。

（2）很多人认为P2P平台进入门槛很低，但事实上，不管是金融端还是互联网端的要求都非常高，要坚持只做自己擅长的事，所以将发掘借款人和贷后管理这一块都交给合作的小贷公司。

在项目风险控制这一块，所有合作的小额贷款机构与有利网对每个借款项目经过五重严格审核。

一是小额贷款机构针对每笔借款，进行线下实地考察，对借款人信息进行交叉验证以及真实性验证。

二是审核材料，包括对借款人银行流水、征信报告、财产证明、房产证明、工作证明等15种必备材料的审核。

三是借款人及联系人背景的详细审查。借款人需要提供3个联系人，均由小贷公司和借款人电话核实（对借款人的联系人性质也有要求，例如：若是小微业主则联系人须包括家人、公司出纳，以防止家人不知道拿去赌博等情况；如果是工薪族则需要家人和单位同事，用同事关系提高潜在违约成本）。

四是借款人还款能力评估。通过上述三项审核（尤其是第一项和第二项）还原借款人真实的月净现金流，然后通过总贷款金额/月净现金流和月净现金流/每月还款金额来确定借款人的还款能力评估。

五是通过上述四重审核后，该借款人被推荐到有利网。有利网风控团队根据自身的风控标准对借款人进行二次审核，再次确认其身份、联系人、还款能力；根据客户的身份信息检索反欺诈数据库及法院被执行人记录，并使用与世界最大的信用评分机构美国FICO联合开发的信用评分卡及决策引擎对借款人进行FICO评分，考核借款人4大类14项的信用信息（包括个人信息、征信信息、财产信息、工作信息）保证每笔借款项目都是信用等级为A的优质项目。

保证所有在有利网的项目是真实存在的，而且遵守“先有真实借款项目，再有网站额度更新”这个原则。

在政策风险这一块是有一定影响的，但是这个行业需要一定的政策监管，必须有监管的介入才能够对投资人进行更好的保护，在这一块，监管需要明确：

一是明确监管主体以及法律边界，告诉从业者什么样行为属于金融创新，什么样的行为是监管所允许的。

二是尽快设立行业准入门槛，现在很多风险的存在，其实与行业门槛较低有密切关系。现在注册资本金不受限制，不需要按照规定有相关从业人员的资质要求。

在道德风险这一块，极难控制，技术手段无法侦测，只能通过规范流程、外部监察来限制可能的道德风险。目前，只有与往来银行设立监管机制，这套机制是仿照信托和证券公司的标准来制定的，比如确保投资人的资金账户和有利网的自有账户完全隔离，所有的转账汇款都必须由银行落地核对。

其实对P2P网贷行业来讲，目前大致就是以下三种风险管控方式。

一是担保，无论是第三方担保还是企业自身做出担保。

二是为标的提供抵押物。

三是通过分散投资来达到风控目的。

在风险已经发生的情况下，通常应对最为有效的就是处置贷款抵押物，这种方式也被银行界认为是最安全的风险对冲方法。这种方法的缺点在于资产处置需要一定的时间。担保的产生，是由于资金所有者为了提高其资金的使用效率而引进的一种更加方便的对冲工具，现金即由担保机构代为违约方先垫付本息，通过风险转嫁，可以将债权迅速转化为用于再投资，理论上是可行的，但担保机构在履行义务的时间上有长短之分。有时，需向银行提供借款人的申请表、银行地址、身份证及投资人在网上投资的截图，确保公司内部的人不能转移投资人的资产等。第三方担保也并不比处置抵押物的时间快多少。因此，最为安全的做法是将两者结合，即既有抵押物，又有第三方担保，而现在国内银行界普遍都采用这种方法来发放贷款，实际操作中，由于造成的不良贷款比例比较高，而作为通过分散投资来达到风险管控的目的的方法通常在资本市场投资领域较为常用，就是俗话说的“鸡蛋不要放在一个篮子里”，但这种方法的实际应用有一个重要的前提条件，即在只产生结构性风险的情况下才适用。但它的理论缺陷是，一旦市场产生系统性风险，那么不管你放了几个篮子，最终都无法幸免。

大数据金融的风险分析及防范

大数据就如同“白雪公主的苹果”，只是看起来很美，实际上意味着巨大的风险。对于阿里这类已经在大数据服务平台操作上有了成功实践的企业，也必须关注大数据的风险，否则极有可能将到手的市场份额拱手让人。以下将从技术风险、操作性风险、法律风险三个方面对大数据金融中存在的风险进行全面的梳理与分析，并针对风险提出防范建议。

技术风险分析

尽管大数据的产生多半是因为企业发展及数据产生的种类多元化所致，但是这些快速增长的大数据所暴露出的问题还是让企业管理者们备感不安。应该如何管理这些大数据？如何进行安全有效的保护？出现问题时应怎样进行恢复？这些都是企业待解的管理难题。

一个企业的数据信息决定着企业的生死存亡。但是在今天，数据量的持续增长增加了备份和恢复的时间，企业面临着严重的合规风险和宕机风险，数据备份却越来越困难。用户的数据量越来越大，备份时间的窗口那么小，且设备是有限的，如何快速地把大数据中的核心数据抽取出来，保障对企业数据信息适时进行恢复，已成为企业管理大数据中必须考虑的问题。同时，在数据管理时如何节省空间、节省人力、节省电力也成为必须考虑的问题。回顾过去，硬盘价格都是很高的，而现在不管是传统的机械硬盘还是固态硬盘（SSD）都开始变得越发“亲民”，在价格更低的同时，容量却更高了。但是，对于很多企业来说，整体的存储成本却不降反升，这主要是由于企业数据量猛增需要大量的人力、物力维护，使得数据储存的管理成本逐年上升。

操作性风险分析

1. 信息安全风险

随着虚拟网络的迅速发展，在线交易、在线对话、在线互动越来越多，社交网络、智能终端已经是人们生活中不可或缺的一部分。数据量的激增以及社会各个领域对大数据重要性的认识提升，使数据安全问题成为我们不得不关注的重要课题。

相比于以往一次性数据泄露或者黑客攻击事件的小打小闹，现在数据一旦泄露，对整个企业可以说是一着不慎满盘皆输，不仅会导致声誉受损、造成巨大的经济损失，严重的还要承担法律责任。从数据的存储设备来说，数据的收集、存储、访问、传输都需要借助移动设备，所以大数据时代的来临也带动了移动设备的猛增。

大数据的信息安全问题也是数据的拥有者、使用者之间的不平衡，是数据的所有权和使用权之间的不平衡。大数据时代强调全社会信息资源的开放分享和开发利用，而个人信息涉及个人隐私，但又具有社会经济价值，其信息保护的边界面临调整。

所以当前的核心问题是：大数据时代的个人信息应当属于谁？谁有权利用这些数据进行分析？个人是否可以对信息开发利用的程度予以选择？这些问题的答案都将对个人信息安全保护的主体、范围及手段等产生重大影响。在大数据时代，应当建立一个不同于以往的信息保护模式，而且这种模式应当着重于数据的使用者为其行为承担相应的责任，而不是将重点放在数据最初的获得以及征求个人同意方面。未来的隐私保护应当区别用途，在保证不损害个人正当权益的前提下正当、合理地使用相关信息。

2. 数据分析风险

大数据平台的模式是依托于从前在交易中积累的海量数据进行的对用户的行为习惯、思维方式的总结与分析，进而对其可能发生的行为的一个判断。也就是说，大数据分析方法依赖于大数据“过去决定未来”特点。这一前提在大部分情况下都是成立的，但如果遇到需要突破性创新的情况就会暴露出弱点。企业通过分析用户的数据进行战略布局，金融机构通过分析数据进行风险的防范，一旦没能抓住转折点，将造成很大的经济损失。

这种情况下造成的原因不仅仅是数据依托于过去的数据分析基础，还在于数据封闭的问题。可见，大数据分析是希望通过网络中虚拟的信息将个人实体化，对每个人从职业、喜好、人脉等方面进行全方位的解读。例如：在电商平台上，对用户进行信用审核后进行贷款，这种数据审核的背后是希望通过数据了解企业的真实情况，通过了解雇用职工数目估算企业真实营业收入，了解企业的还款能力。在数据封闭的情况下，电商企业不能够接触到平台用户以外的客户群，也很难了解在平台之外用户的数据；经营社交网络的企业，如新浪、百度、腾讯等占有用户的大量非结构性数据，对于用户的交易数据了解甚少。二者的融合既是解决预测风险的最佳方法，也是大数据服务平台的发展趋势。

法律风险分析

在大数据金融服务平台中，既涉及数据的采集、处理以及应用，也涉及拥有大数据的企业跨界金融涉及金融监管的问题。在互联网相关企业，尤其是电商企业在为客户提供金融服务的过程中，积累了大量的客户个人信息，而其中所隐含的商业价值逐渐被人们发现和利用。在利益驱使下，越来越多的机构或个人采取种种手段获取他人信息，加之部分企业保护意识和保护能力不强，导致近年来对个人信息的侵权行为时有发生，已引起社会广泛关注。造成此种侵权行为的一个重要原因是，目前我国尚无一部专门的法律对个人信息数据特别是个人金融信息的收集、使用、披露等行为进行规范，立法散乱，呈零星、分散状态，不成体系，目前主要通过宪法和相关法律法规对个人信息进行间接保护。我国现行的关于个人信息安全保护的法律法规都过于原则化、抽象化，缺乏实际操作性，并存在规制范围狭窄、公民举证困难等不足。

另外，对于大数据企业跨界金融，因为政府的理念是加快金融创新、加快金融改革，所以显然表示支持，但是金融监管机构尚无明确的法律法规以及规章制度出台给予规范。而且大数据企业和金融机构由于其基因上的不同，使得二者的商业规范、运营模式都存在差异，这就要求大数据企业必须在认真学习传统金融机构的监管政策的基础上，也积极关注政府出台的新监管措施，对业务进行调整，不踩法律红线，不打法律擦边球。

大数据金融风险防范举措

1．加快立法进程，加强行业自律

目前，我国对个人信息安全保护的监管由公安部、工业和信息化部等部门管理，多头监管难免会导致监管不严或监管漏洞。对此，我们应明确监管机构与各部门之间的职责，只有权力分界清晰才能保证监管没有漏洞。从加强行业自律来看，要意识到行业自律机制是个人信息安全保护制度中不可缺少的一个环节。

2．实现数据隐私保护和数据隐私应用之间的平衡

实现用户隐私和商业应用之间的平衡，从监管主体来说，必须制定专门应用于大数据用户隐私方面的法条，体现出监管主体对其的重视性和操作的规范性。从监管客体上来说，大数据企业应用数据时，必须以保护用户隐私为基础对数据进行商业应用。

3．数据资源的整合和分工专业化

将不同的行业的数据整合起来，以提供全方位立体的数据绘图，试图从系统的角度了解并重塑用户需求。但是，由于交叉行业数据共享需要协调太多企业的

利益关系，如果没有中立的第三方机构出面，协调所有参与企业之间的关系、制定数据共性及应用的规则，将大大限制大数据的用武之地。由此可见，权威第三方中立机构的缺乏将极大制约大数据发挥出其最大的潜力。

4. 强化数据挖掘

数据挖掘是一种新的商业信息处理技术，主要特点是对大量数据进行抽取、转换、分析和模型化处理，从中提取出有助于商业决策的关键性数据。数据挖掘在风险管理和客户管理方面都有重要应用。在风险管理方面，可通过构建信用评级模型，评估贷款人或信用卡申请人的风险。

目前，银行业已逐步走向个性化服务和科学决策阶段，数据挖掘具有强大的信息处理和分析能力，可以为银行提供科学的决策依据和技术支持。

众筹平台的风险分析及防范

法律风险分析

众筹平台是一种创新性的以互联网为依托的经营模式，其崭新的运营模式为它带来广阔的前景，但也正由于它是一种崭新的经营模式，立法速度无法与之企及，导致诸多法律问题与之相伴而生。目前，这些问题主要集中在众筹平台是否涉嫌非法集资犯罪、代持股的风险、项目发起人知识产权权益易受到侵犯、是否突破《证券法》关于禁止公开发行证券的规定、监管制度缺失所引发的问题等方面。

1. 非法集资风险

在目前金融管制的大背景下，民间融资渠道显然不畅，非法集资以各种形态频繁发生，引发了较为严重的社会问题。从形式上看，众筹平台这种运营模式未获得法律上的认可，通过互联网向社会公开推介，并确实承诺在一定期限内给以回报。其中，股权制众筹平台以股权方式进行回报给出资者，奖励制众筹平台主要以物质回报的方式回报给出资者，借贷制众筹平台以资金回馈方式回报给出资者，且均公开面对社会公众。所以，单从这一条文来讲，众筹平台的运营模式与非法集资的构成要件相吻合。

但是，除了要考虑众筹平台是否符合“非法集资”的形式要件外，还要深入考察众筹平台是否符合对“非法集资”罪定性的实质要件。在《最高人民法院关于审理非法集资刑事案件具体应用法律若干问题的解释》立法目的中写道“依法惩治非法吸收公众存款、集资诈骗等非法集资犯罪活动，根据刑法有关规定，现就审理此类刑事案件具体应用法律的若干问题解释如下。”可见，该司法解释的出台是为了惩治非法吸收公众存款、集资诈骗等犯罪活动，是为了维护我国社会主义市场经济的健康发展。纵观众筹平台，其运营目的包括鼓励支持创新、发展公益事业及盈利。良性发展的众筹平台不会对我国市场经济产生负面影响，不符合非法集资犯罪的实质要件，所以不应被定性为非法集资犯罪。

2．代持股的风险

凭证式和会籍式众筹的出资者一般都在数百人乃至数千人之间。部分股权式融资平台的众筹项目以融资为目的吸收公众投资者为有限责任公司的股东，但根据《公司法》第二十四条规定“有限责任公司由五十个以下股东出资设立”，则众筹项目所吸收的公众股东人数不得超过五十人。如果超出，未注册成立的不能被注册为有限责任公司；而已经注册成立的，超出部分的出资者不能被工商部门记录在股东名册中享受股东权利。目前，在中国，绝大部分对股权式众筹项目有兴趣的出资者只愿意提供少量的闲置资金来进行投资，故将股东人数限制在五十人以内则导致无法募集足够数额款项来进行公司运作的后果。采用代持股的方式虽然在形式上不违反法律规定，但在立法精神上并不鼓励这种方式。当显名股东与隐名股东之间发生股东利益认定相关的争端时，由于显名股东是记录在股东名册上的股东，因此除非有充足的证据证明隐名股东的主张，一般会倾向于对显名股东的权益保护。所以，这种代持股的方式可能会导致广大众筹项目出资者的权益受到侵害。

3. 知识产权受到侵害的风险

这一问题主要针对奖励制众筹平台，奖励制众筹平台中上线的众筹项目发起者的主要目的在于实现其创意、出售其创意；而出资者的投资出发点在于支持创意、购买新颖的产品。但是，发布在奖励制众筹平台的众筹项目大都是还未申请专利权的半成品创意，因此不能依知识产权相关法律保护其权益。与此同时，几个月的众筹项目预热期给了盗版商充足的剽窃时间。依国内的盗版“实力”，几个月的时间盗版商完全可以仿造发布在众筹平台筹资的创新项目并达到再流通到市场，这就使众筹项目失去其最重要的创新性而流失了诸多客户。所以从保护知识产权利益的角度出发，许多众筹项目的发起者只会向公众展示其创意的部分细节而非全部细节。我国知识产权相关法律法规在创新性众筹项目方面的缺失降低了创意发布者创新积极性，也使众筹项目出资人对创新项目的支持力度大打折扣，严重阻碍了奖励制众筹行业的健康发展。

4. 存在“公开发行证券”风险

《证券法》第十条第一款提到，公开发行证券，必须符合法律、行政法规规定的条件，并依法报经国务院证券监督管理机构或者国务院授权的部门核准；未经依法核准，任何单位和个人不得公开发行证券。有下列情形之一的，为公开发行：

（1）向不特定对象发行证券的；

（2）向特定对象发行证券累计超过两百人的；

（3）法律、行政法规规定的其他发行行为。

众筹平台在募集资金过程中毫无疑问是面对不特定对象，且人数常常超过200 人，很容易触犯《证券法》关于公开发行证券的规定。奖励制众筹平台为了规避这一风险采取不以现金回馈的方式回报出资者，将投资行为演变为团购、预购行为，从而使整个众筹法律关系与《证券法》划清界限。股权制众筹平台对这一问题则是采取成立有限合伙的方式，即由众筹出资者成立有限合伙，再由合伙企业对众筹项目发起者进行投资。然而，根据《证券法》第十条第二款“非公开发行证券，不得采用广告、公开劝诱和变相公开方式”，股权式众筹平台的这种方式属于变相公开的一种形式。因此，目前，在中国的法律大环境下，股权式众筹平台的发展还是受到诸多限制。

信用风险分析

目前，我国各种模式的众筹平台既存在法律风险，也存在信用风险。这无疑是众筹行业面临的共同性问题。按照众筹法律关系的主体进行划分，可以将众筹平台面临的信用风险分为项目发起者的信用风险和众筹平台的信用风险。

1. 项目发起者的信用风险

项目发起者的信用风险主要包括两个问题：一个是众筹平台对项目发起者的资格审核不够全面引起的问题；另一个是项目发起者在募集资金成功后不能兑现其承诺的问题。

（1）众筹平台应至少对其上线项目的发起者做真实性核查，以此来保证出资人的利益和其平台自身的信用。

（2）关于项目发起者在募集成功后不能兑现承诺的问题。目前，通过众筹模式进行筹资的项目大多为创意类项目，在一定程度上相当于预售，项目支持者若看好某种创意，则通过资助的形式使其有足够的资金来将创意变为实物。但出资者和项目发起者双方没有任何实际的接触，出资者仅仅是通过在众筹平台上挂出的项目介绍决定是否对其进行资金支持。对于成功募集资金的众筹项目，众筹平台通常会一次性将款项拨付到众筹项目发起者的账户，在这之后，将不再负有对众筹项目监督的义务，后期的监督缺乏会导致权力的滥用。

2. 众筹平台的信用风险

众筹平台的信用风险主要是资金托管存在风险。在实际操作中，出资者将出资拨付到众筹平台的账户，再将资金打到成功募集的项目上，众筹平台实质上在其中担当了支付中介的角色。整个资金流转过程并没有资金托管部门，也未受到监管机构的监督。也就是说，众筹平台完全在靠着自己的信用经营着如此庞大的资金量。那么，一旦众筹平台出现信用危机，投资者的出资将难以追回。此外，从项目开始到结束的一段时间内，被托管的资金是会产生收益的，而对于资金在托管期间所产生的收益应该如何分配也尚无法律做出明确规定。诸多投资者因为以上诸多问题对众筹平台持怀疑态度。

众筹模式风险的防范举措

众筹平台是一个具有巨大发展前景的创新金融模式，但也正是由于其“新”特质，国内诸多配套的制度无法迅速跟上，因此限制了众筹行业的快速发展。“众筹”之所以仍被看成创新模式，是因为互联网时代为创业者提供了更广阔的平台向众人求助。在此，提出一些法律制度上的、信用体制上的以及实际操作层面的建议：

1. 法律制度与时俱进

（1）关于众筹所面临的非法集资问题和公开发行证券的问题在本质上都属于人数、资本、股权之间的配比问题。法律之所以严格通过人数、资本与股权之间的配比来控制非法集资问题、公司成立条件、公开发行证券等问题，一方面是为了保护出资者的权益不受侵害，另一方面也是为了防止投机性投资问题的出现。这两方面其实又是相辅相成的，任何一个方面没做好都会影响另一方面，进而影响我国经济的健康发展。在这方面，美国的做法是值得借鉴的。当“众筹”超越了美国证券史上所有的豁免条款时，一部新法——《创业企业融资法案》诞生。美国“JOBS 法案”通过这种方式来防范投机及保护出资者的利益，是一种很好的借鉴模式。我们可以部分性地取其精髓。第一，肯定众筹平台的合法性及划清其与非法集资等犯罪行为的界限是当务之急；第二，鉴于众筹模式已是一种趋势性产业，不妨借鉴美国这种不通过人数，而是通过单一资本量来控制资本总量和股权的模式。我们期待国内相关的法律法规和政策能够尽早出台，为合法合理的项目发起者、项目支持者方以及众筹平台提供政策和法律保护。

（2）知识产权保护的相关法律制度的完善。要想使众筹行业真正获得发展，必须为广大的项目发起者提供一个良好的版权环境。然而就目前情况来看，至少存在以下两方面问题：一是众筹项目的创意易被剽窃，导致其丧失新颖性；二是申请专利程序烦琐、耗费成本过人、时间过长。针对这两个问题，适当的知识产权备案制度可以起到一个有效的缓冲作用。拥有发明、实用新型或外观设计的项目发起者在公布其创意之前可先对其创新之处进行登记备案。在审查期过程中，除非有相反证据证明其非创意持有人，否则不得侵犯其知识产权。如有任何自然人、法人在此过程中剽窃其创意，项目发起者均可在专利获得审批通过后对其追求责任。这样不仅保护了众筹项目发起者的知识产权权益，还能同时保证知识产权的审批质量。

（3）针对众筹行业的监管问题。目前，缺少针对众筹平台的监管主体和监管制度。针对我国的情况，各大行业协会在我国所起的监管作用并不十分有效，多数只涉及事务性层面，且如果监管部门过多，将产生互相推诿责任的问题。所以对众筹行业的监管，应把责任确立到某个具体的部门上。这样有利于统一进行管理、收集相关数据信息资料，也能在一定程度上防止朝令夕改，便于众筹平台贯彻执行相关的具体制度。与此同时，与众筹监管相关的政策法规也应紧锣密鼓地筹划出来。在此问题上，监管部门所指定的监管法规应当给众筹平台留出相当宽度的发展空间。

2. 建立健全我国的信用体制

目前，不仅是众筹行业存在巨大的信用风险，而且我国大部分新兴金融行业都面临着信用风险问题。要想根治经济交易过程中的信用风险，一套针对自然人、法人、其他组织的健全的信用体制是必不可少的。信用体制的完善会在很大程度上提升社会整体的信用度。然而，这套制度的建立并非一蹴而就，这就对我们提出更大的考验——如何在社会整体信用体制缺失的情况下保证众筹行业的信用度朝良性发展。其中，关键在于监管机构赋予众筹平台的责任，加强众筹平台对项目发起者的审核深度，跟进融资成功项目的后续发展至众筹项目发起者对全部出资者做出承诺的回报。众筹平台的自身信用则应由监管部门进行监管管控，以防止众筹平台的操作风险。

3. 实际操作中的风险规避方法

（1）模式选择

目前，众筹模式分为股权制、募捐制、借贷制和奖励制，由于目前法律风险不明朗，实践中可以先从法律风险最小的奖励制模式入手操作，通过不断实践来把控风险。

在法学层面上，对于众筹所面临的法律问题，在法律的框架内可以从三个方面推动众筹的发展：转换募集对象的身份、利用合伙企业的方式、保持契约方式。目前，由于我国对众筹这个模式的监管尚不完善，并且国内外的法律存在较大差异，所以不能简单将外国的商业模式移植到本国，应对法律进行多角度、全方位的解读，充分利用国内法律政策。

（2）风险提示和信息披露

众筹平台有必要且有义务在门户网站上详细介绍项目的运作流程，特别是在显要位置向支持者（出资者）揭示可能存在的法律风险、信用风险和道德风险，明确各方的法律责任和义务，以及可能发生争议时的处理方式。

（3）第三方网络支付平台资金管理及分期拨款

筹款、扣除管理费、向项目发起者划款都涉及了资金，对资金进行安全、有序的管理既是第三方网络支付平台的责任，也是防范其自身法律风险的重要手段。对于众筹平台自身而言，最安全的办法莫过于不直接经手资金，而是通过第三方平台独立运作。这种方式能够更好地在项目发起者和出资者之间建立信用平台，同时也在某种程度上保障了出资者的资金安全。我国的“大家投”于 2013 年 9 月 27 日推出了一个名为“投付宝”的中间产品，对投资款进行托管。对项目感兴趣的出资者把投资款先打到由兴业银行托管的第三方账户，在公司正式注册验资的时候再拨款给公司。

（4）积极做好相关政府部门的沟通工作

尽管众筹作为一种全新的商业模式，但在与相关政府部门或监管机构进行沟通时可能存在一定的难度，但积极与主管部门沟通，取得相应的指导或进行项目备案，将大大化解在法律模糊地带摸索的法律风险。虽然众筹的某些模式与国内目前的法律法规相抵触，而且国内的互联网融资环境在信息真实、出资者保护、中介服务上都与互联网金融发展速度较快的国家存在着较大差距，但众筹模式依然可以尝试从金融创新的角度着手，允许个案试水。

（5）对民众进行金融知识的普及教育

在中国，除专业人士外，普通大众对于金融、对于投资理财都欠缺专业的知识和系统的教育。清华大学五道口金融学院的常务副院长廖理指出，“中国民众普遍缺乏金融普及教育，这也是国内金融非法集资和诈骗案频繁出现的一个非常重要的原因。”现在，中国不仅缺少普惠金融体系，也缺少普惠金融教育。因此，在提供产品信息服务的同时，附加金融知识的教育是十分有必要的，并且会有很大的发展空间。

信息化金融机构的风险分析及防范

在金融信息化的背景下，金融风险发生了一系列深刻变化，表现出不同的特征。除传统的金融风险外，还产生诸多与技术相关的风险，金融风险的来源、范围、结构、复杂性和风险程度都不同程度地发生变化。

对于信息化金融机构来说，按照风险发生的根源，可以将其所面临的金融风险主要分为系统性风险、法律风险和操作风险三大类。

信息化金融机构风险特点

随着金融信息化建设的不断推进，信息化金融机构面临的风险主要表现出以下几个特点：

一是信息化的金融服务扩大了传统金融服务的范畴，其安全性面临新的考验和挑战。引入社会第三方服务机构的发展趋势，带来了可管理性、可控性等新的问题。

二是金融数据的处理越来越集中，使技术风险也相对集中，对金融机构的安全性能提出了更高的要求。信息技术更新迅速，这会带来更多形式的安全威胁手段与途径，这就要求信息化金融机构不断采取新型的、更高强度的安全防护措施。

三是网络的跨企业、跨行业、跨国度特性使对金融机构的安全控制变得更加复杂。随着以网上银行为代表的无国界金融服务越来越普及，来自互联网上的威胁也越来越大，网络黑客攻击的危险性也越来越大。这就要求信息化金融机构建立更加完善的风险预防系统以及风险处理手段。

风险分析

1. 系统性风险

系统性风险是指一个事件在由一连串的机构和市场构成的系统中引起一系列连续损失的可能性。风险的溢出和传染是系统性风险发生时最为典型的特征，另一个重要特征就是风险和收益的不对称性。与个别风险的管理相比，对系统性风险的监管更艰难、更复杂，需要监管理念、监管方式的根本性转变。

通过信息化建设，金融机构可以通过信息技术化解一部分风险。例如：因为人工操作失误带来的风险，然而系统性风险却难以通过技术解决。信息化金融机构往往面临着海量数据的集合、机构内部资源的整合的情形，而一旦发生系统性风险，由于风险的传染性，其破坏性极大，所以信息化金融机构应尤其重视这种风险。

2. 法律风险

法律风险，是由于金融机构违反法律法规或者由于法律的滞后性、相关法律法规不健全而导致的风险。由于法律的滞后性，加之金融信息化的迅猛发展，使得金融创新的速度远远超过了金融法制建设的速度，而监管又必须依法进行，所以金融机构面临的法律风险十分严重。我国缺乏客户信息披露和隐私保护的有关法律法规，在金融机构逐渐信息化的过程中，金融消费者的合法权益被侵害的可能性加大；通过互联网提供金融业务，黑客可能利用虚假网站欺骗客户，金融机构可能承担相关责任，金融网页为增强客户服务，通常会链接到其他网站，可能会使金融机构面临连带法律风险；银行在提供电子认证服务时如果没有在合同中明确双方的权利义务，那么一旦出现损失，银行须对使用其证书的客户负责；对于由于客户出现操作失误所造成的损失应如何划分这些问题，需要有明确的法律规定，通常是客户不对非己方疏忽而导致的问题负责。

信息化业务中无疑会涉及电子货币，由于电子货币的匿名性，使交易方式难以追踪，为洗钱、逃税等活动提供了便利，电子货币具有潜在的私人发行的可能性，目前，我国还没有这方面的相关监管法律；电子化、虚拟化的金融业务模糊了国家之间的自然疆界，其业务和客户随着互联网的延伸可触及世界的任何角落，这对于传统的基于自然疆界的法律法规是莫大的挑战，关于跨境网上金融服务的交易管辖权以及法律适用性的问题尚不明确。

3. 操作风险

金融机构操作风险具有不同于信用风险和市场风险的显著特征，是其基础性风险。巴塞尔银行监管委员会对操作风险的正式定义是，操作风险是指由不完善或有问题的内部操作过程、人员、系统或外部事件而导致的直接或间接损失的风险。根据《巴塞尔新资本协议》，操作风险可以分为由人员、系统、流程和外部事件所引发的四类风险，并由此分为七种表现形式：内部欺诈，外部欺诈，聘用员工做法和工作场所安全性，客户、产品及业务做法，实物资产损坏，业务中断和系统失灵，交割及流程管理。

具体而言，对于信息化金融机构，最突出的操作风险要属信息技术风险。当前，中国金融机构的业务开展高度依赖于信息技术的应用，信息技术风险已成为金融机构操作风险的重要方面。我国许多金融机构的信息化建设正在遍地开花、如火如荼地进行，但对潜在的信息技术风险却浑然不觉。

随着金融机构信息化程度的加深，金融业对数据的依赖将越发明显，数据的完整性和安全性已经成为金融业稳定运行的关键，因灾害导致的系统停顿将会让运营付出相当大的代价，灾备中心的建设显得尤为重要。

信息化金融机构风险防范举措

在金融机构信息化过程中，更多的金融创新往往意味着更多的不可控因素，同时也意味着更多的风险点，提高对风险的识别能力、防范能力和化解能力是金融机构应对风险的主要措施。

1．规避系统性风险

（1）应该提升金融机构对系统性风险的认识，尤其要意识到系统性风险作为重点防范风险，需要独立的专业化的管理。

（2）信息化金融机构要建立适当的系统性风险管理组织体系，保持系统性风险管理的独立性和专业性。

（3）信息化金融机构要尽早进行损失数据库的建设和系统性风险量化模型的研究开发，并探索行业数据共享方式，为系统性风险管理提供良好的技术支持。

2．规避法律风险

（1）完善的法律体系可以为金融机构的良好运营和对金融机构的有效监管提供全面的法律依据。

（2）金融机构信息化业务风险的防范和化解是相互支撑、相辅相成的，风险防范做得好，可以大大减轻事后化解的难度和成本；而风险化解工作的经验教训又可以堵塞事前防范的漏洞，提升依法管理的水平。

3．规避操作风险

金融机构在面临某项业务带来的操作风险暴露时，应对策略可以分为两大类：规避或者承担。

（1）规避策略可以彻底消除该项业务的操作风险暴露，不需支付管理成本，但其代价是失去了开展该业务可能带来的盈利。规避策略适用于操作风险很大、难以衡量、缺乏管理手段的新业务，也适用于操作风险水平和业务盈利水平不匹配的业务。规避策略的关键是科学地确定规避的风险对象。

（2）金融机构并不能对所有承担下来的操作风险都采取风险降低的策略，还应该采取风险转嫁的策略。这是因为有些操作风险的性质过于复杂或者所涉及的知识领域并非该金融机构核心竞争力所在的领域，金融机构可以通过业务外包的形式将不擅长或不重要的业务或管理环节委托给外部专业机构。

第九章

互联网金融监管探索：规范互联网金融跑道

20 世纪末，随着互联网的普及和发展，互联网金融跟着时代的步伐，各种互联网应用在金融行业如雨后春笋般地涌现出来。我国紧跟世界各国发展脉搏，在互联网金融发展中取得丰硕成果（表 9-1）。世界各国都加强互联网金融方面的监管，但其模式各不相同。例如，英国的监管模式是将行业的自律和政府的监管相结合，两者相互补充，共同执行监管职能；而美国模式偏向由政府主导，州与联邦共同进行监督管理和立法规范，即政府立法与行业自律并行。对于互联网金融这个新兴领域，我国也应加强监管和防控，引导互联网金融业健康发展。

表 9-1　国内外互联网金融覆盖领域对比

类型	国外	中国
第三方网络支付	Eway（1998 年，AU）、PayPal（1998 年）、Google Wallet（2011 年）	支付宝（2004 年）
众筹融资	Kickstarter（2009 年）	点名时间（2011 年）
P2P	Zopa（2005 年，UK）、Prosper（2006 年）、Lending Club（2006 年）	宜信（2006 年）、拍拍贷（2007 年）
网络银行	SFNB（1994 年）	
信用卡服务	Credit.com（1996 年）	
互联网基金	PayPal MMF（1999 年)	余额宝（2013 年）
互联网保险	InsWeb（1995 年）	众安在线（2013 年）
互联网证券	E*Trade（1991 年）	国泰君安支付（2013 年）

世界互联网金融监管探索

美国互联网金融监管

最初，PayPal 是在美国加州成立的一家非银行第三方网络支付公司。目前，PayPal 不仅能够在美国地区进行支付，还能在全球 100 多个地区进行支付，而且在有些地区，PayPal 已经被明确视为银行，而不是单纯的第三方网络支付公司。

1. 在消费者保护方面

2006 年，美国 28 个州的检察官曾对 PayPal 发起诉讼，要求 PayPal 对消费者澄清：消费网络购物时，是否享受与信用卡消费一样享受《监管指令 Z》的保护？PayPal 才不得不明确表示，因为自己不是信用卡机构，所以，不会承诺与《监管指令 Z》完全一致的条款，但会明确揭示自己版本的消费者权利和纠纷解决机制条款。但与此同时，PayPal 明确承诺完全遵守《监管指令 E》的要求，特别是对未经授权交易损失，PayPal 承诺客户最高只承担 50 美元。

2. 在消费者的隐私保护方面

虽然《格莱姆-利奇-比利法案》主要是针对金融机构的要求，但 PayPal 主动承诺遵守该法案的条款。

3. 在存款保险方面

PayPal 一直在主动征询 FDIC 的看法，最终在 2012 年 2 月得到了 FDIC 的回复：PayPal 受客户委托代理客户存入经 FDIC 认可的无息账户（FBO Account）中的资金，可以获得 FDIC 的存款保险；但是，PayPal 本身不是银行，不能享受存款保险，因此，当 PayPal 倒闭时，滞留在其他环节中的资金并不享受存款保险。

4. 在反洗钱方面

在 PayPal 发展之初，只需要提供一个电子邮件地址就可成为其会员，在用户看来，过程非常简便。但到了 2003 年，PayPal 因在处理非法离岸赌博业务时，被控掩盖非法货币转移、触犯了《美国爱国者法案》，最后不得不花费了 1000 万美元来进行诉讼和解。此后，PayPal 为满足反洗钱要求，管理变得更加严格。比如，在客户身份确认方面，除电子邮件地址外，还要求提供信用卡或贷记卡或银行账户的信息；在对可疑交易的处理方面，PayPal 会对发现的可以交易账户进行冻结，除非客户能够逐项说明资金的来龙去脉，否则，甚至会关闭账户；同时，PayPal 还明确规定，信托机构不能持有 PayPal 账户。此外，PayPal 还明确提醒，不要与他人共享账户，不要代替他人转账，以免造成不必要的麻烦。

尽管上述规定给客户造成诸多不便，引起客户抱怨，甚至离开，但为了满足监管要求，PayPal 仍不得不严格加以执行。

以上内容主要是作为“第三方网络支付机构”必须遵守的监管规则。但主要问题是，PayPal 是否只是一家“第三方网络支付机构”而不是“银行”呢？如果是“银行”的话，则要接受《联邦银行法》（Federal Banking Laws）所要求的在资本充足率、法定存款准备金率、存款保险、公司治理等方面的更多且更严格的监管。

2012 年 3 月，应 PayPal 的主动征询，FDIC 曾明确表示：PayPal 不是银行。这一度让很不情愿接受像银行一样严格监管的 PayPal 颇感欣慰，因为 PayPal 不仅在经营银行方面的经验严重不足，更重要的是，被作为银行监管之后的运作成本要高得多。但 FDIC 明确表示，认定 PayPal 不是银行的主要理由是 PayPal“没有取得银行牌照”。FDIC 还进一步澄清：其观点对州监管者没有约束力，州监管者仍可能将 PayPal 视为一家未经许可的银行。显然，FDIC 只是简单地根据 PayPal 是否获得了“银行”的许可来进行认定的，而不是根据其业务实质认定的。

巧的是，纽约州和加州正是从 PayPal 所进行的业务性质的角度，怀疑 PayPal 在非法从事银行业务。2002 年 6 月，纽约州金融服务局叫停了 PayPal 在该州的业务，因为认定 PayPal 在该州非法从事银行业务：消费者需在 PayPal 先充入一笔资金，然后才能进行网上购物支付，这些来自普通公众充入备用的资金，本质上属于“存款”，此类业务除非事先取得存款性金融机构牌照，否则不得擅自开展。

为了满足纽约州的监管要求，PayPal 大致提出了五种开展业务的替代方案：第一种，买家直接将资金放入卖家可以进入的物理账户或虚贷记卡账户；第二种，由富国银行代替 PayPal 进行电子转账，将资金划入卖家在其他银行的账户；第三种，通过富国银行以支票支付；第四种，将汇集到的客户资金，以客户名义购买货币基金份额，收益归客户，这些资金不属于 PayPal 因而也不会体现在 PayPal 自己的账户上；第五种，以委托方式，将客户资金存入无息 FBO 账户，以此表明 PayPal 本身并未从这些滞留资金中为自己牟利。

在前三种方案中，资金都没有在 PayPal 账户中沉淀，因此，纽约州金融服务局表示认可。但若按照第四种和第五种方案，因资金仍然在 PayPal 账户中发生沉淀，在按照监管要求对业务模式进行艰难的调整之后，PayPal 一直拖到 2013 年 10 月才在纽约州取得支付牌照。

综上所述可以看到，尽管美国并没有轰轰烈烈地专门针对互联网金融立新规，但得益于习惯的传统，其实早已将业态纷呈的各类互联网金融置于能够适用的监管规则之下。这可能是“互联网金融”在美国并未能够成为热潮的重要原因之一。

美国拥有世界上最丰富的互联网金融版图：第三方网络支付、众筹融资、信用卡服务、理财社区、网上交易所、个人理财、小额信贷和 P2P 网贷等服务类型，运营形态各异，发展前景被普遍看好。

在监管方面，美国将互联网金融纳入现有金融体系中进行监管，并根据不断出现的新兴金融形式调整政策和法规，扩充金融法律体系。

1. 及时布局互联网金融监管

2012 年，美国政府通过 JOBS 法案，允许小企业通过众筹融资获得股权资本，以法律形式承认并支持了众筹模式的发展。及时布局互联网金融监管，有利于规范行业发展，从政策层面支持互联网金融创新，并且在一定程度上降低了政策推行的难度。

2. 完备的征信体系

美国拥有全球最完备的征信体系，与英国全市场化运作的征信体系不同，美国的信息架构是基于政府的大力支持之下，借力互联网技术在美国的迅猛发展而实现的。客观而言，政府主导的征信体系构建在信息筛选、信息共享方面具有更大的优势，具有更小的违约风险。这一点确实领先于世界各国。

3. 注重消费者权益的保护

2012 年 7 月，美国签署了《金融监管改革法案》，按新法案的设想，所有针对金融消费者的保护性措施都将由一家新成立的、独立的消费金融保护机构（CFPA）来执行。该机构的宗旨是保护消费者和投资者不受金融系统中不公平和欺诈行为损害。可见，美国消费者权益得到了最高的保护。

欧洲互联网金融监管

欧洲发达国家和地区已经开始加强和完善对互联网金融的监管，主要通过补充新的监管法律法规，使得原有的金融监管规则适应互联网金融迅速发展的需要，但总体对互联网金融发展采取谨慎宽松的监管态度。欧洲中央银行要求各成员国国内的监管机构对网络银行采取一致性监管原则，并负责监督统一标准的实施，坚持适度审慎和保护消费者原则，重点监管银行间跨界交易、网络安全问题、服务技术能力、信誉和法律风险，旨在为欧洲金融提供一个清晰、透明的法律环境。

1. 审慎战略

欧盟对网络银行监管有主要两个目标：一是提供一个清晰、透明的法律环境，二是坚持适度审慎和保护消费者的原则。以德国为例，德国在网络银行监管上主要依赖于其既有的法律对网络银行业务予以监督，同时实行适合网络银行业务的特别奉献的审慎监管战略。这种战略系统阐述了“从事网络银行业务活动的最低要求”：一方面，网络银行业的审慎标准应当列出信息技术安全战略所要达到的基本要求，如要求银行解释其网络银行业务战略的基本特征，包括确认各个相关风险成分，分析每个部分风险并将分析结果作为制定工作指导的基础依据，要求银行说明客户教育培训水平，以及对其外包战略提出详尽的理由等；另一方面，除了上述一般的安全战略外，信息技术本身及其发展也应受到审查，包括对网络结构、操作系统、网络银行业务系统和整个系统的衔接测试与生产系统的隔离，防火墙的有效性以及外部袭击的反应系统等方面的检查。

2. 联合监管

欧洲银行监督机构认为，对网络银行的监管，仅靠国家层面的监督是不够的，还需要国际社会加强监督合作，才能达到理想效果。为此，欧洲中央银行要求其成员国采取一致性的监管原则，欧盟各国国内的监管机构负责监督统一标准的实施。欧盟要求其成员国在网络银行监管上坚持一致性，承担认可电子交易合同的义务，并将建立在“注册国和业务发生国”基础上的监管规则替换为“起始国”规则，以加强监管合作，提高监管效率，适时监控网络银行产生的新风险。按此要求对网络银行的监管主要集中在以下几方面：一是区域问题，包括银行间的合并与联合、跨境交易活动等；二是安全问题，包括错误操作和数据处理产生的风险、网络被攻击等；三是服务技术能力；四是随着业务数量和范围的扩大而增加的信誉和法律风险，包括不同的法律体系可能造成的风险。

英国互联网金融监管

英国互联网金融起步早，发展快，在本国融资市场所占份额也高。2005 年，英国出现了全球首家 P2P 网络小额贷款公司——Zopa。英国开放数据研究所报告称，英国人人贷市场在过去 3 年里其规模增长了 2 倍，累计达 5.5 亿英镑，2016 年市场规模有望突破 10 亿英镑。

英国监管模式的核心是：行业先行，监管后行。行业自律与政府监管共同作用，相互补充。

首先，英国的行业自律性强。行业协会监管在很大程度上代替了政府监管。在 P2P 发展壮大后，英国迅速成立了全球第一个 P2P 行业协会，随后又成立了众筹协会，这些协会制定行业规则，对行业的发展起到了很好的引导和规范作用。

其次，英国的监管架构也具有很大的特色：只设金融监管局（FSA）负责所有金融监管。这与前面提到的行业自律性强有关。简单的监管架构有助于提高监管效率，减少政策下达的滞后性。

并且，英国社会的征信体系齐备。信用是金融发展的核心，互联网金融对信用的要求更高。目前，英国征信体系以三家公司为主体架构，完全市场化运作，其数据系统庞大、可靠、专业。互联网金融公司通过较小成本即可购买客户信用信息。

客观地看，英国互联网金融的监管机构经验还不是特别丰富。英国在互联网金融领域的监管是“摸着石头过河”，虽然 FSA 已宣布对其监管，并且向市场放出规范 P2P 和众筹融资平台发展的信号，但这个在 2014 年才正式发挥作用的机构，其监管能力待考，发挥成效仍需时日。

中国互联网金融监管探索

以上是“睁开眼睛看世界”的过程，对观察和反省目前国内对互联网金融的监管，至少具有以下几个方面的启发意义。

1. 从监管者的角度，应坚持“相信市场但不盲从”的理念

从一定意义上说，市场机制能够对抑制风险起到一定作用。比如，消费者的选择会淘汰信息安全不稳健的机构；新产品、新业态的出现会不断迫使现有机构不断改善和更新产品和服务。但是，市场机构能够“起决定性作用”的前提是，需要监管者更好地发挥作用。比如，为了让市场能够有效惩戒安全机制不到位的主体，除采取监管处罚外，作为日常的例行要求，美国许多州政府已要求第三方网络支付机构必须定期披露安全情况报告。

在我国，虽然根据媒体报道，不少互联网金融企业都曾出现过程度不同的数据泄露，但从来没有一份完整的报告对此加以梳理和披露。这显然不利于优胜劣汰，也不利于在互联网金融快速发展的情况下，督促互联网企业加强自我约束。

2．始终把消费者保护放在首要位置

美国对第三方网络支付机构的八大方面的监管要求中，其中有六大方面都是直接指向保护消费者权益的。即便监管者关于PayPal是属于“银行”还是“支付机构”的争议，其本质上也属于消费者权益保护的范畴。而一切消费者权益保护的根本出发点，首先是充分、有效、动态的信息披露，使得消费者能够有进行选择的信息基础。在我国的目前监管规范中，恰恰对这方面的认识和关注是严重不足的。比如，在互联网金融理财产品火热发展形势下，契约关系的含糊、宣传中为噱头而混淆视听、消费者对各种“形相似、实很远”的“宝”的认识混淆，已显得极为突出。

应从“业务实质”而非“称谓”进行监管。虽然PayPal一直宣称自己只是第三方网络支付机构，不是银行，但美国纽约州却从PayPal所从事业务的本质入手，要求其要么遵照对“银行”的监管要求，要么改变业务模式退回到真正的“支付机构”。我国的互联网金融企业之所以格外引人关注，在相当大的程度上是因其利用有限的“支付牌照”，却实际上不断扩大业务范围、在各种金融领域如入无人之境。在做了与“银行”一样的事情时，却根本不用接受像“银行”一样的监管。

3．倡导对监管规则的了解，应成为互联网金融从业者的常识

直到现在，虽然美国监管者貌似对监管立法保持了“沉默”，但由监管者和从业者共同组成的“移动支付产业工作组”却一直在跟踪行业发展，并倡导一项基本原则：“对现有监管政策的了解应当成为业内常识。”我国的某些互联网金融从业者一直自负地认为他们比“内行”更懂金融。在技术上，可能是；但在对监管政策的理解上，显示出来的情况似乎是聊胜于无。

中国互联网金融业的发展几乎与世界同步，迫切需要借鉴他国经验，使鼓励创新与风险防范相结合，探索出适用于中国国情的监管模式，对此有如下建议：

在监管方向上，可以借鉴美国模式，尽快完善互联网金融风险防范的法律法规，明确市场准入、资金流动与退出方面的规则，建立统一标准的互联网金融交易监管体系。完善对消费者隐私保护、电子合同的合法性以及交易证据确认等方面的规定，最终营造权责分明、法理明确的互联网金融市场。同时，适当修正现有法律，完成对互联网金融监管特殊性的补充。

打破分业监管模式，加强监管当局的合作交流。当前，中国已经逐步从分业经营走向混业经营，互联网金融的出现更是将金融的业务边界进一步模糊化。如果采用分业监管的监管方式，难免会出现监管重复和监管缺失；而且各部门间信息沟通不畅，信息传递延时，政策之间具有冲突性等问题也将影响到监管效果。

注重保护消费者利益。美国和英国都有非常严格的消费者保护法。消费者在权益的分配方面处于弱势地位，是互联网金融的主要风险承受载体。金融发展最终应当服务于实体经济，服务于社会发展。因此，监管当局应重视消费者权益保护，维持金融市场的信心。

应从全社会层面加快推进征信体系建设，为互联网金融的信息核准提供技术支持。互联网金融依托互联网，既受益于大数据的信息容量，又有信息核准的技术限制。因此，应从全社会层面加快征信体系建设，增强互联网金融的信息透明度，减少风险。

立足中国实际，走有中国特色的监管道路。中国互联网金融发展的灵感来源于国际经验，但在长期发展中已经呈现出自有的特点。因此，对于中国式的互联网金融，要具体问题具体分析。

国外第三方网络支付风险监管及借鉴

第三方网络支付公司至少需受以下八个方面的监管。

1．注册

美国绝大部分州都有《货币服务法案》，主要用来规范非存款性的货币服务机构。根据该法律，第三方网络支付归各州监管，且绝大部分州都要求先取得牌照才能开展业务。否则，可能会被叫停。在这一点上，我国要借鉴美国经验，要设立注册资金，申请牌照后方能开展业务，我国在这一方面已经实施且进展有序。

2．电子转账规则

此类规则主要由《电子转账法案》和《监管指令 E》组成，主要适用于需从消费者账户（贷记卡或信用卡）进行支付时，此类规则要求事前明确揭示消费者的权利和义务、争议解决机制等。特别是对于未经授权的交易，必须明确消费者需承担的最大损失。美国在商业银行信用卡交易中一般遵循如下规则：如果消费者在 2 天内报告，则承担最高 50 美元的损失；若超过 2 天，则需要承担最高 500 美元的损失。我国还没有实施这类规则，有必要借鉴美国，从根本上保护消费者的权益。

3．消费信用规则

此类规则主要由《诚实借贷法案》和《监管指令 Z》组成，主要覆盖消费者信用支付类的业务。此类法规要求债权人明确揭示信贷成本、争议解决机制等。

4．账单信息规则

此类规则主要由《诚实账单规则》形成，主要覆盖无线运营商，要求其提供准确、清晰、详尽的计费账单。

5．公平贸易规则

此类规则分别由《反不公平、欺诈和滥用法案》（对金融机构）和《公平贸易法案》（对非金融机构）组成，适用于所有的第三方网络支付行为。其中需要特别说明的是，对于不涉及外包的非金融类机构造成的消费者数据泄露，会被联邦通信委员会作为不公平贸易行为进行处罚。但是，如果第三方机构是作为金融机构的外包机构，那么，对其数据安全性要求将适用于对金融机构的数据安全要求规则，即下文将述及的《格莱姆-利奇-比利法案》。为鼓励第三方网络支付机构加强数据的安全性管理，发挥市场优胜劣汰机制，自 2005 年开始到 2007 年，美国已有 34 个州颁布了法律，要求这些机构定期公开披露数据泄露情况。在这方面，我国比较欠缺，应该借鉴美国，制定相关法规，对反欺诈等行为进行有效监管，确保消费者的利益不受损害。

6．消费者隐私保护规则

美国出台的该类规则主要由《格莱姆-利奇-比利法案》的隐私和数据安全条款组成，覆盖对象为金融机构。该法案要求，金融机构在与消费者订立合同时和每年都应揭示对消费者的隐私保护规则，并允许消费者根据不同信息类型自主选择私人信息的分享范围；同时，该法案还对涉及消费者的信息安全提出了明确指引和要求。在这方面，我国也比较欠缺，现在存在大量的客户信息泄露，网络诈骗层出不穷，给消费者带来极大的损失，应该出台消费者隐私保护法规等。

7．存款保险规则

该类规则由《联邦存款保险法案》（适用于商业银行）和《全国信贷联盟份额保险法案》（适用于信贷联盟）组成，其覆盖的对象为商业银行一定限额以内的“存款”和联邦存款保险公司（FDIC）与全国信贷联盟监理署（NCUA）共同认定的“份额账户”。目前，中国互联网金融机构不属于存款性金融机构范畴，而存入其账户的资金便是沉淀资金，其产生的利息收入属于互联网金融机构，这一点还没有归入监管范畴。客观上讲这一点应该纳入监管范围。

8．反洗钱

美国是一个高度重视反洗钱的国家，自在 1970 年通过《银行保密法案》对金融机构的客户保密义务进行限制以来，先后颁布过八部反洗钱法案，而 2001 年的《美国爱国者法案》更是成为了最新的集反洗钱之大成的百科全书。由于美国认为洗钱附属于贩毒、逃税、腐败、恐怖活动和其他犯罪活动，并为之提供了支持，因此，机构如果对反洗钱法规执行不到位，轻则罚款，重则可能会被吊销营业执照、没收与行为相关的财产。

我国在反洗钱方面起步较晚，做得还不够完善。我国的反洗钱工作开始于

2001年。2001年9月，中国人民银行成立了反洗钱工作领导小组；2002年9月，《大额可疑支付交易报告管理办法》和《金融机构大额和可疑外汇资金交易报告管理办法》（简称“一规定两办法”）。2003年10月，中国人民银行设立反洗钱局，负责组织协调国家反洗钱工作、指导和部署金融业反洗钱工作。2004年7月，中国人民银行成立中国反洗钱监测分析中心，负责反洗钱资金监测。至此，由公安部、中国人民银行、国家外汇管理局、商业性金融机构构成的一套反洗钱组织体系初步形成。2006年10月31日，全国人大通过了《中华人民共和国反洗钱法》，于2007年1月1日起施行。中国反洗钱工作目前也面临着严峻的挑战。洗钱犯罪案件不断上升，采用的伪装也越来越多样化。中国人民银行发布的《2006年中国反洗钱报告》的统计显示，央行及其分支机构在2006年协助警方成功侦破100余起洗钱案件，涉案金额高达人民币400多亿元。在2005年，共破获50起洗钱案件，涉案金额达人民币100多亿元。

具体来说，反洗钱的要求至少包括：对客户进行身份识别；基于“了解你的客户”，对大额交易提交可疑交易报告；保存交易记录五年；制订书面合规计划，至少包括反洗钱的内控程序、对员工就反洗钱开展持续培训的制度安排、合规官的任命和对其他工作人员进行指导、建立外部审计程序等。

P2P网贷风险监管

1. 英国P2P行业现状及监管：静态指标与动态指标相结合确定资本金

P2P借贷，俗称“人人贷”，最早起源于英国。2005年3月，Zopa在英国伦敦建立，成为世界上第一家网上借贷平台。发展至今，英国已有40多家网贷平台，行业集中度较高，前四家平台（Zopa、Funding Circle、RateSetter、MarketInvoice）的交易额占据市场份额的80%以上。

2011年8月，由Zopa、Funding Circle和RateSetter三家网贷平台联合组建成立了P2P金融协会（P2PFA）。目前，该协会有成员9家（囊括了前5家最大的网贷平台），占据了超过90%的英国替代性金融服务市场（包括P2P、P2B、票据融资）。

2013 年 10 月，英国金融行为监管局（FCA）发布了《关于众筹平台和其他相似活动的规范行为征求意见报告》，详细介绍了拟对“网络众筹”的监管办法。综合反馈意见后，FCA 在 2014 年 3 月 6 日发布了《关于网络众筹和通过其他方式发行不易变现证券的监管规则》（以下简称《监管规则》），并于 2014 年 4 月 1 日起正式施行。《监管规则》认为需要纳入监管的众筹分为两类，即网络借贷型众筹和股权投资型众筹，并制定了不同的监管标准，从事以上两类业务的公司需要取得 FCA 的授权；捐赠类众筹、预付或产品类众筹不在监管范围内，不需 FCA 授权。

《监管规则》根据静态最低资本和动态最低资本的最高者确定最低资本金。其中，静态最低资本在 2017 年 4 月 1 日前为 2 万英镑，在 2017 年 4 月 1 日后为 5 万英镑；动态最低资本基于平台的借贷总资金采用阶梯形算法来确定，具体标准见表 9-2。

表 9-2 平台借贷总资金对应资本金阶梯比例

平台借贷总资金	资本金比例
5000 万英镑以下部分	0.20%
5000 万英镑~2.5 亿英镑部分	0.15%
2.5 亿英镑~5 亿英镑部分	0.10%
5 亿英镑以上部分	0.05%

例如，平台的借贷总资金为 3.5 亿英镑，则动态最低资本要求为 50 万英镑（5000 万×0.20% + 2 亿×0.15%+1 亿×0.10%）。因动态最低资本要求（50 万英镑）高于静态最低资本要求（目前为 2 万英镑），故而平台的最低资本为 50 万英镑。

其中，被 FCA 完全授权的公司在 2017 年 3 月 31 日前都可以实行过渡安排，同时提醒在公平交易局（OFT）监管下的借贷型众筹平台不必实行审慎标准直到被 FCA 完全授权。

2. 美国 P2P 行业现状及监管：SEC 400 万美元注册资金要求

2006 年 2 月，Prosper 在旧金山成立，成为美国第一家网贷平台。继 Prosper 之后，Lending Club 于 2007 年成立，并逐渐超越 Prosper 发展为美国最大的网贷平台。目前，美国 P2P 行业基本处于双寡头垄断格局，由 Lending Club 和 Prosper

主导，两家平台的交易额占据市场份额的80%以上。截至2014年9月底，Lending Club总贷款发行超过62亿美元，Prosper的总贷款发行也超过了20亿美元。

美国P2P行业缺乏明确的主管部门，目前为多部门分头监管、州与联邦共同管理，证券与交易委员会（SEC）、消费者金融保护局（CFPB）、联邦贸易委员会（FTC）都会参与到其中。值得注意的是，美国要求P2P公司在SEC登记注册，是将P2P借贷平台定性为债券交易商，而不是信息中介。这与我国对P2P公司的定性大为不同，2014年9月底，在银监会创新监管部主任王岩岫对P2P行业监管提出的“10条思路”中，明确了“P2P机构不是信用中介，也不是交易平台，而是信息中介，P2P网贷平台是为借贷双方的小额借贷提供信息服务的机构”，也就是说，我国对P2P公司的定性为“信息中介”，而不是“债券交易商”。

3. 对比总结

从英国和美国对P2P网贷的定性上，可以清楚地看到：我国对P2P网贷的定性与英国接近，都定性为信息中介，而不像美国那样定性为债券交易商。此外，我国P2P行业十分活跃，具有上千家的网贷平台，有效地弥补了传统金融领域的不足，对于支持个人和小微企业发展、解决“融资难”问题有着重要作用。因此，我国对P2P行业的监管也更可能效仿英国式的“自由发展、适当规范”，而不是美国式的“一棒子打死”。

因此，在作为行业门槛之一的注册资金要求设置上，我国也更可能效仿英国式的静态指标和动态指标相结合的方式。第一，设置较低的静态指标，如1000万元的注册资金，以保持行业具有足够的活力；第二，根据平台的累计待还金额采用阶梯形算法来确定动态指标，以保证平台的风险承受能力在可控范围之内；第三，根据静态指标与动态指标的最高值来确定最低注册资金。

4. 中国式监管

鉴于我国P2P行业的现状以及监管部门对P2P网贷的定性都与英国较为接近，我国对P2P行业的监管更可能效仿英国式的“自由发展、适当规范”，而不是美国式的“一棒子打死”，因此，在作为行业门槛之一的注册资金要求设置上，我国也更可能效仿英国式的静态指标和动态指标相结合的方式，既保证行业具有足够活力，也确保风险在可控范围之内。

不过，尽管P2P网贷在我国发展迅猛，但目前该行业仍处于“无门槛、无标准、无监管”的三无状态，行业集中度低，鱼龙混杂。

行业监管尚未到位，且缺乏统一的自律组织。尽管当前存在着中国互联网金融行业协会、广东互联网金融协会、深圳互联网金融协会、小额信贷联盟等行业自律协会，但都是割据一方、各自为政，公信力不足。在监管方面，有消息称：“央行负责第三方网络支付和互联网金融协会监管；银监会负责P2P行业的监管；证监会负责众筹的监管”，P2P行业划归银监会监管已是毋庸置疑，但监管政策仍在制定之中，尚存变数。国内P2P行业现状如图9-1所示。

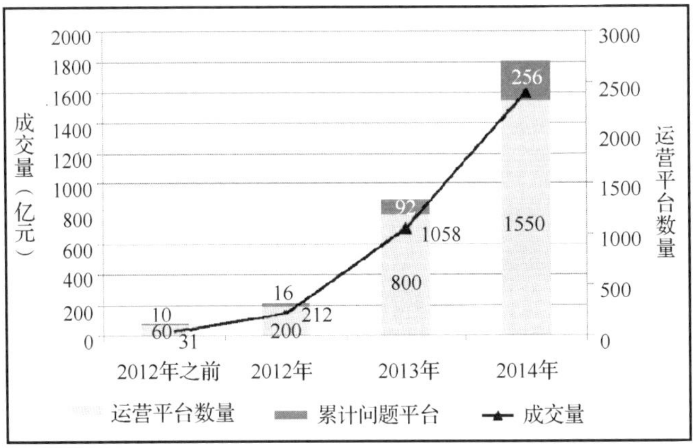

图9-1 国内P2P行业现状

数据来源：网贷之家（2014年数据为网贷之家预测数据）

银监会创新监管部表示，P2P将设立行业门槛：一是资金门槛，要有注册资金要求，且一定要是实缴资金；二是强调从业人员的背景，对有金融工作经历背景的、互联网工作背景的专业人才有明确的要求。《关于促进互联网金融健康发展的指导意见》已于2015年7月18日发表，并对P2P网贷的注册资金门槛设定在1000万～5000万元之间。

根据网贷之家数据整理，如图 9-2 所示，在 594 家样本企业中，注册资金在 1000 万元以上的有 464 家，3000 万以上的有 142 家，5000 万元以上的有 109 家。尽管无法收集到全国 1474 家网贷平台的注册资金数据，但这 594 家 P2P 企业几乎囊括了 P2P 行业里所有相对活跃的平台，其余 P2P 企业大多规模较小，因此粗略推算全国注册资金在 1000 万元以上的网贷平台大约占了 1/3，3000 万以上的不足 200 家。一旦监管政策推出，对于 P2P 行业来说将是一个巨大的冲击。

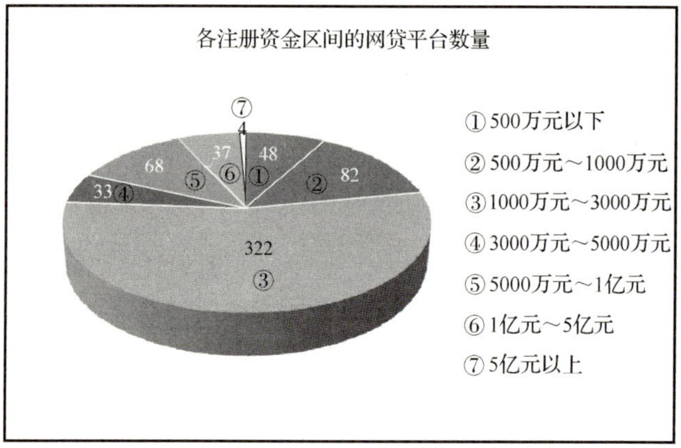

图 9-2　各注册资金区间的网贷平台数量

数据来源：网贷之家，样本数为 594 家（2014 年 11 月 6 日）

美国 P2P 模式的前车之鉴

当前，随着互联网科技的高速发展，作为互联网金融的 P2P 因其高回报率，犹如雨后春笋般迅速地发展起来，已经成为深受百姓喜爱的投资工具，在中国形成了一股强大的力量横空出世。不过缺乏严格监管和追逐高回报率，也是 P2P 等互联网金融存在高风险的隐忧所在。

像这种 P2P 的网络融资——以绕过银行的方式发展借贷业务，在欧美繁荣的网络市场，也是近十年的事情，其中最成功的 P2P 公司，要数美国的借贷俱乐部（Lending Club）。该借贷俱乐部成立于 2006 年，其总部位于美国加州旧金山市，是一家专注于提供线上平台，作为交易服务媒介的借贷公司。

借贷俱乐部通常的做法，是让借款人列出他们的借贷需求（往往是他们遇上麻烦的故事），经过资格审核后，依照债务人的信用评级、借款总额及分期贷款期限的资讯，计算出每期应偿还之利息及本金。然后，再将债务总额分割为小金额债券，提供众多投资人（贷出者）参酌债务人的资讯，进行有的放矢的选购。

在网络上利用金融创新，绕过银行进行借贷业务，借款人的优势是：首先，借款利率要低于信用卡公司和银行；其次，通常来说，借款人不需资产抵押担保。而个人投资者（贷款人）将获得更高的回报率（利率高于储蓄账户或定期存款）。尤其在 2008 年金融海啸期间，当银行的信任度和利率都降到了历史最低点，这种融合了“利他主义”的高回报融资方式，吸引了许多个人投资者。

投资者从利率中赚取回报。利率为 6.03%~26.06%，这完全取决于贷款的信用等级（借款人的），信用越高，利率越低。借贷俱乐部的收益来自两部分：借款人的手续费和投资者的服务费。手续费的金额取决于信用等级和贷款额，费率范围是 1.1%~5.0%；服务费则一律收取 1%，无论借款人支付多少手续费。

总之，借贷俱乐部反馈给借贷双方的利益比大多数银行更大。总体回报率的平均值在 6%~9%之间。因为借贷俱乐部购买了贷款票据，是债务的拥有人，承担票据贷款的义务。这就意味着风险，一旦借贷俱乐部破产或宣布破产，投资者可能会损失全部或部分投资，即使借款人继续支付利息或本金。不过，投资者在贷款到期前，只要支付 1%的手续费，便可在二级市场出售贷款票据，使得借贷俱乐部成为第一家提供这一服务的 P2P 公司。

如今随着行业的成熟，新一类投资者蜂拥而至 P2P 的大门，包括 P2P 曾经想绕过的大型金融机构。目前，在 P2P 这个平台上的贷款业务，已经被大型金融机构所占领，而非中小型投资者。在过去的一年中，超过 80%的贷款均出自这些大型机构。网络贷款，已经是几十家投资基金所瞄准的唯一投资目标。

当然，当 P2P 网站吸引了大型投资机构的时候，作为投行董事会成员的华尔街大腕，怎么可能不现身参与呢？摩根斯丹利 CEO“大刀麦克”（John Mack）、美国第 71 任财政部部长、哈佛教授劳伦斯·萨默斯（Lawrence H. Summers）、Visa 总裁汉斯·莫里斯（Hans Morris）等，都是借贷俱乐部的董事会成员。

由于这些重量级人物的加入，再加上机构资金蜂拥充值借贷俱乐部，使得该公司业务蓬勃发展起来。几年下来，借贷业务发展迅速，扩展到更多的借款人。截至 2014 年 3 月，借贷俱乐部借助网络平台，已协助成交 50 亿美元的借贷，为借款人节约的贷款利息达 2.5 亿美元，并且这些数字正以每年翻番的速度在增长。

然而，现在投资者的需求（demand）已超过了贷款供应量（supply）。激烈的竞争刺激着投资者首先抢夺最好的贷款。而原来的 P2P 投资者，如牙医、急需贷款的家庭主妇等这些帮助建立了 P2P 市场的群体，忽然发现他们势单力薄，已经被现金充裕、头脑精明的暴发户挤出了市场。

事实上，目前，机构投资者受益于 P2P 的行业。从表面上来看，是在竞争的机制下压低了利率，有利于借款人的利益，能够更好地为客户服务。但是，经过了华尔街改造的 P2P 融资借贷，在新玩家的带领下，又开始叫嚣令人担忧的"贷款证券化"了。市场业内人士预测，这些贷款将通过二级市场交易和对冲（交易所的交易基金），被定期切割、掷骰子和证券化。

贷款证券化，是在 20 世纪 80 年代中期和 20 世纪 90 年代初期，因美国储贷危机而发明的一种金融技术手段，将利息和本金以交易的形式出售给投资者。当年，最活跃的信用卡债务、房屋净值贷款和住房建造贷款的放贷人并不是银行，而是金融机构。这些金融机构无须吸收存款，因为贷款已经被证券化了。

以信用卡为例。投资银行家采用证券化手段，利用借款人的信用评分和有针对性的直接营销技巧，使银行得以将信用卡发放给数以百计的中等收入，甚至低收入的家庭。银行在这一领域面临的唯一限制，是来自于它们自己的资产负债表——缺乏足够的存款或资本，这就限制了银行放开手脚，大干一场，而证券化就解除了这一束缚。

一旦对信用卡进行证券化，那么银行不需要存款就可以放贷，这时就有投资者购买信用卡抵押支持证券，资本已经不是问题，因为是投资者拥有了持卡人，而不是发卡银行的贷款。信用卡贷款因而剧增，到了 20 世纪 90 年代中期，应收款增加了一倍。

正因为无须吸收存款，金融机构才不像银行那样受到监管机构的监控。如果金融机构破产了，那么纳税人不会受损失，只有金融机构的股东和其他债权人会亏损。因此金融机构便为所欲为，越来越疯狂，甚至毫无顾忌地降低或完全违背传统的贷款标准。

于是，银行在保持资产负债表前提下的贷款模式，迅速让位给新模式——将“贷款证券化”并出售给广大的投资者。银行业这一新模式被监管机构全面认可。因为银行并不拥有贷款，也就不需要承担风险，这就减少了储贷危机再次发生的可能性。

但事实上，这些贷款所涉及的风险并没有消失，只是被转嫁到投资者身上了。换言之，风险实际上延伸到了更广泛的金融体系。拖欠债务、违约以及个人破产案例开始增加，不应该得到信用卡和房屋净值贷款的家庭首先陷入困境。这些抵押贷款支持证券直接引发了 1997—1998 年的全球金融危机。由此可见“贷款证券化”的可怕后果。

可现在的问题是，P2P 的新玩家（大型金融机构）是否会受到诱惑，以降低贷款质量来吸引更多的借款人？

这并不是一个空穴来风的问题。第一个 P2P 的贷款组合已经被证券化了，信用评级机构正在观察市场，保险公司正在考虑相关的产品，是否允许投资者来对冲贷款违约。对于收益高、风险较大、需求相对多的贷款产品（对冲基金正在杠杆化和证券化他们的投资），正在形成类似 2008 年次贷危机的麻烦。

此外，相比银行严格的贷款手续，P2P 网站仅仅查看借款人的信用记录，并不核实他们的收入，而且贷款还无须抵押。这些因素导致更高的风险和潜在的高回报率。但由于目前 P2P 市场仅是数十亿美元的规模，还无法带来任何系统性风险，所有的借贷网站，均由美国证券交易委员会监管（SEC）。因为他们的业务对象是个人投资者，每一笔贷款都需要注册，这就为公众的投资安全提供了相对可靠的保证。

如今，华尔街的大玩家进入 P2P 网络借贷，已违背了 P2P 贷款的原始概念——从一个普通的民粹贷款形式，被高风险的华尔街世界所替代。在这里，所谓的“对等（P2P）”已经用词不当。近来出现的一些最新的借贷平台，已抛弃个人投资者，都把重点放在吸引大型机构了。有鉴于金融机构的作用越来越大，有人提出这个行业作为一个整体，干脆叫“在线消费金融”更合适。

众筹平台风险监管

1. 英国

2014年，英国金融行为监管局（FCA）发布了《关于网络众筹和通过其他方式发行不易变现证券的监管规则》（以下简称《监管规则》），并于2014年4月1日起正式施行。

据英国P2P金融协会的统计，2013年1—11月，英国替代性金融市场（包括P2P网络借贷、股权众筹、产品众筹、票据融资等业务）规模已超过6亿英镑，其中P2P网络借贷所占比例高达79%。

2013年10月24日，金融行为监管局首先发布了《关于众筹平台和其他相似活动的规范行为征求意见报告》，详细介绍了拟对“网络众筹”的监管办法。截至2013年12月19日，这份征求意见报告共收到98条反馈意见，受访者普遍认可这份报告推行的方案。FCA结合反馈意见，正式出台了《监管规则》，并计划于2016年对其实施情况进行复查评估，并视情况决定是否对其进行修订。FCA表示，制定这套监管办法的目的：一是适度地进行消费者保护；二是从消费者利益出发，促进有效竞争。

FCA对于借贷型众筹的相关规则要点如下。

（1）最低资本要求及审慎标准

《监管规则》规定以阶梯计算标准来要求资本金，具体标准如下：5000万英镑以内的资本金比例为0.2%；超过5000万英镑但小于2.5亿英镑的部分为0.15%；超过2.5亿英镑但小于5亿英镑的部分为0.1%；超过5亿英镑贷款的部分为0.05%。

FCA 考虑到借贷型众筹几乎没有审慎性要求的经验，所以为公司安排过渡期加以适应。FCA 决定，在过渡期实行初期 2 万英镑、最终 5 万英镑的固定最低资本要求。其中，被 FCA 完全授权的公司在 2017 年 3 月 31 日前都可以实行过渡安排，同时提醒在公平交易局（OFT）监管下的借贷型众筹平台不必实行审慎标准直到被 FCA 完全授权。

（2）客户资金规则

如果网络借贷平台破产，则对现存贷款合同做出合理安排。如果公司资金短缺，则会由破产执行人计算这部分短缺并按照比例分摊到每个客户身上。执行破产程序所涉及的费用也将由公司持有的客户资金承担责任。这就意味着无论公司从事什么业务，一旦失败，客户资金将受到损失。公司必须隔离资金，并且在客户资产规范条款下安排资金。

（3）争端解决和金融监督服务机构的准入

FCA 将制定规则以便投资者进行投诉。投资者首先应向公司投诉，如果有必要，则可以上诉至金融监督服务机构。争端解决没有特定的程序，只要保证投诉得到公平和及时的处理即可。FCA 主张公司自主开发适合他们业务流程的投诉程序，尽量避免产生过高的成本。投资者在向公司投诉却无法解决的情况下，可以通过向金融监督服务机构投诉解决纠纷。

如果网络借贷平台没有二级转让市场，投资者可以有 14 天的冷静期，在 14 天内可以取消投资而不受到任何限制或承担任何违约责任。

（4）P2P 网络借贷公司破产后的保护条款

为了建立适当的监管框架以平衡监管成本和收益，目前，FCA 不对 P2P 网贷公司制定破产执行标准。因为即使制定严格的标准要求，也不能避免所有的风险。如果这些标准没有按照预期运行，消费者依然可能受到损失。FCA 希望投资者清楚，制定严格标准不仅代价极大且也不能移除所有风险。同时，FCA 希望可以由公司自己制定适合其商业模式及消费者的制度和方法来避免风险。

（5）信息披露

P2P 网络借贷平台必须明确告知消费者其商业模式以及延期或违约贷款评估方式的信息。在与存款利率做对比进行金融销售推广时，必须公平、清晰、无误导。

（6）FCA 报告规范

网络借贷平台要定期向 FCA 报告相关审慎和财务状况、客户资金、客户投诉情况、上一季度贷款信息，这些报告的规范要求于 2014 年 10 月 1 日开始实施。其中，审慎和财务报告只在公司被完全授权的一个季度后才开始提交。另外，平台的收费结构不在报告规则要求里。

2. 美国

美国众筹融资发展虽然相对较早，但由于股权制众筹涉嫌违反 1933 年《证券法》向公众非法发行证券，因此各众筹平台基本上从事的都是预购性质的众筹，而并非完全融资意义上的众筹。为解除法律限制，美国国会于 2012 年通过了《初创期企业推动法案》（简称“JOBS 法案”），正式将众筹融资合法化。美国总统奥巴马高度评价法案的意义，他认为：“1980 年前通过的法律（指美国于 1933 年发表的《证券法》）使得很多人无法投资。但是，80 年来发生了很多的变化，法律却依旧未变。法案的通过，将使得初创企业和小企业获得大量的、新的潜在投资者，即美国民众。史无前例地，普通美国人将能在线投资他们所信任的企业。”具体而言，该法案围绕众筹融资的便捷性和投资者保护的有效性问题，主要包括以下几个方面内容。

（1）豁免众筹融资注册发行及其相关数额等限制

该法案的核心是对符合条件的众筹融资的注册发行豁免。证券注册发行是美国证券发行的基本原则，同时也存在有限例外，如私募发行、针对发行人亲戚朋友的发行。与此前豁免注册发行最大的不同是，众筹豁免面向的不是某一特定投资者群体，而是面向不特定大众，并且参与众筹的大众个体基本上都是小额投资。该法案在放开众筹融资的同时，从发行人和投资者两个角度也对众筹融资进行了四项限制：

① 发行人每年通过网络平台发行证券不得超过 100 万美元。

② 年收入或资产净值不足 10 万美元的，每年所投金额不得超过 2000 美元或其年收入或资产净值的 5%，取二者中较高值；投资者年收入或资产净值超过 10 万美元的，每年所投金额不得超过其年收入或净资产值的 10%，但上限为 10 万美元。上述这些金额并不是一直固定的，法案授权 SEC 根据美国劳工统计局公布的消费者价格指数变化情况至少每五年调整一次。

③ 众筹必须通过经纪人或融资平台进行，且这些中介机构需要符合该法案规定的相关资质。

④ 发行人必须遵循法案规定的有关条款（主要涉及信息披露）。

由于众筹融资的投资者的单笔投资额度较小，法案没有对众筹的参与人员数量进行限制，即对众筹企业的股东没有数量限制。

（2）明确发行人基本信息披露义务

普通证券发行信息披露规则存在程序烦琐、操作成本较高等问题，增加了发行人的融资成本，并不适宜于众筹这样的小规模融资。为降低筹资融资成本，增加其便捷性和经济性，法案减轻了发行人的信息披露负担。与此同时，为保护小额投资者权益，按照法案要求，发行人仍然需要向 SEC、中介机构、潜在的投资者提供基本的信息披露。

需要披露的信息主要包括：

① 发行人的姓名、法律性质、地址、网址。

② 发行人董事和高级管理人员的姓名以及持有发行人股份超过 20%的股东。

③ 发行人经营现状和预期经营计划的描述。

④ 发行人财务状况的描述。

⑤ 发行人目标融资的目的和预期用途描述。

⑥ 发行人的目标融资额、实现目标融资额的最后期限，定期更新实现目标融资额的进度。

⑦ 证券价格或决定证券价格的方法，发行人所有权和资本结构的描述。

为保障上述信息披露的严格执行，法案明确规定针对发行人及其董事和管理人员的民事诉讼，上述任何一方没有按照规定对于主要事实如实陈述或疏忽披露，都将依法承担损害赔偿责任。

（3）建立小额投资者保护机制

传统的证券监管主要是通过发行人信息披露要求来保护投资者权益。法案为确保众筹融资的便捷性和经济性，改进了众筹方式发行证券的信息披露规则，简化后的信息披露规则在减轻发行人监管负担的同时，也增加了证券投资欺诈的可能性，因而众筹融资中投资者保护问题可能更加突出。

为此，法案除借助有限的信息披露规则外，还采用其他多种方式保护投资者利益：

① 限制投资者每年的投资额度，降低投资者可能承担的投资风险总额。

② 不允许采用广告来促进发行，但允许发行人通过中介机构的网络平台向投资者发出通知。

③ 对发行人如何补偿促销者做出限制。

④ 授予 SEC 针对融资平台的监管权、执行权及其他规则制定权，授权其制定针对发行人和融资中介的相关规则。

（4）明确众筹融资中介角色与职能

众筹融资必须借助在 SEC 注册的中介机构，而不能由发行人与投资者之间直接完成。这些中介机构必须在 SEC 登记为经纪人或融资平台。

中介机构应遵守一系列义务：

① 必须在被认可的一家自律性协会进行登记，接受自律性协会组织的约束。

② 必须对潜在的投资者揭示众筹融资蕴藏的风险和进行投资者教育。

③ 确保每个投资者阅读了投资者教育信息，明确断定投资者理解其承担整个投资损失的风险，并且这个投资者有能力承担此损失。

④ 确保每个投资者回答相关的调查问卷表。

⑤ 至少在众筹证券发行前 21 天，必须向 SEC 和潜在的投资者提供发行人依据法案所要求披露的信息。

⑥ 必须采取措施减少众筹融资交易中的欺诈现象，中介机构要对发行人董事、高管、主要股东背景进行调查。

⑦ 当没有达到融资预定目标时，中介机构不得将所筹资金转移给发行人。

⑧ 保证投资者没有超过年度投资额度的限制。中介机构有义务使投资者按法案所规定的年度额度限制进行投资。

⑨ 必须采取相关措施保护投资者的隐私权，严格保护从投资者处获得的相关信息。

⑩ 限制对促销给予补偿，禁止任何人通过将潜在投资者的个人信息提供给众筹融资的经纪人或融资平台而获得补偿；限制中介机构与发行人有利益关系。

此外，法案还进行了兜底性规定，要求中介机构遵守 SEC 为满足投资者保护和公共利益规定的其他条款。

（5）允许特定条件下转售众筹证券

法案的上述规定都是针对众筹融资一级市场的，而对二级市场几乎没有提及。法案针对二级市场仅规定投资者在购买证券后一年内不得转售通过众筹所购买的证券，但是以下三种情形除外：

① 向发行人转让；

② 向出售者的家庭成员转让；

③ 向合格投资者转让。

附　录　A

250家第三方网络支付牌照公司名单

批次	序列号	公司名称	法定代表人	所在地	业务类型	互联网支付	移动电话支付	固定电话支付	数字电视支付	预付卡发行	预付卡受理	银行卡收单	业务覆盖范围
第一批	1	支付宝（中国）网络技术有限公司	马云	杭州市	互联网支付、移动电话支付、预付卡发行与受理、银行卡收单	√	√			√	√	√	全国，互联网支付、移动电话支付、预付卡发行与受理（仅限于线上实名支付账户充值）、银行卡收单
	2	银联商务有限公司	蔡剑波	上海市	银行卡收单、互联网支付、预付卡受理	√					√	√	全国
	3	资和信电子支付有限公司	王吉绯	北京市	预付卡发行与受理、互联网支付	√				√	√		全国
	4	深圳市财付通科技有限公司	马化腾	深圳市	互联网支付、移动电话支付、固定电话支付、银行卡收单	√	√	√				√	全国
	5	通联支付网络服务股份有限公司	肖风	上海市	互联网支付、固定电话支付、银行卡收单、预付卡受理	√		√			√	√	全国
	6	开联通网络技术服务有限公司	印甫盛	北京市	预付卡发行与受理、互联网支付	√				√	√		全国
	7	北京通融通信息技术有限公司	唐　彬	北京市	互联网支付、移动电话支付、银行卡收单	√	√					√	全国
	8	快钱支付清算信息有限公司	关国光	上海市	互联网支付、移动电话支付、固定电话支付、银行卡收单、预付卡受理	√	√	√			√	√	全国

续表

批次	序列号	公司名称	法定代表人	所在地	业务类型	互联网支付	移动电话支付	固定电话支付	数字电视支付	预付卡发行	预付卡受理	银行卡收单	业务覆盖范围
第一批	9	上海盛付通电子支付服务有限公司	王静颖	上海市	互联网支付、预付卡发行与受理（仅限于为本机构开立的个人网上实名支付账户充值使用）、移动电话支付、固定电话支付、银行卡收单	√	√	√		√	√	√	全国，互联网支付、预付卡发行与受理（仅限于为本机构开立的个人网上实名支付账户充值使用）、移动电话支付、固定电话支付、银行卡收单
	10	钱袋网（北京）信息技术有限公司	方秀芹	北京市	互联网支付（全国）、移动电话支付（全国）、银行卡收单（北京市、上海市、广东省）	√	√					√	互联网支付（全国）、移动电话支付（全国）、银行卡收单（北京市、上海市、广东省）
	11	东方电子支付有限公司	刘亚东	上海市	互联网支付、移动电话支付、银行卡收单	√	√					√	全国
	12	杉德电子商务服务有限公司	丁萍	上海市	互联网支付	√	√				√	√	全国
	13	裕福网络科技有限公司	郑俊豪	北京市	互联网支付、预付卡发行与受理	√				√	√		全国
	14	渤海易生商务服务有限公司	刘宁媛	天津市	互联网支付、预付卡发行与受理	√				√	√		全国
	15	深圳银盛电子支付科技有限公司	李鲁	深圳市	互联网支付、移动电话支付、固定电话支付、银行卡收单	√	√	√				√	全国
	16	迅付信息科技有限公司	栾毓敏	上海市	互联网支付、移动电话支付、固定电话支付、银行卡收单	√	√	√				√	全国
	17	网银在线（北京）科技有限公司	刘强东	北京市	互联网支付（全国）移动电话支付（全国）固定电话支付（全国）银行卡收单（北京市）	√	√	√				√	互联网支付（全国）、移动电话支付（全国）、固定电话支付（全国）、银行卡收单（北京市）

续表

批次	序列号	公司名称	法定代表人	所在地	业务类型	互联网支付	移动电话支付	固定电话支付	数字电视支付	预付卡发行	预付卡受理	银行卡收单	业务覆盖范围
	18	海南新生信息技术有限公司	李达巍	海口市	互联网支付、预付卡发行与受理	√				√	√		全国
	19	上海捷银信息技术有限公司	吴非	上海市	互联网支付、移动电话支付、银行卡收单、预付卡发行与受理(仅限于线上实名支付账户充值)	√	√			√	√	√	互联网支付、移动电话支付、银行卡收单、预付卡发行与受理(仅限于线上实名支付账户充值)
	20	北京拉卡拉网络技术有限公司	陶然	北京市	银行卡收单、互联网支付、数字电视支付	√			√			√	全国
	21	上海付费通信息服务有限公司	方坚	上海市	互联网支付、移动电话支付、固定电话支付、银行卡收单	√	√	√				√	全国
第一批	22	深圳市壹卡会科技服务有限公司	王洁凤	深圳市	预付卡发行与受理、互联网支付	√				√	√		全国
	23	上海汇付数据服务有限公司	周晔	上海市	互联网支付、银行卡收单、移动电话支付、固定电话支付	√	√	√				√	全国
	24	深圳市快付通金融网络科技服务有限公司	姚华伟	深圳市	互联网支付(全国)、预付卡发行与受理(广东省)	√				√	√		互联网支付(全国)、预付卡发行与受理(广东省)
	25	广州银联网络支付有限公司	邸泽淇	广州市	银行卡收单(仅限于广东省内)、互联网支付、预付卡受理	√					√	√	银行卡收单(仅限于广东省内)、互联网支付(全国)、预付卡受理(全国)
	26	北京数字王府井科技有限公司	薛福民	北京市	银行卡收单、预付卡受理						√	√	北京市
	27	北京银联商务有限公司	邵阔义	北京市	银行卡收单(北京市)、预付卡受理(北京市)、互联网支付(全国)	√					√	√	银行卡收单(北京市)、预付卡受理(北京市)、互联网支付(全国)

续表

批次	序列号	公司名称	法定代表人	所在地	业务类型	互联网支付	移动电话支付	固定电话支付	数字电视支付	预付卡发行	预付卡受理	银行卡收单	业务覆盖范围
第二批	28	上海银联电子支付服务有限公司	孙战平	上海市	互联网支付、移动电话支付	√	√						全国
	29	连连银通电子支付有限公司	薛强军	杭州市	互联网支付、移动电话支付	√	√						全国
	30	联动优势电子商务有限公司	张斌	北京市	互联网支付、移动电话支付	√	√						全国
	31	成都摩宝网络科技有限公司	谭兴烈	成都市	互联网支付、移动电话支付	√	√						全国
	32	捷付睿通股份有限公司	苗文辉	呼和浩特市	互联网支付、移动电话支付、银行卡收单	√	√					√	全国
	33	证联融通电子有限公司	洪鸣	贵阳市	互联网支付	√							全国
	34	上海得仕企业服务有限公司	陈亮	上海市	预付卡发行与受理（上海市、北京市）、互联网支付（全国）	√				√	√		预付卡发行与受理（上海市、北京市）、互联网支付（全国）
	35	山东鲁商一卡通支付有限公司	李明	济南市	预付卡发行与受理					√	√		山东省
	36	中付通信息服务股份有限公司	宋长津	呼和浩特	预付卡发行与受理					√	√		内蒙古自治区
	37	上海畅购企业服务有限公司	刘荣娟	上海市	预付卡发行与受理					√	√		上海市、江苏省、浙江省
	38	四川商通实业有限公司	罗廷	成都市	预付卡发行与受理					√	√		四川省
	39	南京市市民卡有限公司	王海涛	南京市	预付卡发行与受理					√	√		江苏省
	40	上海富友金融网络技术有限公司	陈建	上海市	预付卡发行与受理					√	√		福建省、江苏省、上海市、浙江省
第三批	41	天翼电子商务有限公司	杨小伟	北京市	移动电话支付、固定电话支付、银行卡收单		√	√				√	全国
	42	联通支付有限公司	戴任飞	北京市	移动电话支付、固定电话支付、银行卡收单		√	√				√	全国
	43	中移电子商务有限公司	郭小明	长沙市	移动电话支付、银行卡收单		√					√	全国

续表

批次	序列号	公司名称	法定代表人	所在地	业务类型	互联网支付	移动电话支付	固定电话支付	数字电视支付	预付卡发行	预付卡受理	银行卡收单	业务覆盖范围
第三批	44	上海点佰趣信息科技有限公司	刘君	上海市	银行卡收单							√	全国
	45	天津城市一卡通有限公司	张军	天津市	预付卡发行与受理					√	√		天津市
	46	江苏瑞祥商务有限公司	朱博	江苏省	预付卡发行与受理					√	√		江苏省
	47	武汉市金源信企业服务信息系统有限公司	魏中平	武汉市	预付卡发行与受理					√	√		湖北省
	48	广东银结通电子支付结算有限公司	罗晓勤	广州市	银行卡收单							√	广东省
	49	现代金融控股（成都）有限公司	阮亚琴	成都市	互联网支付、银行卡收单	√						√	全国
	50	国付宝信息科技有限公司	唐小宏	北京市	互联网支付、移动电话支付	√	√						全国
	51	重庆易极付科技有限公司	熊新翔	重庆市	互联网支付	√							全国
	52	河北一卡通电子支付服务有限公司	徐建新	石家庄	预付卡发行与受理					√	√		河北省
	53	山西万卡德商务有限公司	郭根中	太原市	预付卡发行与受理					√	√		山西省
	54	哈尔滨轮回网络科技有限公司	宋炘垚	哈尔滨市	预付卡发行与受理					√	√		黑龙江省
	55	商盟商务服务有限公司	周晓钟	杭州市	预付卡发行与受理（浙江省、上海市）、互联网支付（全国）	√				√	√		预付卡发行与受理（仅限浙江省、上海市）、互联网支付（全国）
	56	安徽华夏通支付有限公司	金明	安徽省	预付卡发行与受理					√	√		安徽省
	57	河南汇银丰信息技术有限公司	卢晓婷	郑州市	预付卡发行与受理					√	√		河南省
	58	贵州汇联通电子商务服务有限公司	杨志	贵阳市	预付卡发行与受理					√	√		贵州省
	59	大连中鼎资讯有限公司	裘国志	大连市	预付卡发行与受理					√	√		辽宁省

续表

批次	序列号	公司名称	法定代表人	所在地	业务类型	互联网支付	移动电话支付	固定电话支付	数字电视支付	预付卡发行	预付卡受理	银行卡收单	业务覆盖范围
第三批	60	宁波银联商务有限公司	姚光荣	浙江省	银行卡收单							√	宁波市
	61	厦门易通卡运营有限责任公司	余红专	厦门市	预付卡发行与受理					√	√		福建省
	62	深圳市钱宝科技服务有限公司	王毅	深圳市	互联网支付、银行卡收单	√						√	全国
	63	上海电银信息技术有限公司	张建云	上海市	互联网支付、移动电话支付、银行卡收单	√	√					√	全国
	64	广州易联商业服务有限公司	朱启文	广州市	预付卡发行与受理（广东）、移动电话支付（全国）		√			√	√		预付卡发行与受理（广东）、移动电话支付（全国）
	65	北京海科融通信息技术有限公司	刘雷	北京市	银行卡收单							√	全国
	66	浙江易士企业管理服务有限公司	许敏	杭州市	预付卡发行与受理					√	√		浙江省
	67	中联信（福建）支付服务有限责任公司	高文革	厦门市	预付卡发行与受理					√	√		福建省
	68	深圳市腾付通电子支付科技有限公司	段乃琦	深圳市	互联网支付、移动电话支付、银行卡收单	√	√					√	全国
	69	东方付通信息技术有限公司	张志勇	上海市	互联网支付	√							全国
	70	广东益民旅游休闲服务有限公司	陈泽良	广州市	预付卡发行与受理					√	√		广东省
	71	易智付科技（北京）有限公司	方斌	北京市	互联网支付、移动电话支付	√	√						全国
	72	深圳市泰海网络科技服务有限公司	林凤娟	深圳市	互联网支付	√							全国
	73	上海华势信息科技有限公司	梁健	上海市	银行卡收单							√	全国
	74	广州市易票联电子商务有限公司	谭宁	广州市	互联网支付（全国）、银行卡收单(广东省)	√						√	互联网支付（全国）、银行卡收单（仅限广东省）

续表

批次	序列号	公司名称	法定代表人	所在地	业务类型	互联网支付	移动电话支付	固定电话支付	数字电视支付	预付卡发行	预付卡受理	银行卡收单	业务覆盖范围
	75	北京资和信通联科技有限公司	王吉绯	北京市	互联网支付、移动电话支付、银行卡收单	√	√					√	全国
	76	深圳市深银联易办事金融服务有限公司	罗元昌	深圳市	银行卡收单							√	广东省
	77	上海融兴网络科技有限公司	黄家林	上海市	互联网支付、移动电话支付、固定电话支付	√	√	√					全国
	78	深圳市银联金融网络有限公司	匡艳明	深圳市	银行卡收单	√							全国
	79	宝付网络科技（上海）有限公司	林明兴	上海市	互联网支付	√							全国
	80	上海德颐网络技术有限公司	章宜娟	上海市	银行卡收单							√	全国
	81	北京金科信安科技有限公司	季小杰	北京市	互联网支付	√							全国
第三批	82	上海富友支付服务有限公司	陈建	上海市	互联网支付、银行卡收单	√						√	全国
	83	安易联融（北京）电子商务有限公司	马力葳	北京市	预付卡发行与受理					√	√		北京市、辽宁省、新疆维吾尔自治区、广东省
	84	北京爱农驿站科技服务有限公司	张旭明	北京市	预付卡发行与受理（仅限北京市、上海市）、互联网支付（全国）	√				√	√		预付卡发行与受理（仅限北京市、上海市）、互联网支付（全国）
	85	上海付费通企业服务有限公司	方坚	上海市	预付卡发行与受理					√	√		上海市
	86	北京首采联合电子商务有限责任公司	刘毅	北京市	预付卡发行与受理（仅限北京市）、互联网支付（全国）	√				√	√		预付卡发行与受理（仅限北京市）、互联网支付（全国）
	87	北京中欣银宝通商业服务有限公司	徐建胜	北京市	预付卡发行与受理					√	√		北京市
	88	上海都市旅游卡发展有限公司	张惠民	上海市	预付卡发行与受理					√	√		上海市

续表

批次	序列号	公司名称	法定代表人	所在地	业务类型	互联网支付	移动电话支付	固定电话支付	数字电视支付	预付卡发行	预付卡受理	银行卡收单	业务覆盖范围
第三批	89	北京市政交通一卡通有限公司	王勇	北京	预付卡发行与受理					√	√		北京市、河北省、天津市
	90	通联商务服务有限公司	彭桂林	上海市	预付卡发行与受理					√	√		北京市、上海市、江苏省
	91	北京雅酷时空信息交换技术有限公司	于岩岩	北京	预付卡发行与受理（北京市、广东省、江苏省、浙江省）、互联网支付（全国）、移动电话支付（全国）					√	√		北京市
	92	上海通卡投资管理有限公司	郑春华	上海市	预付卡发行与受理					√	√		上海市、浙江省、安徽省
	93	中投科信科技股份有限公司	刘志红	北京市	互联网支付	√							全国
	94	上海宜友企业服务有限公司	刘凤仕	上海市	预付卡发行与受理					√	√		上海市
	95	安付宝商务有限公司	凌震	上海市	预付卡发行与受理（仅限上海市）、互联网支付（全国）、移动电话支付（全国）、固定电话支付（全国）					√	√		上海市
	96	上海便利通电子商务有限公司	时玮康	上海市	预付卡发行与受理					√	√		上海市
	97	上海纽斯达科技有限公司	刘广生	上海市	预付卡发行与受理					√	√		上海市
	98	锦江国际电子商务有限公司	陈礼明	上海市	预付卡发行与受理					√	√		上海市
	99	上海申城通商务有限公司	徐若海	上海市	预付卡发行与受理					√	√		上海市
	100	上海大众交通商务有限公司	顾华	上海市	预付卡发行与受理					√	√		上海市
	101	上海杉德支付网络服务发展有限公司	丁萍	上海市	预付卡发行与受理					√	√		上海市、北京市、浙江省、江苏省

续表

批次	序列号	公司名称	法定代表人	所在地	业务类型	互联网支付	移动电话支付	固定电话支付	数字电视支付	预付卡发行	预付卡受理	银行卡收单	业务覆盖范围
第四批	102	上海卡友信息服务有限公司	上官步燕	上海市	银行卡收单							√	全国
	103	上海汇潮信息技术有限公司	张道舜	上海市	互联网支付	√							全国
	104	上海瀚银信息技术有限公司	张莉	上海市	互联网支付、移动电话支付	√	√						全国
	105	银视通信息科技有限公司	张大钟	上海市	数字电视支付				√				全国
	106	上海东方汇融信息技术服务有限公司	任义彪	上海市	互联网支付（全国）、预付卡发行与受理（上海市）	√				√	√		互联网支付（全国）、预付卡发行与受理（上海市）
	107	天津荣程网络科技有限公司	张荣华	天津市	互联网支付、移动电话支付	√	√						全国
	108	南京苏宁易付宝网络科技有限公司	金明	南京市	互联网支付	√							全国
	109	双乾网络服务（苏州）有限公司	从利波	苏州市	互联网支付	√							全国
	110	山东省电子商务综合运营管理有限公司	董新建	济南市	互联网支付	√							全国
	111	深圳市神州通付科技有限公司	黄俊谋	深圳市	互联网支付、移动电话支付	√	√						全国
	112	广东嘉联支付技术有限公司	刘蛟	深圳市	银行卡收单							√	全国
	113	深圳市快汇宝信息技术有限公司	姚莉红	深圳市	互联网支付	√							全国
	114	北京一九付科技有限公司	叶军	北京市	互联网支付	√							全国
	115	北京数码视讯软技术发展有限公司	郑海涛	北京市	互联网支付、数字电视支付	√			√				全国
	116	北京汇元网电子商务有限公司	吴妍冰	北京市	预付卡发行与受理（仅限为本机构开立的个人网上实名支付账户充值使用）、互联网支付	√				√	√		预付卡发行与受理（仅限为本机构开立的个人网上实名支付账户充值使用）、互联网支付（全国）

续表

批次	序列号	公司名称	法定代表人	所在地	业务类型	互联网支付	移动电话支付	固定电话支付	数字电视支付	预付卡发行	预付卡受理	银行卡收单	业务覆盖范围
第四批	117	北京随行付信息技术有限公司	申政	北京市	银行卡收单、互联网支付、移动电话支付							√	全国
	118	网易宝有限公司	詹钟晖	杭州市	互联网支付	√							全国
	119	浙江贝付科技有限公司	张秉新	杭州市	互联网支付	√							全国
	120	浙江航天电子信息产业有限公司	王新华	杭州市	预付卡发行与受理（浙江省）、互联网支付（全国）	√				√	√		预付卡发行与受理（浙江省）、互联网支付（全国）
	121	浙江余姚中国塑料城网上交易有限公司	朱金祥	余姚市	互联网支付	√							全国
	122	福建国通星驿网络科技有限公司	林锋	福州市	银行卡收单							√	全国
	123	鹰皇金佰仕网络技术有限公司	谢磊	长沙	互联网支付（全国）、移动电话支付（全国）、预付卡发行与受理（湖南省、北京市、上海市）	√	√			√	√		互联网支付（全国）、移动电话支付（全国）、预付卡发行与受理（湖南省、北京市、上海市）
	124	广西集付通投资管理有限公司	符小霞	南宁市	互联网支付（全国）、预付卡发行与受理（广西壮族自治区）	√				√	√		互联网支付（全国）、预付卡发行与受理（广西壮族自治区）
	125	新疆润物网络有限公司	赵雅	乌鲁木齐	互联网支付	√							全国
	126	江苏省电子商务服务中心有限责任公司	卞永华	南京市	互联网支付（全国）、预付卡发行与受理（江苏省）	√				√	√		互联网支付（全国）、预付卡发行与受理（江苏省）
	127	山东网上有名网络科技有限公司	陈培桄	青岛市	互联网支付（全国）、预付卡发行与受理（北京市、青岛市）	√				√	√		互联网支付（全国）、预付卡发行与受理（北京市、青岛市）
	128	上海优乐网络科技股份有限公司	洪军	上海市	银行卡收单							√	上海市

续表

批次	序列号	公司名称	法定代表人	所在地	业务类型	互联网支付	移动电话支付	固定电话支付	数字电视支付	预付卡发行	预付卡受理	银行卡收单	业务覆盖范围
第四批	129	上海亿付数字技术有限公司	茅蔚	上海市	数字电视支付				√				上海市
	130	上海新华传媒电子商务有限公司	王力为	上海市	预付卡发行与受理					√	√		上海市
	131	上海商业高新技术发展有限公司	郑自立	上海市	预付卡发行与受理					√	√		上海市
	132	上海乐易信息技术有限公司	郑洋	上海市	预付卡发行与受理					√	√		上海市
	133	上海金诚通商务服务有限公司	洪远富	上海市	预付卡发行与受理					√	√		上海市、江苏省
	134	中钢银通信息技术服务有限公司	金天安	上海市	预付卡发行与受理					√	√		上海市
	135	上海大千商务服务有限公司	宋建明	上海市	预付卡发行与受理					√	√		上海市
	136	上海润通实业投资有限公司	吴红军	上海市	预付卡发行与受理					√	√		上海市
	137	普天银通信息科技有限公司	曹宏斌	上海市	预付卡发行与受理					√	√		上海市
	138	上海巾帼三六五企业服务有限公司	庄健	上海市	预付卡发行与受理					√	√		上海市
	139	上海瑞得企业服务有限公司	尹戎	上海市	预付卡发行与受理					√	√		上海市
	140	常州市爱心消费经纪服务有限公司	上官永芳	常州市	预付卡发行与受理					√	√		江苏省
	141	江苏大众书局商务服务有限公司	缪炳文	南京市	预付卡发行与受理					√	√		江苏省
	142	南京万商商务服务有限公司	马捷	南京市	预付卡发行与受理					√	√		江苏省
	143	江苏鸿兴达邮政商务资讯有限公司	田作成	南京市	预付卡发行与受理					√	√		江苏省
	144	江苏旅通商务有限公司	沈波	常州市	预付卡发行与受理					√	√		江苏省
	145	无锡市民卡有限公司	韩明富	无锡市	预付卡发行与受理					√	√		江苏省
	146	苏州市城市信息化建设有限公司	黄建林	苏州市	预付卡发行与受理					√	√		江苏省

续表

批次	序列号	公司名称	法定代表人	所在地	业务类型	互联网支付	移动电话支付	固定电话支付	数字电视支付	预付卡发行	预付卡受理	银行卡收单	业务覆盖范围
	147	山东城联一卡通有限责任公司	王连忠	淄博市	预付卡发行与受理					√	√		山东省
	148	成都天府通金融服务股份有限公司	李彬	成都市	预付卡发行与受理					√	√		四川省
	149	汇通宝有限责任公司	柯宗耀	广州市	预付卡发行与受理					√	√		上海市、广东省、福建省
	150	深圳市中付电子支付科技有限公司	唐少芬	深圳市	银行卡收单							√	深圳市
	151	深圳商联商用科技有限公司	高韧	深圳市	预付卡发行与受理					√	√		广东省
	152	西安银信商通网络科技有限责任公司	付振兴	西安市	预付卡发行与受理					√	√		陕西省
	153	陕西易通商联网络科技有限公司	夏小兵	西安市	预付卡发行与受理					√	√		陕西省
第四批	154	陕西邮政西邮寄电子商务有限责任公司	周新峰	西安市	预付卡发行与受理					√	√		陕西省
	155	北京恒信通电信服务有限公司	张彬	北京市	银行卡收单							√	北京市
	156	北京和融通科技有限公司	黄师田	北京市	银行卡收单							√	北京市
	157	北京商银信商业信息服务有限责任公司	林耀	北京市	预付卡发行与受理（北京市、广东省、青海省）、互联网支付（全国）					√	√		北京市
	158	北京市银博盛世电子商务有限公司	邢艳萍	北京市	预付卡发行与受理					√	√		北京市
	159	北京银通时代信息服务有限公司	牛博	北京市	预付卡发行与受理					√	√		北京市
	160	北京交广科技发展有限公司	亢亚志	北京市	预付卡发行与受理					√	√		北京市
	161	北京华瑞富达科技有限公司	卢晓婷	北京市	预付卡发行与受理					√	√		北京市

续表

批次	序列号	公司名称	法定代表人	所在地	业务类型	互联网支付	移动电话支付	固定电话支付	数字电视支付	预付卡发行	预付卡受理	银行卡收单	业务覆盖范围
第四批	162	北京高汇通商业管理有限公司	雷纯雄	北京市	预付卡发行与受理（北京市、上海市、浙江省、广东省、辽宁省）、互联网支付（全国）					√	√		北京市、上海市
	163	北京润京搜索投资有限公司	丛伟	北京市	预付卡发行与受理					√	√		北京市
	164	银信联（北京）商务服务有限公司	张文忠	北京市	预付卡发行与受理					√	√		北京市
	165	北京中诚信和商务有限公司	宋健	北京市	预付卡发行与受理					√	√		北京市
	166	北京广聚福企业商务服务有限公司	周雪君	北京市	预付卡发行与受理					√	√		北京市、上海市
	167	北京商银科技有限公司	赵子奇	北京市	预付卡发行与受理					√	√		北京市
	168	国旅（北京）信息科技有限公司	薛军	北京市	预付卡发行与受理					√	√		北京市
	169	重庆城市通卡有限责任公司	张新渝	重庆市	预付卡发行与受理					√	√		重庆市
	170	重庆市公众城市一卡通有限责任公司	刘发明	重庆市	预付卡发行与受理					√	√		重庆市
	171	重庆千礼科技有限公司	何瑞礼	重庆市	预付卡发行与受理					√	√		重庆市
	172	河北御嘉商务服务有限公司	李建国	石家庄	预付卡发行与受理					√	√		北京市、河北省
	173	山西易联数据处理有限公司	陈晓峰	太原市	银行卡收单							√	山西省
	174	山西兰花大酒店有限公司	李金才	山西省	预付卡发行与受理					√	√		山西省
	175	吉林城市通卡股份有限公司	孙继彦	吉林省	预付卡发行与受理					√	√		吉林省
	176	哈尔滨金联信网络科技有限公司	王玮	哈尔滨	预付卡发行与受理					√	√		黑龙江省
	177	杭州盛炬网络技术有限公司	王小龙	杭州市	银行卡收单							√	浙江省、上海市

续表

批次	序列号	公司名称	法定代表人	所在地	业务类型	互联网支付	移动电话支付	固定电话支付	数字电视支付	预付卡发行	预付卡受理	银行卡收单	业务覆盖范围
	178	舟山市明生商盟科技服务有限公司	付昆	舟山市	预付卡发行与受理					√	√		浙江省
	179	浙江银付通信息科技有限公司	徐小春	杭州市	预付卡发行与受理					√	√		浙江省
	180	福建一卡通网络有限责任公司	颜远岩	晋江市	预付卡发行与受理					√	√		福建省
	181	泉州市掌财通网络科技有限公司	林雪红	泉州市	预付卡发行与受理					√	√		福建省
	182	瑞特商务（泉州）有限公司	陈明彬	泉州市	预付卡发行与受理					√	√		福建省
	183	厦门金利卡信息科技有限公司	张水利	厦门市	预付卡发行与受理					√	√		福建省
	184	安徽省万事通金卡通科技信息服务有限公司	张帆	合肥市	预付卡发行与受理					√	√		安徽省
	185	安徽圣德天开信息科技有限公司	赵树鹏	合肥市	预付卡发行与受理					√	√		安徽省
第四批	186	安徽瑞祥资讯服务有限公司	金永祥	合肥市	预付卡发行与受理					√	√		安徽省
	187	江西缴费通信息技术有限公司	李清	南昌市	预付卡发行与受理					√	√		江西省
	188	湖南星广传媒有限公司	苏志	长沙市	预付卡发行与受理					√	√		湖南省
	189	长沙商联电子商务有限公司	王靓	长沙市	预付卡发行与受理					√	√		湖南省
	190	广西支付通商务服务有限公司	刘怡	南宁市	预付卡发行与受理					√	√		广西壮族自治区
	191	海南海岛一卡通支付网络有限公司	欧阳玲英	海口市	预付卡发行与受理					√	√		海南省
	192	昆明卡互卡科技有限公司	吴克翔	昆明市	数字电视支付				√				云南省
	193	云南乐富信息科技有限公司	袁文湛	昆明市	银行卡收单							√	云南省、北京市
	194	云南本元健康管理有限公司	胡云霞	昆明市	预付卡发行与受理					√	√		云南省
	195	兰州易家万通企业服务有限公司	马文才	兰州市	预付卡发行与受理					√	√		甘肃省

续表

批次	序列号	公司名称	法定代表人	所在地	业务类型	互联网支付	移动电话支付	固定电话支付	数字电视支付	预付卡发行	预付卡受理	银行卡收单	业务覆盖范围
第四批	196	青岛百森通集团有限公司	赫文戈	青岛市	预付卡发行与受理					√	√		青岛市
第五批	197	青岛百达通企业商务服务有限公司	刘斌	青岛市	预付卡发行与受理					√	√		青岛市
第六批	198	广东汇卡商务服务有限公司	杨毅	广州市	预付卡发行与受理							√	广东省
	199	湖南财信金通电子商务有限责任公司	李宝财	长沙市	银行卡收单					√	√		湖南省
	200	上海千悦企业管理有限公司	茆俊宝	上海市	预付卡发行与受理					√	√		上海市
	201	中汇电子支付有限公司	尹宏伟	天津市	预付卡发行与受理	√						√	全国
	202	辽宁新天数字科技有限公司	胡俊波	辽宁省	互联网支付、银行卡收单					√	√		辽宁省
	203	江苏飞银商务智能科技有限公司	黄宁星	江苏省	预付卡发行与受理					√	√		江苏省
	204	山东高速信联支付有限公司	王恩新	济南市	预付卡发行与受理					√	√		山东省
	205	中百电子商务有限公司	俞善伟	武汉市	预付卡发行与受理					√	√		湖北省
	206	成都支付通新信息技术服务有限公司	杨俊	成都市	预付卡发行与受理							√	四川省
	207	陕西煤炭交易中心有限公司	张福来	西安市	银行卡收单	√							全国
	208	北京亚科技术开发有限责任公司	刁育新	北京市	互联网支付	√							全国
	209	石家庄商商网络有限公司	白珊	石家庄	互联网支付					√	√		河北省
	210	杭州市民卡有限公司	虞利明	杭州市	预付卡发行与受理	√	√			√	√		预付卡发行与受理（仅限浙江省）、互联网支付（全国）、移动电话支付（全国）

续表

批次	序列号	公司名称	法定代表人	所在地	业务类型	互联网支付	移动电话支付	固定电话支付	数字电视支付	预付卡发行	预付卡受理	银行卡收单	业务覆盖范围
第六批	211	合肥新思维商业管理有限责任公司	卫磊	合肥市	预付卡发行与受理（仅限浙江省）、互联网支付（全国）、移动电话支付（全国）					√	√		安徽省
	212	郑州建业至尊商务服务有限公司	刘大勇	郑州市	预付卡发行与受理					√	√		河南省
	213	长沙星联商务服务有限公司	何晓东	长沙市	预付卡发行与受理					√	√		湖南省
	214	贵州贵金支付网络服务有限公司	徐昊	贵阳市	预付卡发行与受理					√	√		贵州省
	215	山东银利企业服务有限公司	王仁强	青岛市	预付卡发行与受理					√	√		青岛市
	216	上海商旅通商务服务有限公司	王煜	上海市	预付卡发行与受理					√	√		上海市
	217	南京会购信息科技有限责任公司	贺鹏君	南京市	预付卡发行与受理					√	√		江苏省
	218	江苏金禧智能卡管理有限公司	彭国洪	江苏省	预付卡发行与受理					√	√		江苏省
	219	百联优力（北京）投资有限公司	姜海林	北京市	预付卡发行与受理	√							全国
	220	北京银盈通管理咨询有限公司	陈忠	北京市	互联网支付	√				√	√		预付卡发行与受理（仅限北京市、山西省、云南省、贵州省）、互联网支付（全国）
	221	北京全顺通商贸有限公司	文跃然	北京市	预付卡发行与受理（仅限北京市、山西省、云南省、贵州省）、互联网支付（全国）					√	√		北京市
	222	北京恒达万华商业经纪有限公司	李帆	北京市	预付卡发行与受理					√	√		北京市
	223	温州之民信息服务有限公司	丁浩	浙江省	预付卡发行与受理					√	√		浙江省
	224	厦门夏商电子商务有限公司	陈亨溉	厦门市	预付卡发行与受理					√	√		福建省

续表

批次	序列号	公司名称	法定代表人	所在地	业务类型	互联网支付	移动电话支付	固定电话支付	数字电视支付	预付卡发行	预付卡受理	银行卡收单	业务覆盖范围
第七批	225	安徽皖垦商务投资服务有限公司	程军	合肥市	预付卡发行与受理					√	√		安徽省
	226	云南银通企业服务有限公司	汪从波	昆明市	预付卡发行与受理					√	√		云南省
	227	北京百付宝科技有限公司	梁志祥	北京市	互联网支付	√							全国
	228	北京中汇金电子商务有限公司	姜丽	北京市	预付卡发行与受理					√	√		北京市
	229	艾登瑞德（中国）有限公司	徐晓鹏	江苏省	预付卡发行与受理					√	√		江苏省、上海市、北京市、四川省
	230	山西金虎信息服务有限公司	李跃明	山西省	预付卡发行与受理					√	√		山西省
	231	北京国华汇银科技有限公司	吴玉华	北京市	预付卡发行与受理					√	√		北京市
	232	北京繁星山谷信息技术有限公司	王斌	北京市	预付卡发行与受理					√	√		北京市
	233	宁国百家汇投资管理有限公司	周昱	安徽省	预付卡发行与受理					√	√		安徽省
	234	杭州通策会综合服务有限公司	臧焕华	杭州市	预付卡发行与受理					√	√		浙江省
	235	上海索迪斯万通服务有限公司	PIERRE HENRY	上海市	预付卡发行与受理					√	√		上海市
	236	榆林元亨商务管理有限责任公司	慕朋举	陕西省	预付卡发行与受理					√	√		陕西省
	237	安徽长润支付商务有限公司	张世成	安徽省	预付卡发行与受理					√	√		安徽省
	238	福建省银通商务服务有限公司	林智惠	福建省	预付卡发行与受理					√	√		福建省
	239	黑龙江圣亚科技发展有限公司	刘俊娜	黑龙江	互联网支付	√							全国
	240	广东信汇电子商务有限公司	张松彬	广东省	银行卡收单							√	广东省
	241	易通支付有限公司	李明	济南市	互联网支付、银行卡收单	√						√	全国
	242	深圳市兄弟高登科技有限公司	黄志昂	深圳市	预付卡发行与受理					√	√		广东省、北京市、上海市

续表

批次	序列号	公司名称	法定代表人	所在地	业务类型	互联网支付	移动电话支付	固定电话支付	数字电视支付	预付卡发行	预付卡受理	银行卡收单	业务覆盖范围
第七批	243	北京永超科技有限公司	乔雄千	北京市	预付卡发行与受理					√	√		北京市、上海市、广东省
	244	北京新浪支付科技有限公司	杜红	北京市	互联网支付、移动电话支付	√	√						全国
	245	湖南银河金谷商务服务有限公司	王劲松	长沙市	预付卡发行与受理					√	√		湖南省
	246	武汉城市一卡通有限公司	胡汉友	武汉市	预付卡发行与受理					√	√		湖北省、湖南省、江西省
	247	浙江快捷通网络技术有限公司	孔德永	杭州市	互联网支付	√							全国
	248	大连先锋商务服务有限公司	刘平	大连市	预付卡发行与受理、互联网支付	√				√	√		预付卡发行与受理（北京市、辽宁省）、互联网支付（全国）
	249	汇明商务服务有限公司	李凯	南昌市	预付卡发行与受理					√	√		江西省、湖北省、上海市
	250	湖北蓝天星投资有限公司	郭凌	武汉市	预付卡发行与受理					√	√		湖北

附　录　B

支付清算组织管理办法

第一章　总　　则

第一条　为促进支付服务市场健康发展，规范支付清算行为，提高清算效率，防范清算风险，维护金融稳定，根据《中华人民共和国中国人民银行法》、《中华人民共和国公司法》、《中华人民共和国行政许可法》等，制定本办法。

第二条　本办法所称支付清算组，是指依照有关法律法规和本办法规定在中华人民共和国境内设立的，向参与者提供支付清算服务的法人组织。包括：

（一）为银行业金融机构办理票据和结算凭证等纸质支付指令交换和计算的法人组织；

（二）为银行卡等卡类支付业务的机构提供支付指令的交换和计算以及提供专用系统的法人组织；

（三）为银行业金融机构或其他机构及个人之间提供电子支付指令交换和计算的法人组织。

（四）其他为参与者提供支付指令交换和计算的法人组织。

第三条　本办法下列用语含义为：

（一）支付清算是指支付指令的交换和计算；

（二）支付指令是指参与者以纸质、磁介质或电子形式发出的，办理确定金额的资金转账命令；

（三）支付指令的交换是指提供专用的支付指令传输路径，用于支付指令的接收、清分和发送；

（四）支付指令的计算是指对支付指令进行汇总和轧差；

（五）参与者是指接受支付清算组织章程制约，可以发送、接收支付指令的金融机构及其他机构。

第四条　支付清算组织按照为参与者提供支付清算服务范围不同，分为全国性、区域性和地方性支付清算组织。

全国性支付清算组织是指在全国范围内提供支付清算服务的法人组织。

区域性支付清算组织是指为毗邻省（自治区、直辖市，以下同）的参与者提供支付清算服务的法人组织。

地方性支付清算组织是指为省内参与者提供支付清算服务的法人组织。

第五条　支付清算组织提供支付清算服务应当遵循安全、效率和诚信的原则。

第六条　支付清算组织开展业务，应当遵守法律、行政法规的规定，不得损害国家和社会公共利益。

第七条　支付清算组织不得吸收存款，不得为参与者办理清算结果的资金转账。

第八条　支付清算组织依法开展业务，不受任何单位和个人的干涉。

第九条　中国人民银行是支付清算组织的监督管理部门。中国人民银行负责审批全国性和区域性支付清算组织；中国人民银行分支机构审批地方性清算组织；中国人民银行也可授权分支机构审批区域性支付清算组织。

第十条 未经中国人民银行批准，任何单位和个人不得从事或者变相从事支付清算业务，法律法规另有规定的除外。

第二章 设立与变更

第十一条 支付清算组织的设立应当经中国人民银行审查批准。

设立全国性和区域性支付清算组织，由申请人所在地人民银行分行、营业管理部或省会（首府）中心支行审核后，报中国人民银行审批。

设立地方性支付清算组织，由申请人所在地人民银行审核后，报人民银行分行、营业管理部或省会（首府）中心支行审批，并报中国人民银行备案。

第十二条 设立支付清算组织，应当具备下列条件：

（一）具有符合相关法律、法规规定的章程；

（二）具有符合本办法要求的最低注册资本；

（三）具有熟悉支付清算及相关业务的高级管理人员；

（四）具有健全的组织机构、管理制度和风险控制制度；

（五）具有符合要求的经营场所和必要的经营条件；

（六）中国人民银行规定的其他条件。

第十三条 境外投资者可以与中华人民共和国境内的投资者共同投资设立支付清算组织，投资比例不得超过50%。

第十四条 设立全国性支付清算组织的注册资本最低限额为1亿元人民币。设立区域性支付清算组织的注册资本最低限额为5000万元人民币。设立地方性支付清算组织的注册资本最低限额为1000万元人民币。

中国人民银行根据支付清算业务发展情况及审慎监管要求可以调整注册资本的最低限额。

第十五条　支付清算组织及其分支机构的设立须经过筹建和开业两个阶段。

第十六条　申请筹建支付清算组织，申请人应向中国人民银行及其分支机构提交下列文件、资料：

（一）筹建申请书。申请书应载明拟设支付清算组织的名称、注册地、注册资本、业务范围、拟任法定代表人资格证明等内容；

（二）可行性研究报告；

（三）拟设立支付清算组织的章程（草案）；

（四）筹建负责人名单及简历；

（五）出资人名称和出资额；

（六）中国人民银行要求的其他文件、资料。

第十七条　中国人民银行及其分支机构应当自收到筹建申请资料之日起 20 个工作日内做出是否同意筹建的答复，20 个工作日内不能做出批复的，可以延长，但最多不得超过 10 个工作日。

第十八条　申请人应当自接到中国人民银行及其分支机构批准筹建文件之日起 6 个月内完成筹建工作。确需延长筹建期限的，应当在筹建期限届满前向中国人民银行及其分支机构提出书面申请，经批准可以延长的，延长期限不得超过 3 个月。

申请人在筹建期内不得办理支付清算业务。

第十九条　筹建工作完成后，申请人应向中国人民银行及其分支机构提出开业申请，并提交下列文件、资料：

（一）筹建工作完成情况报告和申请开业报告；

（二）支付清算组织章程；

（三）拟任职的高级管理人员名单、履历及相关的资格证明；

（四）运营规划、业务规章制度及内部风险控制制度；

（五）中国人民银行认可的权威评估机构对其业务运营安全性评估报告；

（六）营业场所、安全防范措施和与业务有关的其他设施的资料；

（七）中国人民银行要求的其他文件和资料。

申请成立企业法人支付清算组织的，还应提供工商行政机关出具的名称核准通知书和法定验资机构出具的验资证明。

第二十条 中国人民银行及其分支机构应当自收到开业申请之日起 20 工作日内做出是否核准开业的决定。核准开业的，颁发《支付清算业务经营许可证》，并予以公告；不予核准开业的，书面通知申请人。

经批准设立支付清算组织及其分支机构自办理注册登记手续之日起，无正当理由 6 个月不开业或者开业后无正当理由连续停业 6 个月以上的，由中国人民银行及其分支机构撤回其经营许可证，并予以公告。

第二十一条 支付清算组织应当依照法律、行政法规的规定使用经营许可证。禁止伪造、变造、转让、出租、出借经营许可证。

第二十二条 中国人民银行对支付清算组织高级管理人员实行任职资格核准备案制度。

支付清算组织为企业法人的，其董事长、总经理的任职资格由中国人民银行及其分支机构审查核准，其他高级管理人员报中国人民银行及其分支机构备案。

支付清算组织为非企业法人的，高级管理人员任职资格比照前款规定办理。

第二十三条 经中国人民银行及其分支机构批准，支付清算组织可以设立分支机构。

支付清算组织拟设立分支机构的，应向中国人民银行及其分支机构提交下列文件、资料：

（一）申请书。申请书应当载明拟设立的分支机构的名称、营运资金额、业务范围、所在地等；

（二）申请人最近两年的经有资质的会计师事务所审计的财务会计报告；

（三）拟任职高级管理人员的名单、履历及资格证明；

（四）可行性研究报告；

（五）营业场所、安全防范措施和与业务有关的其他设施的资料；

（六）中国人民银行要求的其他文件和资料。

第二十四条　支付清算组织拟设立分支机构的，由中国人民银行及其分支机构按照本办法第十六条至第十九条、第二十条第一款的规定予以审查批准。

第二十五条　支付清算组织及其分支机构存在下列变更事项之一的，应报经中国人民银行及其分支机构批准：

（一）变更名称；

（二）变更注册资本；

（三）变更组织形式；

（四）变更营业地址；

（五）调整业务范围；

（六）变更持有资本总额或者股份总额百分之五以上的股东；

（七）修改章程；

（八）中国人民银行规定的其他变更事项。

支付清算组织更换高级管理人员的，比照本办法第二十二条规定执行。

第三章 业务管理

第二十六条 支付清算组织可以办理以下全部或部分业务：

（一）对票据等纸质支付指令进行交换和计算；

（二）办理电子支付指令交换和计算；

（三）办理卡类支付指令的交换和计算；

（四）利用网络平台办理支付指令交换和计算。

第二十七条 支付清算组织办理支付清算业务，应当与各参与者签订协议，明确双方的权利和义务、纠纷和风险的处理原则以及违约责任。

第二十八条 支付清算组织应按照中国人民银行有关规定建立健全内部控制制度，制定业务管理办法和操作程序，以确保支付清算业务的连续性和安全性。

第二十九条 支付清算组织应按照与参与者的协议办理支付清算业务，并将支付清算结果提交给约定的开户银行办理资金转账。

第三十条 支付清算组织办理有关业务，应有必要的技术方案和手段，防止信息在传输过程中被非法截取，确保支付指令不被篡改。

第三十一条 支付清算组织应当保守在业务处理过程中知悉的参与者的商业秘密。

第三十二条 支付清算组织应当按照国家有关规定，遵守有关会计制度，实行审慎会计原则。

第三十三条 支付清算组织应当向中国人民银行及其分支机构定期报送相关业务报表和财务报表。

第三十四条 支付清算组织应建立定期审计制度。

支付清算组织应委托会计师事务所对上一年度的经营活动进行审计，并于 4 月 15 日前将审计报告报送中国人民银行及其分支机构。

第四章　风 险 监 督

第三十五条　支付清算组织应建立清算业务风险防范机制，制定并实施识别、计量、监测和管理风险的制度。

第三十六条　支付清算组织提供支付清算服务，应当建立参与者信用风险损失分担的规则和程序。

第三十七条　支付清算组织应当建立应急系统，制定应急预案，确保支付清算系统安全可靠运行。

第三十八条　支付清算组织可以要求参与者提供担保或缴存支付清算风险保证金。

支付清算风险保证金实行专户存储，用于抵补参与者因头寸不足而发生的流动性风险，保证支付清算业务持续进行。

支付清算风险保证金的权益归参与者所有。支付清算风险保证金用于投资的金额不得超过总金额的 50%，且不得用于高风险投资。

第三十九条　支付清算组织的参与者破产时，其交存的支付清算风险保证金和所提供的抵押物应优先用于支付清算结果的清偿。

第四十条　中国人民银行及其分支机构依法对支付清算组织进行现场检查和非现场检查。中国人民银行及其分支机构对日常监管中发现的问题，依法向被检查者提出质询，并要求限期改正或整顿。

第四十一条　支付清算组织不能为参与者提供正常支付清算服务的，中国人民银行及其分支机构可以采取下列措施：

（一）要求更换高级管理人员；

（二）限期补充资本金；

（三）其他必要措施。

第五章　接管与终止

第四十二条　支付清算组织不能正常运转，严重影响参与者利益，对经济、金融造成较大影响的，中国人民银行可自行或指定机构对其进行接管。被接管支付清算组织的债权债务关系不因接管而变化。

第四十三条　中国人民银行的接管决定载明下列内容：

（一）被接管的支付清算组织名称；

（二）接管理由；

（三）接管组织的名称；

（四）接管期限。

接管决定由中国人民银行予以公告。

第四十四条　自接管决定实施之日起，由接管组织行使支付清算组织的经营管理权利。但接管期限最长不得超过两年。

第四十五条　有下列情形之一的，接管终止 ：

（一）接管期限届满前，该清算组织已恢复正常经营能力；

（二）接管期限届满前，该清算组织解散、被撤销和被宣告破产。

第四十六条　支付清算组织出现下列情形之一的，经中国人民银行批准后予以解散：

（一）因分立或合并需要解散的；

（二）经营期限届满的；

（三）遇不可抗力，无法正常运行的；

（四）符合章程规定的解散事由的。

第四十七条 支付清算组织申请解散，应提前3个月向中国人民银行提出申请，并提交下列文件、资料：

（一）解散事由；

（二）清算方案，包括债权债务的清理、抵押品、担保物品的处理、财产处置等；

（三）拟成立清算组的人员名单；

（四）中国人民银行要求的其他文件和资料。

第四十八条 中国人民银行应当自收到支付清算组织提出的解散申请后20个工作日内做出是否同意的答复。同意解散的，收回其《支付清算业务经营许可证》，注销行政许可，并予以公告。

第四十九条 支付清算组织出现下列情形之一的，中国人民银行撤回其《支付清算业务经营许可证》，并予以公告。

（一）发生运转困难，无法维持经营的；

（二）发生重大违法违规行为的。

第五十条 支付清算组织因解散、被撤销和被宣告破产而终止。其清算事宜，按照有关法律法规的规定办理。

第六章 罚 则

第五十一条 支付清算组织有下列情形之一的，由中国人民银行区别不同情形给予警告，没收违法所得，违法所得五十万元以上的，并处违法所得一倍以上五倍以下罚款；没有违法所得或者违法所得不足五十万元的，处五十万元以上一百万元以下罚款；对负有直接责任的董事、高级管理人员和其他直接责任人员给予警告，处以五万元以上二十万元以下罚款；构成犯罪的，依法追究刑事责任：

（一）拒绝、阻碍中国人民银行依法监督检查的；

（二）未按照本办法第三十条规定，报送财务报表等资料的；

（三）违反国家有关法规，提供虚假或者隐瞒重要事实的财务会计报告；

（四）未按照中国人民银行要求限期改正或整顿，造成严重影响的。

第五十二条 支付清算组织有下列情形之一的，由中国人民银行区别不同情形给予警告，没收违法所得，违法所得五十万元以上的，并处违法所得一倍以上五倍以下罚款；没有违法所得或者违法所得不足五十万元的，处五十万元以上二百万元以下罚款；对负有直接责任的董事、高级管理人员和其他直接责任人员给予警告，处以五万元以上五十万元以下罚款；构成犯罪的，依法追究刑事责任：

（一）吸收存款、办理资金转账的；

（二）从事高风险投资的；

（三）伪造、变造、出租、出借经营许可证的；

（四）擅自设立分支机构的；

（五）泄露参与者相关信息、商业秘密的；

（六）其他违法违规行为。

第五十三条 单位和个人未经批准擅自从事或变相从事支付清算业务的，由中国人民银行及其分支机构按照《中国人民银行法》第四十六条有关规定进行处罚。

附　录　C

电子银行业务管理办法

第一章　总　　则

第一条　为加强电子银行业务的风险管理，保障客户及银行的合法权益，促进电子银行业务健康有序发展，根据《中华人民共和国银行业监督管理法》、《中华人民共和国商业银行法》和《中华人民共和国外资金融机构管理条例》等有关法律法规，制定本办法。

第二条　本办法所称电子银行业务，是指金融机构利用面向社会公众开放的通信渠道和公众网络，以及银行为特定自助服务设施或客户建立的专用网络提供的银行业务。

电子银行业务包括利用计算机和互联网开展的银行业务（以下简称“网上银行业务”）利用电话等声讯设备和电信网络开展的银行业务（以下简称“电话银行业务”），利用移动电话和互联网开展的银行业务（以下简称“手机银行业务”），以及利用其他外部电子服务设备提供的由客户自助服务的银行业务。

第三条　在中华人民共和国境内设立的银行业金融机构，以及依据《中华人民共和国外资金融机构管理条例》设立的外资金融机构，应当按照本办法的规定开展电子银行业务。

在中华人民共和国境内设立的金融资产管理公司、信托投资公司、财务公司、金融租赁公司以及经中国银行业监督管理委员会（以下简称中国银监会）批准设立的其他金融机构，开展有关电子金融服务业务，适用本办法对金融机构开展电子银行业务的有关规定。

第四条 经审查批准，银行业金融机构、外资金融机构可以在中华人民共和国境内开办电子银行业务，向中华人民共和国境内企业、居民等客户提供电子银行服务。

第五条 开展电子银行业务的金融机构，应当按照合理规划、统一管理、保障系统安全运行的原则，加强对电子银行业务风险的管理，保证电子银行业务的健康、有序发展。

第六条 开办电子银行业务的金融机构应根据电子银行业务的特性，建立健全电子银行业务的风险管理体系和内部控制体系，设立相应的管理机构，明确电子银行业务管理的责任，有效地识别、监测和控制电子银行业务风险。

第七条 中国银监会统一负责对境内及跨境电子银行业务实施监管。

第二章　申请与变更

第八条 金融机构在中华人民共和国境内开办电子银行业务，应当依照有关法律法规的规定，报经中国银监会审查批准。

未经中国银监会批准，任何单位或者个人不得在境内开办电子银行业务或者利用公众电子网络从事银行业金融机构的业务活动。

第九条 金融机构开办电子银行业务，应当具备下列条件：

（一）内部控制机制健全，具有有效的识别、计量、监测和控制传统银行业务风险和电子银行业务风险的管理制度；

（二）制定了电子银行业务的发展战略和发展规划，以及电子银行业务发展的安全策略；

（三）根据有关规划建立了电子银行业务运营的基础设施和系统，并对有关设施和系统进行了必要的安全检测和业务连续性测试；

（四）对电子银行业务运营的设施和系统进行了经中国银监会认可的安全评估机构的安全评估；

（五）建立了明确的电子银行业务管理部门，配备了合格的管理人员和技术人员；

（六）中国银监会要求的其他条件。

第十条　开办以互联网为媒介的网上银行业务、手机银行业务等电子银行业务，除应具备第九条所列条件外，还应具备以下条件：

（一）具备适当的计算机设备、容量和能力，保证电子银行不间断运行；

（二）建立了有效的计算机外部攻击侦测机制；

（三）中资银行业金融机构的电子银行业务运营系统和业务处理服务器应设置在中华人民共和国境内；

（四）外资金融机构的电子银行业务运营系统和业务处理服务器可以设置在中华人民共和国境外，但在中华人民共和国境内应设置可以记录和保存有关境内业务数据的设备，能够满足金融监管部门非现场监管和现场检查的要求，在出现法律纠纷时，能够满足中国司法机构调查取证的要求。

第十一条　外资金融机构开办电子银行业务，除应具备第九条、第十条所列条件外，还应当按照法律、行政法规的要求在中华人民共和国境内设有营业性分支机构，其所在国（地区）监管当局具备对电子银行业务进行监管的法律框架和监管能力。

第十二条　银行业金融机构开办电子银行业务，应由其总行统一向中国银监会申请。

外资金融机构开办电子银行业务，应由其指定的在中华人民共和国境内的分支机构向中国银监会申请。

第十三条　电子银行业务实行分类审批或备案制度。

利用互联网等开放性网络或无线网络开展的电子银行业务，包括网上银行、手机银行、个人数据辅助设备银行等，适用于审批制；利用境内或地区性电信网络、有线网络等开展的电子银行业务，适用于备案制。

金融机构在申请开办电子银行业务时，可以在一个申请报告中同时申请不同类型的电子银行业务，但在申请中应注明所申请的电子银行种类。

第十四条 向中国银监会申请开办电子银行业务，应提交以下文件、资料（一式三份）：

（一）开办电子银行业务的申请报告；

（二）电子银行业务发展规划；

（三）电子银行业务运营设施与技术系统介绍；

（三）电子银行业务系统测试报告；

（四）安全评估报告；

（五）电子银行业务运行应急计划和业务连续性计划；

（六）电子银行业务风险管理体系及相应的规章制度；

（七）电子银行的管理部门、管理职责，以及主要负责人介绍；

（八）申请单位联系人、联系电话、传真电话、电子邮件信箱；

（九）中国银监会要求提供的其他文件和资料。

第十五条 对于开办电子银行业务的申请，中国银监会可以批准或同意备案全部或部分电子银行类型。

中国银监会在收到正式申请文件三个月内，作出批准或者不批准的书面决定，或者发出备案通知书；决定不批准或不予备案的，应当说明理由。

第十六条 银行业金融机构经批准获得开办电子银行业务的资格后，可以授权其分支机构同时开办部分或全部已获批准的电子银行业务。银行业金融机构的分支机构应及时就其开办的电子银行业务情况，向当地银监会分支机构报告。

未实现数据集中处理和管理的金融机构，其分支机构开办电子银行业务或变更需要审批、备案的电子银行业务品种，应持其总行的相应授权文件，向所在地中国银监会的分支机构备案。

第十七条　金融机构获准开办电子银行业务的，可以利用电子银行平台，进行传统银行产品和服务的宣传、销售，也可以根据电子银行业务的特点开发新的业务品种。

第十八条　金融机构增加或者变更以下电子银行业务品种，应当经中国银监会审查批准：

（一）中国银监会批准的业务范围以外的业务品种；

（二）经批准的业务范围以内，但与证券业、保险业直接相关且与相关机构有直接数据交换的业务品种；

（三）中国银监会规定的其他业务品种。

第十九条　金融机构增加或者变更以下电子银行业务品种，应当向中国银监会备案：

（一）第三方需要读取银行业金融机构数据库才能开展的；

（二）针对互联网或其他公开网络系统重新开发设计的，与已批准的业务范围内传统业务品种有显著差异的；

（三）中国银监会规定的其他业务品种。

第二十条　利用电子银行平台开办中国银监会已经批准的业务范围内的其他业务品种，不需审查批准或备案。

第二十一条　金融机构增加或变更需要审查批准的电子银行业务品种，应向中国银监会报送以下文件和资料（一式三份）：

（一）增加或变更业务品种的申请；

（二）拟增加或变更业务品种的定义和操作流程；

（三）拟增加或变更业务品种的风险特征和防范措施；

（三）有关管理规章制度；

（四）申请单位联系人、联系电话、传真电话、电子邮件信箱；

（五）中国银监会要求提供的其他文件和资料。

第二十二条 对于增加或变更需要审批的电子银行业务品种的申请，中国银监会在收到正式申请文件三个月内，作出批准或者不批准的书面决定；决定不批准或不予备案的，应当说明理由。

增加或变更应当备案的电子银行业务品种，中国银监会应在收到正式备案文件三个月内，发出备案通知书。

第二十三条 已开办电子银行业务的金融机构决定终止电子银行服务，应提前三个月就终止电子银行服务的原因及相关问题的处置方案等报中国银监会备案，并同时予以公告。

金融机构决定终止部分电子银行业务品种时，应于终止该业务品种前一个月向中国银监会备案，并针对可能出现的问题制定有效的处置措施。

终止电子银行服务，或者终止经审批或备案的电子银行业务品种后，金融机构又计划重新开办电子银行或者相关业务时，应重新申请。

第二十四条 金融机构因电子银行系统升级、测试等原因，需要按计划暂时停止电子银行服务的，应选择恰当的时间，尽可能减少对客户的影响，并提前一周予以公告，并同时将有关情况报告中国银监会。

受突发事件或偶然因素影响非计划暂停电子银行服务，在正常工作时间内超过 1 个小时或者在正常工作时间外超过 2 个小时的，金融机构应在暂停服务后 24 小时之内，将事故原因、影响、补救措施及处理情况等，向中国银监会报告。

第三章　风险管理

第二十五条　金融机构应当将电子银行业务的风险管理纳入本机构风险管理的总体框架，并根据电子银行业务运行的特点，加强对电子银行业务面临的战略风险、信誉风险、运营风险、法律风险、信用风险、市场风险等风险的管理。

第二十六条　金融机构应当明确电子银行在本机构发展和管理中的地位，建立健全电子银行业务的风险管理体系和电子银行安全、稳健运营的内部控制体系，形成清晰的电子银行管理框架，制定并保证相关制度规则和程序得到有效执行。

金融机构针对传统业务风险已经制定的稳健性风险管理原则，同样适用于电子银行业务，但金融机构应根据电子银行业务环境和运行方式的变化，对原有风险管理制度、规则和程序进行必要的和适当的修正。

第二十七条　金融机构的董事会和高级管理层应根据本机构的总体发展战略和实际经营情况，制定电子银行的发展战略和可行的经营投资战略，对电子银行的经营进行持续性的综合效益分析，科学评估电子银行业务对总体风险的综合影响。

第二十八条　在制定电子银行发展战略时，应当加强电子银行业务的知识产权保护工作。

第二十九条　金融机构的董事会和高级管理层应当针对电子银行不同系统、风险设施、信息和其他资源的重要性及其对电子银行安全的影响进行评估分类，制定适当的安全策略，建立健全风险控制程序和安全操作守则，采取相应的安全管理措施。

对各类安全控制措施应定期检查、审核，根据实际情况适时调整。建立安全隐患和事故的报告、审查和处置程序，保证安全措施的持续有效和及时更新。

第三十条　金融机构应当保障电子银行运营设施设备，以及安全控制设施设备的安全，对电子银行的重要设施设备和数据，采取适当的保护措施。

（一）有形场所的物理安全控制，必须符合国家有关法律法规和安全标准的要求。对尚没有统一安全标准的有形场所安全控制，金融机构应确保其制定的安全制度有效地覆盖了可能面临的风险；

（二）应合理设置和使用防火墙等安全产品和技术，确保网上银行有足够的反攻击能力和防病毒能力，保证网络安全；

（三）对重要设施设备的接触、检查、维修和应急处理，应有明确的权限界定、责任划分和操作流程；

（四）对重要技术参数，应严格控制接触权限，并建立相应技术参数的调整与变更机制，以便于在更换了关键人员后，防止有关技术参数的泄露。

第三十一条 金融机构应采用适当的加密技术和措施，保证电子交易数据传输的保密性、真实性，以及交易数据的完整性和交易的不可否认性。

金融机构采取的数据加密技术应符合国家有关规定，并根据电子银行的业务安全性需求和信息技术的发展，定期检查和评估所采用加密技术和算法的强度，对加密方式进行适时调整。

第三十二条 金融机构开展需要对相关客户信息和交易信息等进行认证的电子银行业务，采用电子签名时，应使用符合国家法律、法规的安全可靠、具有公信力和相应法律效力的第三方认证系统，并定期评估第三方认证机构的可信性和安全性。

第三十三条 金融机构应建立合理措施，确保电子银行系统、数据库及应用程序的充分职责分离，具有合理授权管理机制，从技术设计、制度安排等方面，有效隔离应用系统、验证系统、处理系统和数据库等各系统间的风险传递。

第三十四条 金融机构应及时检查其电子银行可供客户使用的容量，采取必要的措施保证接入线路的通畅，并采用适当的备份和负载均衡技术，保证客户对电子银行服务的可用性。

第三十五条 金融机构应制定有效的应急计划和事故处理预案，并定期对这些计划和预案进行检测，定期或不定期评估测试银行网络系统、业务操作系统的动作情况，以管理、控制和减少意外事件引发的问题，保证系统的正常连续性运营。

第三十六条 金融机构的服务连续性计划应充分考虑在应急情况下对第三方服务供应商，以及其他机构的反应能力，并采取适当的措施。

第三十七条 金融机构应采取适当的措施和采用适当的技术，鉴定与识别启动网上银行服务的客户真实身份，并对其权限实施有效管理。

金融机构应在物理控制和软件控制两个方面，建立对非法进入或越权进入的甄别、处理和报告机制；

第三十八条 金融机构应建立适宜的入侵检测系统，对电子银行运行实施实时监控，并定期进行漏洞扫描。

第三十九条 金融机构应建立电子银行系统内部审计机制，定期对电子银行业务进行审计，确保对全部的电子银行交易具有明确的审计监督。

第四十条 金融机构应定期检测所有关键设备和系统软件的工作状态，审查其工作日志。

第四十一条 金融机构应保证所有的电子银行交易都有清晰的跟踪记录，并且采用了适当的技术和措施保存这些数据，符合有关法律法规的时限要求。

第四十二条 金融机构应当与客户签订电子银行服务合约，明确双方的权利、义务。

金融机构应当充分揭示电子银行交易过程中客户可能面临的风险，说明已采取的风险控制措施和各方应承担的责任。

第四十三条 金融机构应当在其网站上对所提供的电子银行服务进行必要的说明，明确启动电子银行服务的合法渠道与途径，以及意外事故报告方式、联系办法等。

未实现数据集中管理，或者银行业金融机构与其分支机构以及分支机构之间域名不一致的，应当由总行（公司）为客户提供统一的接入站点，设置规范的不同域名分支机构链接。

银行业金融机构应当尽可能地避免使用多个不同的域名。

第四十四条 金融机构应当采取适当措施，保证开展电子银行业务时遵守了相关法律法规对客户信息和隐私保护的要求。

第四十五条 金融机构应针对电子银行的实际发展情况，制订多层次的培训计划，进行持续培训，提高相关人员的安全管理意识和专业知识与技能。

第四章 数据交换转移管理

第四十六条 金融机构可以根据业务发展的需要，与其他依法开展电子银行业务的金融机构建立电子银行系统数据交换机制，实现电子银行业务平台的直接连接，进行实时跨行资金转移。

第四十七条 建立电子银行数据交换机制的金融机构，或者电子银行平台实现相互连接的金融机构，应当建立联合风险管理委员会，负责协调跨行间的业务风险管理。

联合风险管理委员会由所有参加数据交换或电子银行平台连接的金融机构组成。联合风险管理委员会应当建立明确的规章制度和工作规程。

第四十八条 银行业金融机构根据业务发展或管理的需要，可以通过电子银行系统与非银行业金融机构直接交换有关数据，但必须严格遵守有关法律法规和行政规章的要求，签订范围明确、职责清晰的书面协议，保证数据安全。

第四十九条 银行业金融机构根据业务发展需要，可以利用电子银行平台为企事业单位和个人提供资金管理和支付服务，为电子商务经营者提供网上支付平台等。

为电子商务经营者提供网上支付平台时，银行业金融机构必须对有关对象进行严格审查，签订书面协议，建立监督机制，严加防范不法人员利用电子银行平台从事违法资金转移或其他非法活动。

第五十条 外国银行分行因管理需要确需向境外总行转移有关电子银行数据的，必须严格遵守有关法律法规的规定，不得将有关数据用于与本行业务无关的活动中。

第五十一条 金融机构从其他金融机构获得的电子银行客户信息和业务数据，应依法使用和保存，不得非法或擅自将其他金融机构电子银行的有关数据向第三方转移。

第五章 业务外包管理

第五十二条 金融机构可以根据需要，将电子银行部分系统和服务的开发与技术支持等，外包给第三方机构。

金融机构在进行有关业务外包时，应当根据实际需要，合理确定外包的原则和范围，认真分析和评估技术或服务外包潜在的风险，建立健全有关规章制度，制定相应的风险防范措施。

第五十三条 金融机构在选择外包服务供应商时，应充分审查、评估外包服务供应商的经营状况、财务状况和实际的风险控制与责任承担能力，进行适当的风险分析和必要的尽职调查。

第五十四条 金融机构应当与外包服务供应商签订书面合同，明确双方的权利、义务。

在合同中，必须载明外包服务供应商保密条款和保密责任。

第五十五条 金融机构应充分认识和评价第三方机构对电子银行业务风险控制的影响，并将其纳入总体安全策略之中。

第五十六条 金融机构应确立一套完整的检测程序，审慎管理电子银行系统及应用程序的外包安排或合作安排产生的风险。

外包及合作业务都应符合金融机构的风险管理标准，并建立针对电子银行外包业务风险的应急计划。

第五十七条 金融机构应在健全内部跟踪、监督机制的基础上，建立与第三方之间的有效沟通机制，并制定适宜的变更第三方机构过渡方案。

第五十八条 金融机构对设计开发电子银行业务处理系统、授权管理系统、数据备份系统，以及其他涉及机密数据管理和传递系统等进行外包时，应在业务外包实施前向中国银监会备案。

客户个人信息、交易记录和其他涉及客户隐私问题的信息数据，不得外包给第三方机构管理。

第六章 跨境业务活动管理

第五十九条 开办电子银行业务的金融机构，可以根据业务需要向境外居民提供跨境电子银行服务。

第六十条 向境外居民提供跨境电子银行服务的金融机构，应当遵守境外居民所在国的法律规定，并应将以下文件、资料报中国银监会备案。

（一）提供跨境电子银行服务的国别，以及该国对电子银行业务管理的主要法律要求；

（二）跨境电子银行服务的主要对象及服务内容；

（三）未来三年内跨境电子银行业务的发展规模、客户规模的分析预测；

（四）电子银行业务法律与合规性分析。

（五）中国银监会要求提供的其他文件资料。

第六十一条 金融机构将部分业务或客户数据转移至境外的，必须严格遵守国家有关法律法规的规定。

金融机构根据有关合作协议，或者外资金融机构的境内分支机构出于业务需要，需要将部分业务数据转移至国外的合作伙伴、总（集团）公司或特定的外包服务供应商，且符合国家有关法律法规规定的，必须就客户信息的安全性与保密性作出安排。

第六十二条　金融机构利用电子银行系统开展离岸金融业务，应报中国银监会备案。

第七章　电子银行业务的监督检查

第六十三条　中国银监会依照有关法律法规的规定，对电子银行业务实施非现场监管、现场检查和安全监测，对电子银行安全评估实施管理，并对电子银行发展或管理的行业自律组织进行指导和监督。

第六十四条　开展电子银行业务的金融机构应当建立电子银行业务统计体系，定期向中国银监会报告有关数据、资料。

实现数据集中管理的国有商业银行、股份制商业银行等金融机构，应由总行统一向中国银监会报告；未实现数据集中管理的国有银行、股份制商业银行等机构，由总行向中国银监会报告有关数据资料的同时，其分行应向所在地的中国银监会分支机构报告；城市商业银行、农村商业银行、农村合作银行、信用社、外资金融机构等，向中国银监会当地分支机构报告。

第六十五条　开展电子银行业务的金融机构应当每年对电子银行业务的发展与管理情况进行分析总结，撰写电子银行发展报告，于下一年度的一月底之前报中国银监会。

金融机构的电子银行发展报告应当至少包括以下方面：

（一）电子银行业务交易量、交易笔数、客户数等业务发展规模及增长情况；

（二）电子银行主要业务和业务发展与增长情况；

（三）电子银行业务的投入与收益情况，以及相关服务价格；

（四）电子银行的风险管理体系及制度变化情况；

（五）电子银行面临的主要风险和发展中面临的主要问题；

（六）下一年度电子银行业务发展的预测；

（七）其他发展与管理情况。

第六十六条 开展电子银行业务的金融机构应当按照中国银监会的要求，对电子银行进行定期的安全自我评估，并将有关评估情况向中国银监会报告。

第六十七条 开展电子银行业务的金融机构应当建立电子银行业务重大事项报告制度，对于重大案件和重大风险事件，以及可能会引发其他金融机构电子银行系统风险的事件，应及时向中国银监会报告。

第六十八条 中国银监会根据监管的需要，可以独立或者聘请外部机构对电子银行业务系统进行安全漏洞扫描、攻击测试等，开展电子银行业务的金融机构应当积极配合，并严格保密有关结果，不得将有关结论用于宣传活动中。

第六十九条 中国银监会依照有关法律法规和行政规章的规定，对电子银行业务进行现场检查。

第七十条 开展电子银行业务的金融机构应对中国银监会在监督检查中发现的问题及时整改，并将整改情况上报中国银监会。

第八章 法律责任

第七十一条 金融机构在提供电子银行服务时，因电子银行系统存在的安全隐患、违规操作和其他非客户原因造成的资金损失，由金融机构承担相应责任；因客户泄露交易密码，或者未按照服务协议尽到应尽的安全防范和保密义务所造成的资金损失，由客户承担相应责任；因电子认证服务提供者提供的电子签名认证出现漏洞或失误等原因造成的损失，电子认证服务提供者不能证明自己无过错的，承担赔偿责任。

第七十二条 未经批准开办电子银行业务，或者未经批准或备案变更电子银行业务品种，除依据相应的法律法规明确应由客户承担责任的情况外，由金融机构承担相应责任。

第七十三条 金融机构已经按照有关法律法规和行政规章的要求，尽到了电子银行风险管理和安全管理的相应职责，但因其他金融机构或者其他金融机构外包服务商的原因，造成客户资金损失的，由其他金融机构承担相应责任。但为客户提供服务的金融机构应先予以垫付，然后向相关机构追偿。

第七十四条 金融机构开展电子银行业务违反审慎经营规则和有关安全管理规范，存在较大安全隐患，但尚不构成违法违规的，中国银监会应当责令限期改正；逾期未改正的，或者其安全隐患在短时间难以解决的，中国银监会可以区别情形，采取下列措施：

（一）暂停批准增加新的电子银行业务品种；

（二）限制发展新的电子银行客户；

（三）责令调整电子银行管理部门负责人。

第七十五条 金融机构在开展电子银行业务过程中，违反有关法律法规和本办法的有关规定，中国银监会将依据有关法律法规和行政规章的规定予以处罚。

第九章 附 则

第七十六条 银行业金融机构利用为特定自助服务设施或客户建立的专用网络提供的银行业务，有相关业务管理规定的，遵照其规定，但网络安全、技术风险等管理应参照本办法的有关规定；没有相关业务规定的，遵照本办法。

第七十七条 本办法实施之前，经监管部门批准已经开办网上银行业务的金融机构，其电话银行等备案类的电子银行类型和网上银行，不需再行审批或报备，但应于本办法实施后一个月内将已开办的电子银行种类、开办时间、审批文件等报中国银监会。

上述机构开办手机银行等以无线网络为媒介的电子银行业务，应按本办法申请。

第七十八条 本办法实施之前，已经开办网上银行业务但尚未报批或已经申请但尚未或监管部门批准的金融机构，其电话银行等备案类的电子银行类型不需再行报备，但应于本办法实施后一个月内将已开办的电子银行种类、开办时间等报中国银监会。

上述机构开办网上银行、手机银行，以及其他以互联网或无线网络为媒介的电子银行业务，应按本办法申请；已经递交申请材料的，应按照本办法的要求补充有关材料。

第七十九条 本办法实施之前，未开办网上银行业务但已开办电话银行业务的金融机构，其电话银行等备案类的电子银行类型不需再行报备，但应于本办法实施后一个月内将已开办的电子银行种类、开办时间等报中国银监会。

上述机构新开办其他电子银行业务，应按照本办法的规定执行。

第八十条 本办法由中国银监会负责解释。

第八十一条 本办法自发布之日起施行。